汉语言文学新文科一流专业博雅书系

本研究得到了全国科技名词委 2021 年度科研项目
"术语修辞与中国特色哲学社会科学话语体系建设"（项目编号：WT2021030）支持

中国特色学术话语的术语修辞

张春泉 著

重庆大学出版社

图书在版编目（CIP）数据

中国特色学术话语的术语修辞／张春泉著.
重庆：重庆大学出版社，2024.8. --（汉语言文学新
文科一流专业博雅书系）. -- ISBN 978-7-5689-4517-2

Ⅰ. H083

中国国家版本馆 CIP 数据核字第 2024S51W25 号

中国特色学术话语的术语修辞
ZHONGGUO TESE XUESHU HUAYU DE SHUYU XIUCI

张春泉　著

策划编辑：张慧梓

责任编辑：张慧梓　　版式设计：张慧梓
责任校对：刘志刚　　责任印制：张　策

*

重庆大学出版社出版发行
出版人：陈晓阳
社址：重庆市沙坪坝区大学城西路 21 号
邮编：401331
电话：(023) 88617190　88617185 (中小学)
传真：(023) 88617186　88617166
网址：http://www.cqup.com.cn
邮箱：fxk@cqup.com.cn（营销中心）
全国新华书店经销
重庆亘鑫印务有限公司印刷

*

开本：720mm×1020mm　1/16　印张：23.25　字数：313 千
2024 年 8 月第 1 版　　2024 年 8 月第 1 次印刷
ISBN 978-7-5689-4517-2　定价：88.00 元

作者简介

张春泉,男,文学博士。西南大学文学院教授,博士生导师,副院长,全国科技名词审定委员会西南大学术语修辞研究基地主任,全国语言与术语标准化技术委员会术语学理论与应用分技术委员会(SAC/TC62/SC1)委员。2003年6月博士毕业于复旦大学,2005年7月第一站博士后出站于浙江大学,2014年8月第二站博士后出站于武汉大学。主要从事修辞学、术语学、应用语言学研究,尤重对话修辞论、话语修辞、术语修辞学探索,关注话语修辞(含文学话语、法律话语、学术话语等)的形式和接受心理、语用逻辑、认知语义等理据,兼及科学传播研究。主讲普通逻辑、现代汉语、修辞研究、中国语言学史等课程。截至2023年12月,在《人民日报》(理论版)、《光明日报》(理论版)、《浙江大学学报》《华东师范大学学报》《语言研究》《当代修辞学》《科学学研究》等刊物上发表论文191篇。独撰出版学术专著8部。系列论文"修辞话语理解与语用逻辑"和"领域语言的跨学科协同研究"分别获湖北省第六届、第八届社会科学优秀成果奖三等奖。合著《中国修辞史》获第五届中国高校人文社会科学研究优秀成果奖一等奖(2009),合著《中国辞格审美史》获上海市第十五届哲学社会科学优秀成果奖一等奖(2022)、合著《语言与国家》获第八届高等学校科学研究优秀成果奖(人文社会科学)二等奖(2020)。主持国家社科基金等项目6项,主持重庆市高等教育教学改革研究项目重点项目1项(2022)。偶有诗文作品正式发表于文学刊物。

前　言

　　术语是科学技术知识在人类自然语言里的结晶,是学术话语的基本单元。术语修辞是术语的生成或有效运用过程,是认知语义的产生或激活过程,是一种话语的创新过程。术语修辞的重要结果之一是生成或建构特定的学术话语,学术话语也是修辞话语的一种。术语修辞有其认知、审美和交际等方面的动因和功能。术语修辞既是新术语生成机制,又是中国特色学术话语(尤指哲学社会科学学术话语)建构的重要机制。

　　2023 年 6 月 15 日,《光明日报》头版在《院士谈科技自立自强》栏目中刊发了中国科学院院士、中国科学院数学与系统科学研究院研究员、上海科技大学副校长席南华的署名文章《构建汉语中的科技语言体系》,特别强调了语言体系对实现高水平科技自立自强的重要性。席南华院士指出:"目前的科学体系语言和技术体系语言仍然以西方的语言和文化为主导,尚未建立起汉语中的科技语言体系,甚至可能都没意识到建立这个语言体系的重要性。而事实上,没有汉语的科技语言体系可能已经带来很多隐性影响,如大众特别是青少年,在学习科学和技术的过程中难以体会其精髓和精神,形成的观念和思维容易出现碎片化特征,进而影响对科学和技术的理解以及后面的发展等。"[①]席南华院士这里所说的"语言体系"即"话语体系","科学体系语言和技术体系语言"似乎可以理解为学术科技语体。席南华院士还

---

① 席南华:《构建汉语中的科技语言体系》,《光明日报》2023 年 6 月 15 日第 1 版。

用富于修辞性的话语说道:"在别人的语言体系下开展工作,犹如在别人的土地上种花栽草,成不了自己的花园。没有自己的科技语言体系,要实现高水平科技自立自强就难有立足之地。因此,把西方的科技语言体系与中国的优秀传统文化相结合,形成汉语中的科技语言体系,对我们的科技自立自强十分必要。"①以上内容表明,自然科学和工程技术领域亦涉及中国特色学术话语体系建设问题,只是相对而言,人文学科领域往往更具紧迫性、代表性、现实可行性和历史可能性,故本书主要着眼于人文学科(即通常所说的"文科")学术话语体系考察其术语修辞。

一、"术语修辞"和"中国特色学术话语"的初步界定

应该说,"术语修辞"与"中国特色学术话语"是有内在关联的,是可以契合的,也是有互动可能的。这从二者作为概念的某些内涵和外延可以看出。

(一)"术语修辞"的界定:认知、审美与交际

在我们看来,"术语修辞"这个术语自身是一个融合型复合术语,而不是加合型复合术语,即"术语"和"修辞"二者有诸多交叉叠合的因素:二者不仅都"天然"地涉及语言运用,而且都与一定的语境(含认知语境)直接相关。相对而言,"修辞"这个术语比"术语"出现和正式使用得早,但这并不影响二者在条件成熟时的必要"复合"。

术语修辞,简单地说,是术语的有效生成或适用(即适当使用,如不作特别说明,我们所说的"使用"往往是指"适当使用";基于人们一般的语感,"使用"更为常见,更便于接受,故我们在修辞学意义上对"使用"和"适用"不作严格区分)。术语的生成,一定意义上说就是术语的"命名",是术语的

---

① 席南华:《构建汉语中的科技语言体系》,《光明日报》2023 年 6 月 15 日第 1 版。

创建,如陈望道《修辞学发凡》对辞格的命名,"对于名称,也很慎重,大抵都曾经过仔细的考量,又曾经过精密的调查,凡是本国原来有名称可用的都用原来的名称,不另立新名"。① 又如张志公《非常需要一种桥梁性学科》一文通过积极修辞方式生成建构的"桥梁性学科"这一术语。② 术语生成也包括术语的整理和规范化、标准化建构。术语的适当使用主要包括术语的有效运用和迻译、传播、传承等。我们把"生成"和"使用"统一整合起来,主要的考虑是:第一,就术语而言,生成的目的是有效地、适当地使用,术语的"生命"亦在于有效地运用;第二,运用的有效或适当与否,通常与其生成直接相关,二者相辅相成。

概括地说,术语修辞是利用语言文字的一切可能性有效生成、建构、调整和传播术语。术语修辞,包括消极术语修辞和积极术语修辞。消极术语修辞,是指术语的合常规适用;也指术语的一般生成(常规造语)。积极术语修辞,是指术语的超常规适用;亦指术语的临时生成或其他形式与方式的修辞造语。积极术语修辞,又可名为典型术语修辞,消极术语修辞或可称为非典型术语修辞。无论典型术语修辞,还是非典型术语修辞,都可以有认知、审美与交际等方面的动因和功能。

我们还可以把术语修辞分为微观术语修辞和宏观术语修辞。微观术语修辞主要是指术语的生成和术语内部构成成分的有效调整;宏观术语修辞是术语在特定语篇或其他语境中的适用。无论是微观术语修辞,还是宏观术语修辞,都有其动因和功能,比如认知、交际和审美等。术语修辞的动因和功能是统一的,认知、交际和审美既可以是兼具的,也可以有所侧重。

"'认知'一词的英语原文为 cognitive 或 cognition,来源于拉丁文 cognoscere,意思是知道或具有某方面的知识。在汉语里,'认知'既是一个名词,也可以

---

① 陈望道:《修辞学发凡》,上海教育出版社,1997,第 71 页。
② 张志公:《非常需要一种桥梁性学科》,载《汉语辞章学论集》,人民教育出版社,1996,第 49 页。

作动词使用,从符号学的意义上说,认知是认知主体的一种符号行为,是人们获取知识的符号操作,而知识则是认知的结果。说到底,'认知'就是人们去探求客观事物的有关信息。"①在正常情况下,人有认知需要,术语帮助人们更有效地表征知识、获取知识。毕竟,"术语是人类知识在语言中的结晶。"②

认知可以是单向度的,这种单向度可以是隐性的自我对话;而交际则是一种显性主体间的互动。"交际(communication)是人的本能,语言作为人类最重要的交际工具,在交际中显示了极大的生命力。……交际作为人类的符号行为,是指人际间的信息交流。说得具体一些,交际是人们应用符号传达思想感情,实现信息共享和行为协调的过程。如果说认知更多的是个人的符号行为,那么交际则属于人际间的符号行为。"③《描述语用学》虽然是从符号学角度界定的"认知"和"交际",但其也同样适用于术语修辞学意义上的"认知"和"交际"。毕竟,我们可以把"术语修辞学""符号学"看作具有种属关系的两个概念,前者是种概念,后者是属概念,即可以说,符号学包含术语修辞学。

基于审美的术语修辞有助于人们"乐于"或"易于"运用术语。"'审美'一词,是一个动宾结构。首先,谁去审? 这是作为审美主体的人。其次,审什么? 这是客观现实中具有审美特征的东西,也就是审美的客体。"④另据王世德主编的《美学辞典》,该《美学辞典》收录有"审美客体""审美主体""审美活动""审美能力""审美观""审美意识""审美经验""审美直觉""审美想象""审美判断""审美理想""审美感官""审美价值""审美静观""审美意

① 黄华新、陈宗明:《描述语用学》,吉林人民出版社,2005,第 34 页。
② 冯志伟:《现代术语学引论》,语文出版社,1997,第 1 页。
③ 黄华新、陈宗明:《描述语用学》,吉林人民出版社,2005,第 36-37 页。
④ 蒋孔阳:《美学新论》,人民文学出版社,2006,第 3 页。

象""审美教育"等16条术语。① 劳承万在《审美中介论》中指出:"审美是一种活动,因而是一个过程,而且是一个'情感—思想''感性—理性''生理—心理''社会—历史'等方面相互交织、渗透的复杂过程。"②以上表明,"审美"的界定虽然常常见仁见智,但是其核心要义还是较为清晰的:带有一定的主体可感性,表现出一定的过程性,往往诉诸感性,可以作用于认知和交际。审美是术语修辞的重要驱动力,还是术语修辞的重要价值体现。如"疫苗"(医学术语)、"玫瑰线"(数学术语)、"黄金分割"(数学术语)等,富于形象可感性,易于理解,人们乐于接受。又如,"启功先生有一个极为生动的比喻,他说韵律是汉语的血小板,没有它,不成为正常的血液。韵律像陷阱,想躲它,一不小心就掉进去"。③诚如钱锺书在《释文盲》中开头的一段话所言:"在非文学书中找到有文章意味的妙句,正像整理旧衣服,忽然在夹袋里发现了用剩的钞票和角子;虽然是分内的东西,确有意外的喜悦。"④此话实在是以审美的方式说明了术语修辞的某种审美特质。

研究术语修辞,有助于提升公众的认知、审美水平和交际能力,同时有益于优化人与机器、人与自然的对话。

(二)中国特色学术话语:基于术语修辞的哲学社会科学言语作品

术语修辞的结果是形成特定术语修辞话语,"术语修辞话语"是包含术语的修辞话语,术语是术语修辞话语的构成要素。可以说,"术语修辞话语"是"修辞话语"的一种,"修辞话语"是"话语"的一种,是一种有效言语作品。

"话,合会善言也。"⑤另据《辞源》:话,下快切,去,夬韵,匣。月部。

---

①　王世德:《美学辞典》,知识出版社,1986,第65-73页。

②　劳承万:《审美中介论》,上海文艺出版社,1986,第22页。

③　王宁:《中国语言文字学面临的抉择》,《励耘语言学刊》2017年第1辑,第5页。

④　钱锺书:《写在人生边上》,载《钱锺书集》,生活·读书·新知三联书店,2007,第47页。

⑤　许慎:《说文解字》,中华书局,1963,第53页。

1. 言语。《诗经·大雅·抑》:"慎尔出话,敬尔威仪。"《文选》晋陶渊明(潜)《归去来辞》:"悦亲戚之情话,乐琴书以消忧。"2. 告,告谕。《尚书·商书·盘庚中》:"乃话民之弗率,诞告用亶。"3. 谈论,议论。唐杜甫《杜工部草堂诗笺》十七《乾元中寓居同谷县作歌七首》其七:"山中儒生旧相识,但话宿昔伤怀抱。"唐杜牧《樊川集》外集《卢秀才将出王屋,高步名场,江南相逢赠别》诗云:"交游话我凭君道,除却鲈鱼更不闻。"①

"语,论也。从言吾声。鱼举切。"②再据《辞源》:语,鱼巨切,上,语韵,疑。鱼部。1. 自言为言,与人谈论为语。《论语·乡党》:"食不语,寝不言。"《礼记·杂记下》:"三年之丧,言而不语。"《礼记注》:"言,言己事也;为人说为语。"后泛指说话。《北史·隋·房陵王勇传》:"乃向西北奋头,喃喃细语。"2. 谚语,成语。《穀梁传》僖二年:"语曰:乐正司业,父师司成。"3. 语言。北齐颜之推《颜氏家训·教子》:"教其鲜卑语及弹琵琶。"4. 辞,句。唐杜甫《杜工部诗集》十一《江上值水如海势聊短述》:"为人性僻耽佳句,语不惊人死不休。"5. 用以示意的动作。《玉台新咏》八南朝梁刘孝威《都县遇见人织率尔寄妇》诗云:"窗疎眉语度,纱轻眼笑来。"③又:语,牛倨切,去,御韵,疑。鱼部。1. 告诉。《论语·阳货》:"居!吾语女。"2. 告诫。《国语·鲁》下:"季康子问于公父文伯之母曰:'主亦有以语肥也?'"④

以上代表性权威工具书的相关解释表明,"话"和"语"较早的意义即含有"用"(正在用或已用完),都与语用主体直接相关,具有一定的主体性。"话"和"语"合在一起作为一个术语,较为晚近。郑远汉、周礼全、黄华新、陈宗明、李宇明等先生在学界较早使用和科学界定了"话语"一词。

① 何九盈、王宁、董琨主编,商务印书馆编辑部编:《辞源》(第三版),商务印书馆,2015,第3810页。
② 许慎:《说文解字》,中华书局,1963,第51页。
③④ 何九盈、王宁、董琨主编,商务印书馆编辑部编:《辞源》(第三版),商务印书馆,2015,第3816页。

郑远汉指出,"话语的工具是语言,话语是使用语言的结果"。① "修辞活动又是在话语中进行的,离开话语就无所谓修辞。"②郑远汉先生科学地直接将"话语"与"修辞"联系了起来。同时,郑先生也十分简明地阐述了"话语"与"语言"的关系。郑远汉先生的看法与吕叔湘先生关于"语言"的界说是一致的。"语言是什么?说是'工具'。什么工具?说是'人们交流思想的工具'。可是打开任何一本讲语言的书来看,都只看见'工具','人们'没有了。语音啊,语法啊,词汇啊,条分缕析,讲得挺多,可都讲的是这种工具的部件和结构,没有讲人们怎么使唤这种工具。"③周礼全先生也用十分简明的语言阐明了"语言""言语"和"话语"的关系:"语言是一个符号系统,言语则是人们应用语言传递讯息的活动。一个和言语密切相关的重要概念是话语。话语是在一个语境中说话者用来传递讯息所说出的一串语音或写出的一串笔画。话语可以具有一个语词、一个词组或一个语句的形式。"④

类似地,黄华新、陈宗明《符号学导论》指出,"修辞是通过话语的表情达意,用以取得最佳的交际效果。"⑤黄华新、陈宗明还指出了"文本"与"话语"的关系:"文本是由句子组成的话语单位。它可以是一首短诗,也可以是一次长篇演说,或者是一部著作。"⑥

李宇明先生在研讨语言学的宏观问题时高屋建瓴地指出了"话语"及其重要的学术意义:"关于言语的研究('言语'的一个同义词或近义词是'话语(discourse)',以下本文使用'话语')并没有完全匿迹,比如语言教育研究

①② 郑远汉:《论话语义同语言义的联系和区别》,《福建师范大学学报》(哲学社会科学版)2008 年第 4 期,第 60 页。

③ 吕叔湘:《语言作为一种社会现象——陈原〈语言与社会生活〉读后》,载《吕叔湘语文论集》,商务印书馆,1983,第 112-113 页。

④ 周礼全:《逻辑——正确思维和有效交际的理论》,人民出版社,1994,第 7 页。

⑤ 黄华新、陈宗明:《符号学导论》,东方出版中心,2016,第 10 页。

⑥ 同上书,第 162 页。

离不开对话语问题的探讨,美国描写语言学、功能语言学、社会语言学、语料库语言学、语用学等都不同程度地涉及话语或话语研究。……法国符号学家高概、荷兰学者梵·迪克也都有关于话语的出色研究,在国际学术界产生了重大影响。"①李宇明先生进一步指出:"话语功能语言学(话语分析)的发展,特别是互动语言学的产生,标志着语言学开始挣脱索绪尔传统,出现了明显的'话语转向'。"②

张春泉在前贤时修的研究基础上,较为系统地探究了"修辞话语"(一定意义上也可称为"话语修辞"),出版了《话语建构理据的多维探究》(张春泉,西南师范大学出版社,2018)、《文学话语的语音修辞:历时视角》(张春泉、陈光磊,西南师范大学出版社,2018)、《学术话语系统的个案分析》(张春泉,西南师范大学出版社,2018)、《文学话语的设问辞格:历时视角的个案分析》(张春泉,西南师范大学出版社,2021)、《术语的认知语义研究》(张春泉,武汉大学出版社,2017)等。此外,据初步统计,在张春泉《论接受心理与修辞表达》中"修辞话语"这个术语共出现241次。张春泉《论接受心理与修辞表达》的结语部分提出:"修辞话语是能为接受者所接受、能在接受者那里产生一定的心理反应的语言,词是修辞话语的基本单位,修辞话语在表现形式上可以是词、短语、句子乃至篇章。修辞话语有其内容。'内容'是有心理现实性的'意义'。语言向话语的生成,意义向内容的转换是在修辞过程中完成的。"③"能被特定接受者接受的语言是话语,言语则正是由语言到话语的过程,话语是结果。话语有口头的和书面的。"④"修辞是一个过程,并最终

① 李宇明:《语言学的问题意识、话语转向及学科问题》,《广州大学学报》(社会科学版)2019年第5期,第99-100页。
② 同上书,第100页。
③ 张春泉:《论接受心理与修辞表达》,中国社会科学出版社,2007,第296页。
④ 同上书,第68-69页。

形成特定的修辞话语。修辞话语连接着表达者(写说者)和接受者。"①"简单地说,话语是言语作品,而对话则是主体之间以话语为媒介的交互作用过程。话语可以分为对象话语和元话语。对象话语,以直接的对话为主。元话语,是用来解释和说明对象话语的,可以用于间接对话。在不同的语体中都可以有对话。"②

可以说,修辞话语是广义对话的结果。一方面,"话语"是广义对话修辞论和修辞过程中言语博弈论的核心术语概念之一。既为话语的一种,术语理应成为修辞学的研究对象。故其与修辞学直接相关,研究术语,可以有修辞学的研究视角。另一方面,如前所述,术语是科学知识在语言文字上的结晶,是表征知识的基本单元,是学术话语的最小单位。从这个意义上说,"术语""修辞""话语"之间是有逻辑交叉关系的,在语义上是一种融合关系,可以形成一个新的概念:术语修辞话语。以上分析似已表明,"术语修辞话语"这个概念术语类似于"话语",自身也是动机、过程与效果的统一。

此外,需要特别说明的是,中国特色学术话语与术语修辞直接相关。从一定意义上讲,中国特色学术话语是基于术语修辞的哲学社会科学言语作品。中国特色学术话语的研究和建设已经得到了学界的高度重视。例如,《中国语文》编辑部以本刊编辑部的名义在《中国语言学的体系建设和时代使命——写在习近平〈在哲学社会科学工作座谈会上的讲话〉发表五周年之际》一文中,科学地阐释了中国语言学的学科体系、学术体系和话语体系;论述了语言学体系建设的方向:继承性与民族性、原创性与时代性、系统性与专业性。该文指出了中国特色学术话语建设的重要性。③除了汉语学界最具代表性的杂志的"编辑部文章",代表性的学者也指出了中国特色学术话

① 张春泉:《论接受心理与修辞表达》,中国社会科学出版社,2016,第59页。
② 张春泉:《叙事对话与语用逻辑》,中国社会科学出版社,2011,第8页。
③ 本刊编辑部:《中国语言学的体系建设和时代使命——写在习近平〈在哲学社会科学工作座谈会上的讲话〉发表五周年之际》,《中国语文》2021年第3期,第259-262页。

语建构的重要意义:"近年来关于学术国际话语权中语言权问题的研究,鲜有论及学术产品生产过程中学者学术思维层面所使用某种语言的作用。事实上这种隐藏在学术思维层面的语言以及构建于其上的概念体系,对于提高中国学术话语权发挥着更为基础性的作用。如果中国学者的学术思维长期被以英文为载体的概念所占领,将严重影响中国特色话语体系的构建。"①

无疑,中国特色学术话语的建构有十分重要的意义。如何科学有效地建构中国特色学术话语这个问题也就相应地尤显紧迫和关键了。在我们看来,术语修辞是科学有效地建构中国特色学术话语的题中应有之要义,是重要的机制和手段。

中国特色学术话语,一般是指中国特色哲学社会科学话语,是指具有继承性、民族性、创新性和时代性的汉语学术话语。② 中国特色学术话语一般只有在语篇中才能更好地彰显。

或者可以说,在所有学术体系中,汉语语言学是尤具中国特色的学科之一。而在汉语语言学中,修辞学又是更显中国特色的分支之一。相应地,在我们看来,汉语修辞学领域的学术话语是较为典型的中国特色学术话语。

杨树达、郭绍虞、张志公、张炼强等学者早就指出了汉语修辞学的中国特色。"我们必须承认如下观点是正确的,可以作为我们寻求修辞理据的重要参考:'若夫修辞之事,乃欲冀文辞之美,与治文法惟求达者殊科。族姓不同,则其所以求美之术自异。况在华夏,历古以尚文为治,而谓其修辞之术与欧洲为一源,不亦诬乎?昧者顾取彼族之所为一一袭之,彼之所有,则我必具,彼之所缺,则我不能独有,其贬己媚人,不已甚乎!'(杨树达:《汉文文言修辞学》,科学出版社,1954,第4页)'如果说,在语法学方面,由于我们的

---

① 文秋芳:《论外在学术语言和内在学术语言——兼及中国特色学术话语体系构建》,《语言战略研究》2022 年第 5 期,第 14 页。

② 习近平:《在哲学社会科学工作座谈会上的讲话》,《人民日报》2016 年 5 月 19 日第 2 版。

汉语有不同于西方语言的特点,照搬别人的东西是不可取的,那末,在修辞学方面,就不仅有语言特点的问题,还有多方面文化传统的特点包含于其中,照搬更不可取.'(张志公:《〈修辞学发凡〉给我的教益》,《修辞学习》1982年第4期)"①"如果在寻求修辞理据的同时,作修辞比较,则下述论点自然是用得着的了:'各种语言文字都可体现出各个民族文化之特点,可以彼此相比,以显其异,也可以互相研究,以观其同.'"(郭绍虞:《修辞剖析》,《修辞学研究》(第1辑),华东师范大学出版社,1983)②张炼强先生援引杨树达、张志公、郭绍虞诸先生的论述,旨在说明汉语修辞学相较于语法学等语言学其他分支学科而言更具中国特色。

　　20世纪的现代修辞学,自陈望道的《修辞学发凡》起,形成了分支较为完备、框架较为严整、特色较为鲜明的学术话语体系。本书选取的研究对象(主要以修辞学学术著作形式体现的学术话语体系)具有一定的代表性。

　　一方面,如前所述,汉语修辞学尤能体现中国特色;另一方面,修辞学具有较强的学科综合性,其跟哲学社会科学的诸多学科都有一定的关联,从这个角度看,修辞学在哲学社会科学中也具有一定的代表性。

　　"修辞学是一门独立的学科,是语言学的一个分支,可以归入应用语言学的范围。但是,应该看到,它不是纯语言学,它和民族、社会、时代以及以民族、社会、时代为研究对象的其他学科如民俗学、社会学、历史学有关联,和逻辑学、心理学、美学、文艺学也有关联,和语言学中的语法学、词汇学、语音学关联紧密,就更不用说了。"③类似地,张弓先生也认为:"修辞学是语言学的一个部门,它和语言学的其他各部门(词汇、语法、语音)密切关联,而又具有一定的独立性。它不是词汇学、语法学的

① 　张炼强:《修辞理据探索》,首都师范大学出版社,1994,第50页。
② 　同上书,第51页。
③ 　张炼强:《张志公先生对汉语修辞学的贡献》,载《修辞论稿》,人民教育出版社,2000,第226页。

附属物,不是词汇学、语法学所能包括或代替的。"①具体而言,"现代汉语修辞学的任务首先是研究现代汉语修辞和汉语各因素的关系,研究怎样适应具体语境,活用现代汉语规范化语言各种因素,以充分地、恰如其分地表示对现实事物的一定的态度(肯定、否定,拥护、反对,赞扬、谴责,褒、贬等),恰当地表示对事物的一定评价(美丑、善恶、长短、得失等)。"②张志公先生还指出:"修辞学不论怎么说总是和许多门学科有关联、有交错的那么一门学科。它和语言学、文艺学显然有很密切的关系,它和心理学、逻辑学、美学也有密切的关系,它和语言运用、语言教学也有很密切的关系。"③

修辞学既具有一定的综合性,也具有较为明确的"语言本位"特征。"指明修辞是对语言的运用,修辞所可利用的是语言文字的一切可能性。这就在修辞学研究中确立了'语言本位'的观念,指明了修辞学的语言学性质。"④这即是说,修辞学与语言文字及其运用的关系是"天然"的。"凡是成功的修辞,必定能够适合内容复杂的题旨,内容复杂的情境,极尽语言文字的可能性,使人觉得无可移易,至少写说者自己以为无可移易。"⑤对此,陈望道先生有进一步的解说:"前说修辞所可利用的,是语言文字的一切可能性;所谓语言文字的可能性,一半便是这些种语言的习性。另一半是体裁形式的遗产。"⑥从这些角度看,修辞学属于语言学自不待言。"现代语言学正朝着三个方面发展:一是深入研究结构体系,达到精密化、形式化,解决人机对话、机器翻译等问题;二是研究言语规律,指导语言使用;三是研究言语机

①② 张弓:《现代汉语修辞学》,河北教育出版社,1993,第13页。

③ 张志公:《关于修辞学研究工作的几点建议》,载中国修辞学会编:《修辞学论文集》(第一集),福建人民出版社,1983,第12页。

④ 陈光磊:《陈望道先生对现代中国语言学的历史贡献》,载《陈望道语言学论文集》,商务印书馆,2009,第597页。

⑤ 陈望道:《修辞学发凡》,上海教育出版社,1997,第11页。

⑥ 同上书,第20-21页。

制,解决话语生成和理解,语言掌握等问题。修辞学同这三个方面,特别同言语规律的研究密切相关,它探索和总结言语规律,有效地指导语言使用,以提高交际效果。"①

尤具特色的修辞学学术话语有时本身是以修辞的方式建构的。例如:

打一个并不见得恰当的比方。比如说我们要建筑一个公园,我们当然需要先考虑一下这个公园里边应该有些什么,当然要一些花草、树木。是不是也可以养些鸟,养些鱼,或者别的什么动物呢? 那是不是要有一些假山石,要有一些亭台楼阁之类呢? 当然需要先考虑一番,设计一番,需要有个总体规划。②

上例自身即为"打比方",是一个很恰当的比方,以比方(比喻)的方式谈修辞学的内涵和外延。再如:

但是当我们掌握的东西还不多的时候,是不是也可以这么办:善于养花草的,就来养花草;善于种树木的,就来种植树木;善于养鸟的,就来养些鸟;善于养鱼的,就来养些鱼;诸如此类。在实际的东西还不很多的时候,如果我们花很大的力气先来划个圈圈:圈圈划大了呢,也许里头空荡荡的,没什么东西;划得太小了呢,也许应该有的东西我们把它排斥在外了,或者重视不够,缺少了。这个比方当然并不很恰当,不过,它之所以不恰当,也有那么一层道理:建设一个公园,如果事前设计得不周到,里边装了这样,装了那样,装了好多东西,如果发现不恰当了,比如说建了一些亭台楼阁,后来发现不妥当了,或者容纳了一些东西,才发现不协调了,这时候就会造成很大的麻烦,甚至造成很大的浪费,比如把一些不必要的东西拆除,建设起来了又把它拆掉,岂不造成浪费了吗? 研究这门学科倒没有这个问题,比如说,语

---

① 　张静、王德春:《修辞学论文集·前言》(第一集),载中国修辞学会编《修辞学论文集》(第一集),福建人民出版社,1983。

② 　张志公:《关于修辞学研究工作的几点建议》,中国修辞学会编《修辞学论文集》(第一集),福建人民出版社,1983,第12-13 页。

言风格问题,可以把它放在修辞学这个领域里头来研究。研究来研究去,或者成果多起来了,慢慢我们觉得似乎可以把它分出去,另成一门学科,不包括在修辞学的范围之内,这样并不会造成浪费,因为不需要拆除,继续研究下去就是了,只不过是不把它放在修辞学的范围内来研究,而放在其他的领域里头或者单独研究。从这个角度来说,那同建设一个什么东西,事前的设计、布局的问题还是有所不同的。我们的修辞学这个领域,虽然不能说是个空荡荡的公园,不过里面东西确实还不够丰富,不够多,在这种情况之下,是不是可以暂时不花过多的时间、精力去研究它的对象、范围问题,尽可以研究起来再说,你觉得需要研究什么,就去切切实实地、深入地进行研究。我想,我们大家既然都是修辞学的爱好者,并且是从事这方面研究和教学工作的,大概,我们认为应该研究的问题总不至于是和修辞学完全不沾边的。既然沾边,就研究起来再说嘛![1]

上例继续以修辞的方式阐述修辞学的内涵和外延。另如:

生物实验室中的解剖刀和显微镜下看到的有机体某些切片固然真切,但毕竟只是那么一星半点,未必就能据此对有机整体做出准确判断;对一种语言结构系统的静态分析、描写过于专一、深细,细到忘记了整体,反而模糊了对这种语言本来面貌的认识。对于语言研究中这种"尸体解剖式的"静止、孤立的研究弊病,吕叔湘先生是有察觉的。[2]

上例运用了一系列的科技术语,以修辞的方式谈语言研究整体认知的重要性。

本书选取了代表性的学术话语(修辞学著作)为重点研究对象,以 20 世纪为主,兼及(汉语修辞学史)概貌。此外,还选取了如下话语体系作为基本

---

① 张志公:《关于修辞学研究工作的几点建议》,中国修辞学会编《修辞学论文集》(第一集),福建人民出版社,1983,第 12-13 页。
② 刘焕辉:《交际语言学导论》,江西教育出版社,1992,第 9 页。

研究对象:《墨经》《荀子》《孟子》,刘勰《文心雕龙》、章士钊《逻辑指要》、王力《论理学》,王国维、梁启超、陈寅恪、赵元任等清华国学研究院四大导师的特色论著,王本朝《最爱先生古道长》、李心释《黑语言》,还有《中华人民共和国国家通用语言文字法》及"对外汉语教学"的专业名称(含其变更)等。试图"解剖一只麻雀"式地以点带面,探究中国特色学术话语的术语修辞。

二、研究概况和研究意义

这里主要梳理"术语修辞"和"中国特色学术话语"的研究概况,附带谈及其研究意义。

(一)关于术语修辞的研究概况及研究意义

20 世纪 90 年代以来,陆续有若干术语修辞方面的成果问世,主要分布于应用语言学(含外语和汉语学界)领域,偶见于哲学和其他学术领域。代表性的论文和专著分类列举如下。

其一,术语修辞的认知动因研究。认知语义是术语修辞十分重要的动因。张春泉的专著《术语的认知语义研究》和陈雪的《认知术语学概论》都谈到了术语的认知问题,两本书同一年出版,张春泉的《术语的认知语义研究》稍早于陈雪的《认知术语学概论》,依据相应著作的版权页,前者 2017 年4 月出版,后者 2017 年 12 月出版,二者的研究对象、视角、方法等有诸多不同,可谓各有千秋。

张春泉的《术语的认知语义研究》"注重实证研究"①。"《术语的认知语义研究》特别注意自己所提出的新术语务必有依据、有出处,不凭空随意臆

---

① 赵世举:《术语的认知语义研究·序》,张春泉:《术语的认知语义研究》,武汉大学出版社,2017,第1 页。

造新概念术语。立言立论皆有渊源。"①"有助于认知语义特征的精细化和系统化。"②"另辟蹊径，综合运用认知语义学、语用学、词典学、逻辑学的理论和方法，从多角度、历时与共时对术语进行了深入挖掘与深度剖析，是术语研究的重要拓展。"③"《术语的认知语义研究》深度实践了张春泉教授在词汇语义研究上的新理念和新方法，是一部以术语的认知语义微观描写为重点的新描写主义的词汇语义学力作。该书关注'术语'和'术语学'的社会认知与社会价值，以跨学科的思维方法深度描写了术语认知语义的生成、扩散、解释、理解的机制，以模式识别的技术思维构建了术语认知语义的动态平衡的柔性循环系统——矩阵模式。该模式具有重大的语言和语言学价值，对术语以外的其他类别的词汇语义的深度描写也具有广泛的借鉴意义。"④"《术语的认知语义研究》这本书除了在术语学领域的贡献外，对词汇学、语用学、逻辑学、科学学等方面的研究也很有启发作用。"⑤

陈雪的《认知术语学概论》指出："本书的更大价值在于，作者通过较为深入地把握与借鉴当今国际术语学研究的前沿理论，借助术语学引出的研究方法，较好地回答了遭受诟病的中医术语的非'科学性'这个长期困扰国人的问题。"⑥郑述谱在《序》中所做的评价很确切。《认知术语学概论》作者认为："我国国内术语学界对术语的认知研究刚刚起步，相对缓慢、零散、缺

① 杨帅、金高辉：《认知语义：中文科技术语研究的新范畴——张春泉〈术语的认知语义研究〉》，《湖北师范大学学报》(哲学社会科学版)2020 年第 5 期，第 37 页。

② 袁慧莲、张道俊：《术语学研究的一部力作——评张春泉〈术语的认知语义研究〉》，《湖北师范大学学报》(哲学社会科学版)2018 年第 4 期，第 156 页。

③ 胡霞：《术语研究的重要拓展——张春泉〈术语的认知语义研究〉述介》，《湖北理工学院学报》(人文社会科学版)2018 年第 3 期，第 42 页。

④ 邱庆山：《词汇语义研究的新理念与新实践——〈术语的认知语义研究〉评介》，《四川文理学院学报》2018 年第 3 期，第 149 页。

⑤ 马晓红：《从实证角度研究术语认知语义的重要著作——读张春泉〈术语的认知语义研究〉》，《河北软件职业技术学院学报》2018 年第 4 期，第 71 页。

⑥ 郑述谱：《认知术语学概论·序》，载陈雪《认知术语学概论》，商务印书馆，2017，第 1 页。

乏系统性。近年来对于术语的认知研究频繁见于一些期刊文章以及硕博论文。本书基于本土化原则,试图对认知术语学理论进行系统的阐述和研究,内容包括:从认知术语学的核心术语切入,考察这些术语的来龙去脉,分析它们的概念内容,分析这些术语的认知术语学阐释;在认知术语学框架下,分析术语作为认知和交际单位的属性;运用范畴理论、隐喻认知理论分析术语产生、发展的规律和特点;揭示术语反映的概念结构和人类认知结构的内在联系;探索术语的产生、发展与人类思维发展之间的关系;考察术语系统所折射的世界图景;勾勒认知术语学研究的理论框架。"①又如该书所言:"我们知道,外语学界应本着促进并建立我国语言学理论体系的宗旨,在探索学理的基础上提炼新知,勇于创造。本书选取中医术语作为认知术语学研究的范本也是基于这方面的考虑。"②陈雪的《认知术语学概论》虽然并不是直接将"认知"作为术语修辞的动因来看待的,但其也会给术语修辞研究以启示。

其二,术语泛化研究。这方面具有代表性的研究成果有黄知常《从语法术语泛用看修辞的知识型趋向》③、冯子薇《科技术语和行业语词义的泛化》④、马景秀《术语规范与新闻话语的修辞建构》⑤、黄知常《新潮的电脑术语修辞》⑥等。这里所说的"泛化"主要是指术语"所指"的某种扩大,也常常是术语所表达的概念外延的扩大。伴随着术语所表达的概念外延扩大,术语往往会有语义的变化(尤指扩大)。冯子薇《专门用语词义泛化的方式、效果及前景》指出:"专门用语词义泛化的方式源于借用这一语言事实和词义

① 陈雪:《认知术语学概论》,商务印书馆,2017,第2-3页。
② 同上书,第3页。
③ 黄知常:《从语法术语泛用看修辞的知识型趋向》,《语文学习》2005年第1期,第54页。
④ 冯子薇:《科技术语和行业语词义的泛化》,《南京师大学报》(社会科学版)1999年第4期,第109页。
⑤ 马景秀:《术语规范与新闻话语的修辞建构》,《天津外国语学院学报》2007年第3期,第31页。
⑥ 黄知常:《新潮的电脑术语修辞》,《修辞学习》1997年第6期,第23页。

内部因素的变化,由此而产生的新义是新词语中品位较高的部分,专门用语词义的泛化有着广阔的前景。"①这一看法颇有见地,文中所说的"专门用语"包括术语。孙寰《术语的功能与术语在使用中的变异性》②在讨论术语的功能及其变异性时关注了术语泛化,不乏真知灼见。张春泉的《科技术语的语域传播论纲》③、《基于语用逻辑的术语标准化问题》④、《基于语义场的科学术语理解》⑤等系列论文也对术语泛化、语义理解、标准化等问题做了一定的探讨。

以上研究还可以更精准深入,比如还可以进一步讨论术语为什么会泛化,还可以将术语泛化与术语修辞自觉地、系统地关联起来,进一步探讨作为术语修辞重要结果的术语泛化。其实准确地讲,在概念术语表述上,"泛化"或可换为"语域传播",术语可以渗透到其他领域,即术语可以跨语域传播到非学术科技领域,还可以由学术科技领域的某一分支领域传播到其他相应相关相邻的分支领域。使用"泛化"有些过"泛",不甚精准,且"泛化"这个术语自身可能带有某种未必积极的附加义。此外,"变异"这个术语可能蕴涵着术语在原语域已经不存在了,或在原语域的意义、功能已经发生变化了,而事实上未必如此。故我们只提进入其他语域后的术语的语义变异,而不直接提"变异"。

其三,宏观术语修辞现象研究。正如马凤玲在《专业术语在修辞中的应用》所指出的:"专业术语的扩大使用和它所产生的修辞效果是近年出现的较为普遍的现象。"⑥这种"近年出现的较为普遍的现象"得到了学界一定程

① 冯子薇:《专门用语词义泛化的方式、效果及前景》,《汉语学习》2000 年第 1 期,第 36 页。
② 孙寰:《术语的功能与术语在使用中的变异性》,商务印书馆,2011,第 142 页。
③ 张春泉:《科技术语的语域传播论纲》,《中国科技术语》2016 年第 6 期,第 9-12 页。
④ 张春泉:《基于语用逻辑的术语标准化问题》,《浙江社会科学》2008 年第 6 期,第 61-65 页。
⑤ 张春泉:《基于语义场的科学术语理解》,《浙江社会科学》2006 年第 1 期,第 138-142 页。
⑥ 马凤玲:《专业术语在修辞中的应用》,《语言与翻译》2005 年第 1 期,第 52 页。

度的关注。代表性的成果有许晋《新时期术语修辞现象试析》①,江娜《隐喻型术语的修辞特征研究——以经济学英文术语为例》②,高红艳、鲍颖洁、车立娟等《中医药术语修辞构词法与规范化之我见》③,张春泉《修辞与科学知识传播论纲》④《完善术语修辞 推动科学传播》⑤《术语修辞与中国特色理论话语——以〈共产党宣言〉汉译本和习近平总书记"七一"重要讲话为例》⑥《〈修辞学发凡〉的术语修辞实践》⑦等系列论著也对宏观术语修辞现象做了一定的探讨。

以上关于术语修辞现象的研究成果以朴素的描写和观察为主,或者做一般性词汇学分析,或者做点到为止的解释,还可以着眼于微观与宏观相结合的视角,就某一个领域或若干代表性的语篇做相对全面系统的描写,并深入地解释,亦可以追溯术语修辞现象的历时发展,预测术语修辞现象的未来发展。

其四,术语修辞效果研究。诚如潘红《术语移用的修辞效果和译法初探》所言:"在文学作品或日常生活中……语境的变换给这些抽象刻板、含义单一的专门术语注入了全新的生命,使它在一定的话语语篇中具有非凡独特的文辞效果。"⑧关于术语修辞效果代表性的研究成果有艾红玲《口语交

---

① 许晋:《新时期术语修辞现象试析》,《术语标准化与信息技术》2004 年第 2 期,第 16-18 页。
② 江娜:《隐喻型术语的修辞特征研究——以经济学英文术语为例》,《中国科技术语》2019 年第 1 期,第 21-25 页。
③ 高红艳、鲍颖洁、车立娟等:《中医药术语修辞构词法与规范化之我见》,《上海中医药杂志》2014 年第 1 期,第 4-6 页。
④ 张春泉:《修辞与科学知识传播论纲》,《科学学研究》2004 年第 2 期,第 113-117 页。
⑤ 张春泉:《完善术语修辞 推动科学传播》,《中国社会科学报》2020 年 3 月 27 日第 6 版。
⑥ 张春泉:《术语修辞与中国特色理论话语——以〈共产党宣言〉汉译本和习近平总书记"七一"重要讲话为例》,《北华大学学报》(社会科学版)2021 年第 4 期,第 30-42,151,152 页。
⑦ 张春泉:《〈修辞学发凡〉的术语修辞实践》,《四川文理学院学报》2022 年第 4 期,第 17-22 页。
⑧ 潘红:《术语移用的修辞效果和译法初探》,《上海科技翻译》1999 年第 1 期,第 7 页。

际中专业术语的修辞功效》①,娄琴、丹永梅《俄语诗歌中术语的修辞审美功能》②,宋子寿《术语翻译的修辞学习》③,张春泉《认知与审美交响的术语修辞:钱锺书〈围城〉中的科技术语管窥》④也涉及术语修辞效果问题的探究。以上关于术语修辞效果研究的论文,多着眼于术语翻译,语料有待于更翔实,视角还可更开阔。

张春泉在其系列论文和即将出版的专著里试图较为明确地界定和阐述"术语修辞",其术语修辞研究力图植根于汉语事实,契合于论者自身的修辞学、逻辑学、语法学、词汇学等学术背景,是其"科技术语的词汇语义研究"(中国博士后科学基金项目)、"术语的认知语义研究"(教育部人文社科项目)、"中文科技术语的语域传播研究"(国家社科基金项目)的继续拓展。其有关研究注重兼顾不同语体、语域,注重实证,重视探究术语修辞的认知、交际、认同与审美等理据,兼及术语的科学传播等功用。

此外,本书所述个案探究的《墨经》《荀子》《修辞学发凡》《中国修辞学》(《汉文文言修辞学》)《汉语修辞学》《修辞理据探索》《汉语修辞学史纲》等论著都有一定的术语修辞思想,只是均未系统展开,吉光片羽,亦弥足珍贵。

吕叔湘先生有言:"从修辞的角度看,没有绝对的好,倒可能有绝对的坏,例如使用生造的、谁也不懂的词语。"⑤从这个意义上来说,从修辞的角度研究术语也是十分必要的。

总体而言,现有的术语修辞研究,关于术语修辞相关背景知识和外围理论的研究成果相对更为突出,比如关于术语修辞的认知动因研究等。但现

---

① 艾红玲:《口语交际中专业术语的修辞功效》,《修辞学习》2001 年第 2 期,第 30-31 页。
② 娄琴、丹永梅:《俄语诗歌中术语的修辞审美功能》,《西南农业大学学报》(社会科学版)2011 年第 2 期,第 89-91 页。
③ 宋子寿:《术语翻译的修辞学习》,《中国科技翻译》2008 年第 3 期,第 10-12 页。
④ 张春泉:《认知与审美交响的术语修辞:钱锺书〈围城〉中的科技术语管窥》,《西南大学学报》(社会科学版)2020 年第 1 期,第 149-158,196 页。
⑤ 吕叔湘:《漫谈语法研究》,载《吕叔湘语文论集》,商务印书馆,1983,第 129 页。

有的术语修辞研究在广度和深度上亟待加强。还可以把本体和应用更加紧密地结合起来,还有必要夯实术语学和修辞学的学科基础,进一步加强术语修辞理据探索,推动术语修辞动因、过程与效果一体化的系统研究。

(二)关于中国特色学术话语的研究概况及研究意义

中国特色学术话语的研究近年来是学界的热点。人们对中国特色学术(尤指哲学社会科学)话语体系建设的必要性、可能性做了卓有成效的宏观研究。代表性的论著如下。

沈壮海《学术话语体系建设的理与路:一项分科的研究》指出,推进学术话语体系建设,是加快构建中国特色哲学社会科学的重要内容。该书在进一步深化哲学社会科学话语体系建设整体思考的基础上,深入哲学社会科学各主要学科的内部和实际,对哲学、美学、文学、语言学、中国史、世界史、艺术学、经济学、法学、政治学、公共管理、国际关系、社会学、教育学等相关学科话语体系的源头、流变、现状、问题、趋向等分别进行了具体的剖析,提出了中国特色哲学社会科学话语体系建设的学科细化路径,也为哲学社会科学话语体系的综合创新奠立了分学科纵深探索的扎实基础。[1] "学术话语体系建设意义之重,体现在诸多层面。一则,学术话语的发展革新是学术发展进步的重要标志。诚如恩格斯所言:'一门科学提出的每一种新见解都包含这门科学的术语的革命。'文化领域中赋古语以新意,踏着时代发展的鼓点提出新的概念范畴,也都标志着文化向前的步伐。一则,学术话语是国家文化软实力的重要资源。……一则,学术话语还关系到文化的理解、文明的互鉴。"[2]

王志强《创新中国特色话语体系》阐明了中国特色学术话语建设的必要

---

[1] 沈壮海:《学术话语体系建设的理与路:一项分科的研究》,人民出版社,2019,第1页。

[2] 沈壮海:《学术话语体系建设的理与路》,《光明日报》2017年1月6日第11版。

性:"当前,我国哲学社会科学在国际上的声音还比较小,还处于有理说不出、说了传不开的境地。因此,学界需不断创新发展中国特色哲学社会科学话语体系,积极提升中国在国际学术领域的话语权。第一,形成有中国特色的话语表达。……第二,提高话语体系的思想性、解释力。话语的表象是语言,背后是思想。人与人之间的话语交流,本质上是主体间通过语言符号系统进行的思想和精神沟通。"①进一步说,"话语体系建设是更具体也更复杂的环节。这是因为,话语体系同人们惯用的概念、观念以至于一般学术术语都有密切关系。需要指出的是,各学科因性质、任务的不同,在学术话语方面也各有特色。但相近的学科也会存在相通之处,自有一些共同的话语。可以这样说,'话语'不仅在人们思想上而且在人们心理上、感情上以至于实践上,都有十分密切的关联。"②

概括地说,"思考创新中国特色学术话语体系,需置于大历史观下,追溯其源头初心、明确其使命担当,回顾其历史经验、评估其现实问题、展望其未来趋势。"③

综合起来看:"加快构建中国特色哲学社会科学学科体系、学术体系、话语体系,是时代的呼唤,是党和国家的要求,是中华民族的期盼,也是新时代中国社会科学院和所有哲学社会科学工作者担负的崇高使命。……话语体系是学术体系的反映、表达和传播方式,是构成学科体系之网的纽结。哲学社会科学要善于提炼标识性概念,打造易于为国际社会所理解和接受的新概念、新范畴、新表述,引导国际学术界展开研究和讨论。"④

中国特色学术话语与术语修辞直接相关。中国特色学术话语的研究和

---

① 王志强:《创新中国特色话语体系》,《中国社会科学报》2020 年 6 月 2 日第 1 版。
② 瞿林东:《学科体系学术体系话语体系建设的使命任务》,《人民日报》2021 年 8 月 2 日第 9 版。
③ 马正立:《大历史观下中国特色学术话语体系创新之维》,《思想教育研究》2016 年第 9 期,第 44 页。
④ 谢伏瞻:《加快构建中国特色哲学社会科学学科体系、学术体系、话语体系》,《中国社会科学》2019 年第 5 期,第 4 页。

建设已经得到了学界的高度重视。前文已述及,汉语学界最具代表性的杂志《中国语文》编辑部以本刊编辑部名义发表的《中国语言学的体系建设和时代使命——写在习近平〈在哲学社会科学工作座谈会上的讲话〉发表五周年之际》,指出了中国特色学术话语建设的重要性,[①]代表性的学者也指出了中国特色学术话语建构的重要意义,如邢向东《论汉语方言学在中国特色语言学学科体系、学术体系、话语体系建设中的价值》:"研究内容、调查方法和研究框架等,决定了方言学是一门具有鲜明中国特色的汉语语言学学科,与汉语研究的多个分支相互交叉、相互融合、相互支持。"[②]"汉语方言学对语言学'三大体系'建设的价值和贡献,体现在以下几个方面:第一,继承传统,多学科交叉融合;第二,在研究领域的拓展中创新学术体系和话语体系;第三,方言学理论方法的探索对语言学体系建设的贡献。"[③]

　　无疑,中国特色学术话语建构具有十分重要的意义。如何科学有效地建构中国特色学术话语这个问题也就尤显紧迫和关键了。在我们看来,术语修辞是科学有效地建构中国特色学术话语的题中应有之要义,是重要的机制和手段。

三、语料来源和研究对象

　　前文已论及,修辞学话语在中国特色学术话语中尤具代表性。我们选取重要的修辞学著作作为重点语料来源和研究对象。不妨列举如下:陈望道《修辞学发凡》,杨树达《中国修辞学》(《汉文文言修辞学》),吕叔湘、朱德熙《语法修辞讲话》,张志公《汉语辞章学论集》,王希杰《汉语修辞学》,张弓《现代汉语修辞学》,张炼强《修辞理据探索》,郑远汉《言语风格学》,倪宝元

---

① 本刊编辑部:《中国语言学的体系建设和时代使命——写在习近平〈在哲学社会科学工作座谈会上的讲话〉发表五周年之际》,《中国语文》2021 年第 3 期,第 259-262 页。

② 邢向东:《论汉语方言学在中国特色语言学学科体系、学术体系、话语体系建设中的价值》,《中国语文》2022 年第 4 期,第 495-496 页。

③ 同上书,第 496 页。

《修辞手法与广告语言》和易蒲、李金苓《汉语修辞学史纲》等。

有意思的是,以上论著的著作者在其学术话语(包括上列著作和其他著作)中还有互相评述的元话语。例如,陈望道曾简评杨树达《中国修辞学》(后曾改名为《汉文文言修辞学》):"修辞有杨树达的《汉文文言修辞学》,在座的郑权中先生的《修辞学》等等,亦有我的《修辞学发凡》。这些著作现在还都'鸡兔同笼',和平共处。"①王希杰《汉语修辞学》对吕叔湘、朱德熙《语法修辞讲话》的评论:"其中,吕、朱所著《语法修辞讲话》开创了语法修辞融为一体的新风,重视联系实际,解决实际问题,对解放初期的语文学界和报刊编辑产生过极大的影响。它不在系统地讲授修辞知识上面花力气,而力求用生动、活泼的语言讲解读者感兴趣的有实用价值的东西。这是它吸引读者的重要原因。"②有时评论在历时版本中还有变化,"《语法修辞讲话》开创了语法修辞融为一体的新风,重视联系实际,解决实际问题,产生过极大的影响。它的目标不是建立修辞学的理论系统,或讲授修辞学知识,而是以解决实际问题为目的,力求用生动、活泼的语言讲解读者感兴趣的有实用价值的东西。这是它吸引读者的重要原因。"③

再如王希杰《汉语修辞学》对陈望道《修辞学发凡》的评论:"1932年出版的陈望道的《修辞学发凡》,建立起一个比较合理的、有一定实用价值的修辞学体系,把汉语修辞研究从修辞格这一狭窄的范围中解放出来,放置在一个比较科学的基础上。几十年过去了,《修辞学发凡》依然是学习和研究汉语修辞的人不可不读的重要著作。"④对应的修订本:"《修辞学发凡》建立起一个比较合理的、有一定实用价值的修辞学体系,被认为是现代修辞学的奠

① 陈望道:《怎样研究文法、修辞》,载《陈望道语言学论文集》,商务印书馆,2009,第308页。原载于《学术月刊》1958年第6期,系1957年12月4日对复旦大学中文系学生所作的学术讲演。
②④ 王希杰:《汉语修辞学》,北京出版社,1983,第3页。
③ 王希杰:《汉语修辞学》(修订本),商务印书馆,2004,第4页。另见王希杰:《汉语修辞学》(第三版),商务印书馆,2014,第4页。

基之作,产生了广泛的社会影响。"①其第三版:"1932 年出版的陈望道的《修辞学发凡》,则建立起一个比较合理、有一定实用价值的修辞学体系,被认为是现代修辞学的奠基之作。"②

又如张弓《现代汉语修辞学》引用苏联的著作较多,体现出一定的开放性。《现代汉语修辞学》对陈望道《修辞学发凡》的认可度高;该著作对张炼强的影响比较大,张炼强《修辞理据探索》引用《现代汉语修辞学》的内容较多,且有些特征性术语的名称表述形式相同,比如"科学术语词"。

此外,有些修辞学著作自身还研究了学术话语和科技术语。例如郑远汉《言语风格学》(修订本)指出:"科学体主要使用普通话(文学语言)的基本词、一般词语,一般不用方言、土语,容纳文言词语、历史词语,新词、外来语也往往首先见于科学体,专业术语或专门词语在科学体是开放的,而排斥社会习惯语特别是黑话。"③

以上著作都有关于修辞学的某些核心概念术语(关键词)的直接或间接研究。例如"话语""语境""积极修辞(修辞格、辞趣)""消极修辞""语言文字的一切可能性"(语言文字资源)、"语体风格"及"跨学科"("桥梁性学科")。就对更微观的某种意义上较为外围的术语的界定而言,有些论者所见略同,例如陈望道、张弓、郑远汉、王希杰诸家对"设问"等术语的界定基本一致。

以上著作是中国修辞研究的重要代表作,以修辞学的方式探讨术语修辞和学术话语似乎更有意义、更有意味。除了以上具有一定代表性的修辞学著作,本书还兼及其他人文学科的若干经典著作。就时代而言,我们以 20世纪的学术话语为主,"每一个时代有每一个时代的语言问题,时代在变,语

---

① 王希杰:《汉语修辞学》(修订本),商务印书馆,2004,第 4 页。
② 王希杰:《汉语修辞学》(第三版),商务印书馆,2014,第 3 页。
③ 郑远汉:《言语风格学》(修订本),湖北教育出版社,1998,第 271 页。

言问题凸显的侧面也在变,但语言问题的核心原理是不变的。"①同时,我们也兼及上古(如《墨经》《荀子》《孟子》等)、中古(如《文心雕龙》)和 21 世纪(如《最爱先生古道长:〈吴宓日记续编〉研究》《黑语言》等)。

就语料来源而言,《墨经》《荀子》《孟子》《文心雕龙》是中国古代传统文化经典,虽然还不是真正意义上的科学著作,但均有一定的科学精神,在中国古代传统文化经典中具有一定的代表性。王力《论理学》、章士钊《逻辑指要》及王国维、梁启超、陈寅恪、赵元任等清华国学研究院四大导师的特色学术话语在中国近现代学术经典中具有一定的代表性。新近问世的王本朝《最爱先生古道长:〈吴宓日记续编〉研究》的主要研究对象《吴宓日记续编》虽然为日记体,但十分注重语言表达,尤其是文言表达,十分值得研究。此外,《吴宓日记续编》具有较强的综合性,涉及人文社会科学的诸多方面,同时该书作者王本朝教授主要从事中国现当代文学研究,对语言文字有十分敏锐独到的语感,对文言和白话的关系有非常深刻的见解。全书从《吴宓日记续编》里抽绎提炼出系列关键词(核心术语),概括出特色鲜明的、精当的各级纲目,建构特色鲜明的学术话语体系。2021 年出版的李心释《黑语言》也颇具特色,该书以近似随笔的形式广涉哲学、文学、美学、符号学、修辞学等人文社会科学多个领域,语言表达精审。不难看出,上古的《孟子》《墨经》《荀子》等和当今 21 世纪的《最爱先生古道长》《黑语言》等均具有一定的综合性,似可形成一定意义上的古今召唤应答。最后,由于学术话语体系与学科体系是紧密相关的,本书还收录了我们探讨"对外汉语教学"学科专业的名称变更问题的文章。

本书使用对比法(不同版本的对比参照互文等)、个案考察法、理据分析法(含语用逻辑理据、术语学理据、语义语法理据等)探究以上学术话语。我

---

① 谢颖:《语言,妙不可言——中国社会科学院语言研究所教授张伯江访谈》,《人民政协报》2020 年 11 月 2 日第 9 版。

们以具有一定代表性的修辞学著作为代表性的学术话语,权且可作为某种意义上的专书研究。正如邢福义《毛泽东著作语言论析》所言:"任何一种书面语言,都有若干代表性作品。"①"研究任何时代的书面语言,专书的研究都是十分必要的。"②

此外,学术话语所负载的科学传播,同样与特定社会语境相适应,当今时代,国家通用语言文字法也对学术话语系统建构、对术语修辞有重要的影响,而且法律语言自身也可看作学术话语。诚如郑远汉先生所言:"法令、公文等正式文件,科学论著、辞书释文等,适于用科学体语言写作,科学体的言语特点在这些典型作品中充分展现出来。"③法律话语可看作一种较为特殊的学术话语,余则均可视为一般学术话语。无论是一般学术话语,还是特殊学术话语,都可以形成中国特色。据此,我们在本书收录了《完善术语修辞推动科学传播》《〈中华人民共和国国家通用语言文字法〉修订建议举隅》。另外,中国特色学术话语体系的培育和维护离不开相关的教育,中学的"语文"和大学中文专业的"现代汉语"是"责无旁贷"的,因此我们还附录了关于"语文"和"现代汉语"的两篇论文。

从一定意义上来说,马建忠在写作并出版《马氏文通》,是为了让童蒙提高学习语文的效率,进而用"节省"出来的时间和精力学习自然科学和工程技术知识。《术语的认知语义研究》④和本书及相关论文则试图探究如何提高学习者学习自然科学和工程技术的效率,如何让普通学习者(学生等)和一般公众更乐于、更易于理解并接受科学知识。同时,有利于语言文字工作者更好地认知、凸显本族语学术话语的特色,积极地运用中国特色学术话语讲好中国故事,更有效地开展文化交流、文明互鉴。

---

① 邢福义:《毛泽东著作语言论析》,湖北教育出版社,1993,第1页。
② 同上书,第15页。
③ 郑远汉:《言语风格学》(修订本),湖北教育出版社,1998,第272页。
④ 张春泉:《术语的认知语义研究》,武汉大学出版社,2017。

　　术语修辞既是术语学的研究对象,也是修辞学的研究对象。作为人文学科的基础和前沿,我们强调术语的认知性和修辞的人本性、审美性、对话性。主要着眼于"人"(学习者、一般公众、语言文字工作者、研究者等)际互动。同时,亦关注修辞所体现出的人与机器的本质区别和人机对话。

　　既然术语修辞如此重要,且术语修辞话语建构有其动机、过程与效果,则有必要对其进行系统的研究,进而形成专门学问。我们力倡研究术语修辞的术语修辞学。术语修辞学是主要研究术语修辞话语建构动机、过程与效果等的学问。

　　我们所说的术语修辞学的外延与交际术语学有一定的交集。"交际术语学理论(communicative theory of terminology,CTT) 于 20 世纪 90 年代初由西班牙术语学家卡布雷(M. T. Cabré) 创立。"[1]交际术语学有其"规定性"特质:"交际术语学与以往术语学研究的最大差别在于:以往术语学研究侧重术语的规定性,而交际术语学则侧重术语的描写性。"[2]交际术语学还有其研究背景:"交际术语学以不断扩大的人类活动范围和不断加强的学科对话为研究背景,从术语的实际使用出发,指出术语不单单是专业人士使用的语言,既明确了专业人士对术语的使用,也体现了非专业人士以及介于专业和非专业人士之间的人们对术语的使用差别。"[3]就其理论基础而言,"交际术语学产生在术语使用者和使用情境发生巨大变化的背景之下。其理论基础是交际学理论,主张从术语使用者在不同情境中对术语的使用来研究术语,指出专业领域的交流存在于非专业、半专业和专业人士之间而不仅仅限定于专业人士之间。在不同交流情境和不同专业水平的术语使用者之下,交际双方对术语的认同不尽相同。在不同话题和专业层次人员的交流中,某

---

① 　陈香美:《交际术语学理论主张、特点及研究对象》,《中国科技术语》2017 年第 5 期,第 17 页。

② 　同上书,第 19 页。

③ 　同上书,第 20 页。

些被专业人士想当然认为非术语的词对非专业和半专业人士来说则很可能
是术语词。交际术语学的研究对象也就是在各种交际背景和交际人之间在
专业领域上的交际。"①交际术语学的建立具有理论和实际意义："交际术语
学的产生和发展在术语学研究史上具有划时代的意义,它实际上进一步推
进了术语学研究从规定到描写的转变,为建构适应社会发展、变迁所引起的
术语理论变化提供了理论依据和支持。同时也拓宽了术语学研究的视角,
后期的框架术语学、社会认知术语学等都或多或少得益于交际术语学的研
究。交际术语学的产生和应用无疑对术语学的发展有着不可估量的作用,
但由于语言问题,该学派的学说在中国影响力不大,卡布雷本人是西班牙加
泰罗尼亚语的积极推行者,其学说多用加泰罗尼亚语和西班牙语著作发表,
英语文献甚少,因此其学说在中国大陆所受到的关注也甚少。"②

　　不难看出,交际术语学和我们所倡之术语修辞学都十分注重术语运用,
但二者在研究对象的范围、视角等方面还是有所不同。相对而言,交际术语
学不太关注术语自身的生成,即我们所说的修辞造语。此外,我们所说的术
语修辞学除了关注交际功能,还关注认知、审美等功能。术语修辞学在关注
术语的外部使用(而非内部构造)时十分重视语篇,常常以语篇作为主要的
"观测站"。最后,术语修辞学还十分重视理据(动因)和效果,强调"动机—
过程—效果"的统一性。

　　最后,就术语表述形式而言,"交际术语学"这个术语名称(汉语译名)
似乎有一定的歧义:在该结构体中,"交际"既可以被理解为研究的本体,又
可以被理解为研究的视角(即着眼于术语的交际功能),如果"交际"作为本
体,则"交际术语学"研究的是关于"交际"这门学问或这个领域的术语,而

---

① 陈香美:《交际术语学理论主张、特点及研究对象》,《中国科技术语》2017 年第 5 期,第 21 页。
② 同上书,第 20-21 页。

事实上,"交际"是可以作为一种专门学问或领域来研究的,《现代语言学词典》①和《语言学百科词典》②均收录有"交际"词条。另外,周礼全的《逻辑——正确思维和成功交际的理论》③的副标题即含有"交际"之意。另一方面,"术语"则是任何学科或专门领域都有的(或可能有的、应该有的)知识表征单元,即研究交际的学问(学科)也会有系列术语,也同样值得研究,这种意义上的"交际术语学"就是研究"交际术语"的学问,即研究交际方面的术语(如"交际""合作原则""交往理性"等)的学问(学科),显然这和把交际作为术语的一种研究视角在内涵和外延上均不尽相同。因为从一定意义上来说,"百科"均有术语,术语作为中心语,几乎是可以"百搭"的,其前面的定语可以是百科中的任何一种。

或者可以说,"术语学"前面的定语可以有"修饰"和"限制"两种语法意义(或曰逻辑意义):重在改变中心语所表达的概念的外延则为限制;重在描述或阐明中心语所表达概念的性状功用等而不改变外延则为修饰。而如前所述,由于"术语"这个概念在外延上较大(分布范围特别广),很容易被理解为"限制"。而其原义似乎主要为"修饰"(即并不是重在改变中心语"术语学"所表达的外延,而是重在体现一种交际视角——从"交际"的视角看"术语")。相对而言,似乎译为"术语交际学"更符合其本意和汉语习惯。以术语学的方式来探究"交际术语学"这个术语,似乎还可以再斟酌。此外,如前所述,术语修辞学在名称表述上,似乎更有利于涵括术语的修辞造语(内部)和术语的修辞运用(外部)两个方面。

术语修辞学几乎"与生俱来"的具有跨学科性质,或曰综合性,且其综合性具有多重层次。首先,在学科背景上术语修辞学植根于逻辑学、科学学、传播学、美学、符号学等,并与百科知识相关;其次,直接受社会语言学、心理

---

① 戴维·克里斯特尔:《现代语言学词典》,沈家煊译,商务印书馆,2000,第67页。

② 戚雨村、董达武、许以理等:《语言学百科词典》,上海辞书出版社,1993,第214页。

③ 周礼全:《逻辑——正确思维和有效交际的理论》,人民出版社,1994,第1页。

语言学等影响;再次,与语用学、语义学、语法学直接相关;从次,修辞学、术语学交叉复合;最后,话语、语篇、语体、语义、语形、语境、风格、辞格、生成、建构、运用、传播、翻译、理解、接受、认知、审美、交际、动因、效果等可能分属于不同范畴的概念的综合贯通。

换一个角度看,我们所说的术语修辞学是一门桥梁性学科:其自身具有一定的学科交叉性,同时研究术语修辞学,有助于提升公众的认知、审美水平和交际能力、言语修养,亦可优化人与机器、人与自然的对话。术语和修辞都具有一定的跨学科性,术语和修辞结合而成的术语修辞学亦具有跨学科性,这就是说,术语修辞学内部搭建了学科对话和融通的桥梁;作为一门学问,术语修辞学与百科学术话语似乎都可以沟通对话,搭建通往百科学术体系、话语体系、学科体系建设的桥梁。

术语修辞有其理据动因,有不同的语域。术语修辞有文学话语术语修辞、学术话语术语修辞等模式类型。本书所收集的笔者近年来关于学术话语术语修辞研究的部分论文,主要包括对术语修辞学的定名及其核心术语的界定、术语修辞基本理据的多维探究、较为典型的学术话语术语修辞个案分析等专题。旨在考察中国特色学术话语(尤指人文类学术话语)的术语修辞机制,描写和解释基于术语修辞的中国特色学术话语的某些语符特征。术语修辞一般有其逻辑学、术语学、修辞学、语义语法学等方面的基本理据。修辞学学术话语体系是尤具中国特色的话语体系之一,且修辞学话语“天然”地包含元元话语,在一定程度上会直接影响其他学术话语体系的生成与建构。本书由前言、上下两编和一个附录组成,上编所辑文章主要探究术语修辞的基本理据,下编所辑文章是学术话语术语修辞个案分析。需要说明的是,上编中的有些文章既是在谈理据,同时又是在描述术语修辞的某些语符特征、运作机制。分成几个部分,只是各部分有所侧重,全书总体在一定意义上似可形成某种互文见义,而就具体某篇文章而言,又可体现出元语言和对象语言的某种统一,修辞理据、过程、机制、语符等的统一。比如,《传统学术话语的语用逻辑——〈文心雕龙〉和〈孟子〉中顶真语符的"三艺"分析》《"桥梁性学科":张志公编辑学思想的基本要义》等,既是理据探究,其实又是学术话语的个案分析。又如,上编的《陈望道的术语学思想》,似可与下编的《陈望道〈修辞学发凡〉的术语修辞实践》等直接照应,形成一定的"召唤应答"。本书重点探讨了较有代表性的修辞学专著(话语体系)的术语修辞,兼及先秦(《墨经》《孟子》《荀子》等)、中古(《文心雕龙》等)、近现代(清华国学研究院"四大导师"的代表性学术话语)、当代(王本朝《最爱先生古道长》、李心释《黑语言》《国家通用语言文字法》、"对外汉语教学"的专业名称等)人文类代表性的富于中国特色的学术话语之术语修辞。全书力求点与面相结合、本体与应用相结合、思辨与实证相结合、语符描写与理据探求相结合,做有本体的应用语言学研究、有理据的语用学研究、有实证的修辞学研究、有思辨的术语学研究。本书将有助于推动以上学科建设和中国特色学术话语体系建设。

目 录

上 编 基本理据的多维探究

下 编 典型学术话语系统的术语修辞个案分析

附　录

后　记

上　编

基本理据的多维探究

传统学术话语的语用逻辑

——《文心雕龙》与《孟子》中顶真语符的"三艺"分析

  语用逻辑,简单地说,是语言运用过程中的逻辑,它需要借助于特定的语法结构形式外化,体现修辞价值和逻辑力量。虽然体制、篇制、文体、语体都不尽相同,但是传统的汉语学术话语范本《文心雕龙》和《孟子》都很重视语用逻辑实践,都有得体、严密、形式多样的顶真语符。《文心雕龙》既是文学批评史著作,又具有语料价值,是旧的"新"语料,可作为中古汉语的研究对象,是中古时期口语性较强的语料的重要补充。据初步统计,《文心雕龙》中较为典型的顶真语符,共79例。在语法上,一串顶真语符总体上往往形成并列结构,衔接点的句法功能较强,在句类上多为判断句;在修辞上,《文心雕龙》中的顶真在能指形式上比较简短,作为一种修辞格,得体适切地使用,能适应并生成营造语境;在逻辑上,缜密的顶真语符可形成假言联言推理。

  顶真语符的文体分布,骈散皆宜,直陈和对话均可。此前以《孟子》为例探讨过散体文中的顶真语符①,这里主要考察骈体言语作品《文心雕龙》中的顶真语符,兼与散体言语作品《孟子》的顶真语符作些比较。

---

① 张春泉:《叙事对话与语用逻辑》,中国社会科学出版社,2011,第111-118页。

一、顶真：一种有上递下接趣味的措辞法

据陈望道《修辞学发凡》："顶真是用前一句的结尾做后一句的起头，使邻接的句子头尾蝉联而有上递下接趣味的一种措辞法。多见于歌曲。"[①]学术语篇《文心雕龙》中也可见有"趣味"的顶真。

顶真带有一定的趣味性，同时也颇具逻辑性，可以不囿于文体形式，古今各体皆宜。顶真尤能体现出语法、修辞、逻辑之"三艺"的综合互动。西方"在中世纪，修辞学跟语法、逻辑并列为'三艺'，在大学课堂中占有重要地位"[②]。刘勰《文心雕龙》问世于南朝梁时期，这一时期属于人们一般所说的中古，中古时期的《文心雕龙》中的顶真语符即有着较为典型的"三艺"特征。此前，上古时期的《孟子》中也有一定的顶真语符，《孟子》和《文心雕龙》中的顶真语符有一定的历时关联。

《孟子》和《文心雕龙》二者具有一定的可比性。首先，二者作为文本语篇在语义内容上都具有一定的说理性，《孟子》善辩，《文心雕龙》体大虑周，在行文表述上都颇具逻辑力量，或者说，二者都既可看作学术语篇（《文心雕龙》侧重于文学批评、修辞学，《孟子》侧重于哲学），又可看作具有审美价值的美文。其次，二者在内容上还有一定的"牵连"：据初步统计，《文心雕龙》有5处直接提及孟子；《文心雕龙》提到最多的人是扬雄，共38处，而扬雄又以其时的"孟子"自居。以上也是拿《孟子》和《文心雕龙》作"比"的动因之一。

笔者所用《文心雕龙》文本语料主要依据周振甫《文心雕龙今译》[③]，并

---

① 陈望道：《修辞学发凡》，上海教育出版社，1997，第216页。
② 滕慧群：《语法修辞关系新论》，黑龙江人民出版社，2006，第74页。
③ 周振甫：《文心雕龙今译》，中华书局，1986。

参考陆侃如、牟世金《文心雕龙译注》①、范文澜《文心雕龙注》②。《孟子》文本语料主要依据杨伯峻《孟子译注》③。

二、以词为衔接点的顶真语符

就语篇分布而言,《文心雕龙》中的顶真可见于篇首;就其功用而言,可用于术语解释;就衔接点的能指形式而言,有词和短语两种情形。以词为衔接点,均为单音节形式。另因均为实词,故衔接点一般都可表达概念。

《文心雕龙》中以词为衔接点的顶真,前后衔接体的语义关系较为单一,但是其中衔接点的词性相对复杂一些,有名词、动词、形容词等,各衔接点前后的话语标记较为复杂。

(一)以名词为衔接点

这里分专门领域名词和普通名词两类讨论。

1. 以专门领域名词为衔接点

《文心雕龙》中做衔接点的专门领域名词多为术语或准术语。例如:

(1)三极彝训,其书言"经"(着重号为引者所加,下同)。"经"也者,恒久之至道,不刊之鸿教也。(《文心雕龙·宗经》)

(2)盖圣贤言辞,总为之书,书之为体,主言者也。(《文心雕龙·书记》)

以上两例分布于文章的开头,属于起始句或句群。

(3)暨乎战国,始称为檄。檄者,皦也。宣露于外,皦然明白也。(《文心雕龙·檄移》)

---

① 刘勰 :《文心雕龙译注》,陆侃如、牟世金译注,齐鲁书社,1995。

② 刘勰:《文心雕龙注》,范文澜注,人民文学出版社,1958。

③ 孟轲:《孟子译注》,杨伯峻译注,中华书局,1960。

上例用以解释衔接点的"皦"为形容词,与被释词"檄"在词性上不对称。

(4)经传之体,出"言"入"笔","笔"为"言"使,可强可弱。(《文心雕龙·总术》)

上例虽不在篇章的起始,但仍在开篇不远处。其能指符号形式仍属篇章开头。

以上诸例均在篇章的开头部分。在篇章的开头即用术语作为顶真的衔接点,顶真的过程是提出术语,然后展开解释(定义)的过程。

(5)牒之尤密,谓之为签。签者,纤密者也。(《文心雕龙·书记》)

(6)异音相从谓之和,同声相应谓之韵。韵气一定,则馀声易遣;和体抑扬,故遗响难契。(《文心雕龙·声律》)

(7)凡乐辞曰诗,诗声曰歌,声来被辞,辞繁难节;故陈思称左延年闲于增损古辞,多者则宜减之,明贵约也。(《文心雕龙·乐府》)

以上三例均不在篇章的开头部分,其能指形式大致分布于篇章的中部。其中,例(7)自身是以两个术语分别作为衔接点,毗邻连用。

相对而言,《孟子》中作顶真语符衔接点的专门领域名词(术语)较为少见,这是两部著作的性质之不同在顶真上的具体体现。《孟子》可看作哲学思想著作,涉及面很宽;而《文心雕龙》则为文学批评著作,涉及面相对较窄。当然,《孟子》中也偶见术语或准术语作为衔接点的情形。例如:

(8)曰:"志壹则动气,气壹则动志也,今夫蹶者趋者,是气也,而反动其心。"(《孟子·公孙丑上》)

(9)方里而井,井九百亩,其中为公田。(《孟子·滕文公上》)

相对而言,《孟子》中的顶真衔接点表示人名、地名(含特定处所、范围)的专有名词较为多见。例如:

(10)或以告王良。良曰:……(《孟子·滕文公下》)

(11)信斯言也,宜莫如舜,舜之不告而娶,何也?(《孟子·万章上》)

以上两例衔接点皆为专有名词,指人,且均为单音节形式。另如:

(12)尔何曾比予于管仲?管仲得君如彼其专也,行乎国政,如彼其久也,功烈如彼其卑也;尔何曾比予于是?(《孟子·公孙丑上》)

(13)徐子以告夷子。夷子怃然为间,曰:"命之矣。"(《孟子·滕文公上》)

以上衔接点均为专名,也是指人,皆为双音节形式。也都没有省略,是为了指别,避免歧解。

(14)象至不仁,封之有庳,有庳之人奚罪焉?(《孟子·万章上》)

上例中"有庳"为地名。

以上两例均指特定处所。

《孟子》中也有紧接着的两句均有这类顶真的情形。例如:

(15)以大夫之招招虞人,虞人死不敢往;以士之招招庶人,庶人岂敢往哉?(孟子·《万章下》)

2. 以普通名词为衔接点

《文心雕龙》中作为衔接点的普通名词又可分为具体名词和抽象名词两类。

2.1 以具体名词为衔接点

(16)笺者,表也,表识其情也。(《文心雕龙·书记》)

(17)若夫宫商大和,譬诸吹籥;翻回取均,颇似调瑟。瑟资移柱,故有时而乖贰;籥含定管,故无往而不壹。(《文心雕龙·声律》)

《文心雕龙》中作为衔接点的具体名词多为单音节形式,类似地,《孟子》中作为衔接点的具体名词也多为单音节形式。例如:

(18)讳名不讳姓,姓所同也,名所独也。(《孟子·尽心下》)

（19）乐正子见孟子曰："克告于君,君为来见也,嬖人有臧仓者沮君,君是以不果来也。"（《孟子·梁惠王下》）

以上诸例均是以单音节形式作为衔接点。

2.2　以抽象名词为衔接点

在抽象名词中,无时间名词、方位名词、处所名词,往往表示某种属性、性状。例如:

（20）原夫登高之旨,盖睹物兴情。情以物兴,故义必明雅;物以情观,故词必巧丽。（《文心雕龙·诠赋》）

（21）夫能设模以位理,拟地以置心,心定而后结音,理正而后摛藻;使文不灭质,博不溺心,正采耀乎朱蓝,间色屏于红紫,乃可谓雕琢其章,彬彬君子矣。（《文心雕龙·情采》）

（22）夫不截盘根,无以验利器;不剖文奥,无以辨通才。才之能通,必资晓术,自非圆鉴区域,大判条例,岂能控引情源,制胜文苑哉!（《文心雕龙·总术》）

《孟子》中以抽象名词作为衔接点的情形,单音节和双音节形式都有。例如:

（23）子贡曰："学不厌,智也;教不倦,仁也。仁且智,夫子既圣矣。"（《孟子·公孙丑上》）

（二）以动词为衔接点

除了名词,在《文心雕龙》中动词也可以作为衔接点,且前后词性往往一致,在前面作谓语,在后面作动宾结构中的动语,这种情形在《文心雕龙》中还颇为多见。

需要说明的是,某些词虽然作为一种文体术语,带有名词性质,一般可视作名词,但是在其被解释的时候是以动词呈现的,或曰其本初为动词,后来被赋予了名词的意义和功能,逐步变成了名词,这一过程在某种意义上正

好体现了"名词化",顶真前后的一"名"一"动"即"微缩"了这一名词化过程。例如:

(24)八名区分,一揆宗论。论也者,弥纶群言,而研精一理者也。(《文心雕龙·论说》)

(25)故取式《吕览》,通号曰纪,纪纲之号,亦宏称也。(《文心雕龙·史传》)

作为顶真语符衔接点的动词,于《文心雕龙》中的动作行为特征不明显,即其动作性总体上不强。例如:

(26)人禀七情,应物斯感,感物吟志,莫非自然。(《文心雕龙·明诗》)

(27)盖七窍所发,发乎嗜欲,始邪末正,所以戒膏粱之子也。(《文心雕龙·杂文》)

《文心雕龙》中的动词衔接点还可以作为对象语言的术语。例如:

(28)"周爰咨谋",是谓为议。议之言宜,审事宜也。(《文心雕龙·议对》)

上例是开篇语。

(29)陈政事,献典仪,上急变,劾愆谬,总谓之奏。奏者,进也。言敷于下,情进于上也。(《文心雕龙·奏启》)

以上各例中的衔接点,均为对象语言,即被解释和说明的语言,多分布于篇章的开头部分,有的甚至是篇章的首句。

动词衔接点作为元语言。例如:

(30)诗者,持也,持人情性;三百之蔽,义归"无邪",持之为训,有符焉尔。(《文心雕龙·明诗》)

上例为典型的"……者……也"判断句。

(31)有异乎前论者,非苟异也,理自不可同也。同之与异,不屑古今,擘肌分理,唯务折衷。(《文心雕龙·序志》)

上例复现的"同"在语用上做话题。

以上各例中的动词衔接点均为元语言,是对特定对象语言的解释和说明,较少分布于篇首。复现的衔接点多可做语用上的话题。

《文心雕龙》还有两个顶真并用的情形。二者通过解释结合起来。例如:

(32)大夫之材,临丧能诔。诔者,累也;累其德行,旌之不朽也。(《文心雕龙·诔碑》)

上例中"诔"与"累"结合,分别作为衔接点,谐音相连,构成两个并列顶真。

(33)圣哲彝训曰经,述经叙理曰论。论者,伦也;伦理无爽,则圣意不坠。(《文心雕龙·论说》)

上例中"论"为动词,"伦"为名词。

(34)《诗》有六义,其二曰"赋"。赋者,铺也;铺采摛文,体物写志也。(《文心雕龙·诠赋》)

上例中"赋"与"铺"作为衔接点,并用。

以上三例的顶真语符在结构形式上相似。形成了一个固定框架:A。A者,B也;B……

(35)昔轩辕、唐、虞,同称为"命"。"命"之为义,制性之本也。其在三代,事兼诰誓。誓以训戎,诰以敷政。(《文心雕龙·诏策》)

上例中"命"与"誓"分别作为衔接点,铺展开来。

(36)知音其难哉! 音实难知,知实难逢,逢其知音,千载其一乎!(《文心雕龙·知音》)

上例中"知"和"逢"并列作为衔接点。

《孟子》中也有以动词为衔接点的顶真语符。例如:

(37)故君子有不战,战必胜矣。(《孟子·公孙丑上》)

(38)当在宋也,予将有远行,行者必以赆。(《孟子·公孙丑下》)

以上两例中顶真语符的框架结构相似:A,A 必……。在此种情形下,复现的 A 在语用上带有话题性质,在逻辑上为假言条件,在语法上做主语。

(39)孔子奚取焉? 取非其招不往也。(《孟子·滕文公上》)

(40)事亲,事之本也;孰不为守? 守身,守之本也。(《孟子·离娄上》)

(41)舜为法于天下,可传于后世,我由未免为乡人也。是则可忧也。忧之如何? 如舜而已矣。(《孟子·离娄下》)

以上三例的顶真语符中有一处特指问。前两例中"问"与"答"相衔接,后一例中先陈述,后紧接着发问,递进拓展。

(42)御者且羞与射者比,比而得禽兽,虽若丘陵,弗为也。(《孟子·滕文公下》)

上例中复现的衔接点在语用上做话题,在逻辑上表假言条件。

(43)吾为此惧,闲先王之道,距杨墨,放淫辞,邪说者不得作。作于其心,害于其事;作于其事,害于其政。(《孟子·滕文公下》)

上例中复现的衔接点与其后的成分形成的分句作为一个整体,在逻辑上表假言条件。

(44)不挟长,不挟贵,不挟兄弟而友也。友也者,友其德也,不可以有挟也。(《孟子·万章下》)

上例中的顶真语符复现 2 次。

(45)言不顾行,行不顾言,则曰,古之人,古之人。(《孟子·尽心下》)

上例中的顶真语符,实际为修辞上的回环。

作为衔接点的动词,在《孟子》和《文心雕龙》中均主要是单音节形式。《孟子》中作为衔接点的动词较少为术语,也有相对固定的框架构式,且框架构式的类型更多样。

(三)以其他词性的词为衔接点

名词和动词是《文心雕龙》中顶真语符的主要衔接点。除了名词和动词可作为衔接点,《文心雕龙》中还有以形容词、量词等作为衔接点的情形。

例如:

(46)驳者,杂也;杂议不纯,故曰驳也。(《文心雕龙·议对》)

(47)物以情观,故词必巧丽。丽词雅义,符采相胜,如组织之品朱紫,画绘之著玄黄。(《文心雕龙·诠赋》)

以上两例中的顶真以形容词为衔接点。

(48)原夫古之正名,车"两"而马"匹","匹""两"称目,以并耦为用。(《文心雕龙·指瑕》)

上例中的顶真以量词为衔接点。

(49)有本者如是。是之取尔。(《孟子·离娄下》)

上例中的顶真以代词为衔接点。

《孟子》中也有能指近距离两个顶真连用的情形,其中的衔接点的词性可以不同。例如:

(50)耳目之官不思而蔽于物,物交物,则引之而已矣。心之官则思,思则得之。(《孟子·告子上》)

(51)可欲之谓善,有诸己之谓信,充实之谓美,充实而有光辉之谓大,大而化之之谓圣,圣而不可知之之谓神。(《孟子·尽心下》)

以词为衔接点,《文心雕龙》中的词(尤指名词和动词)多为术语,《孟子》中相对较少。一方面,就内容而言,《文心雕龙》本身更为"专门"一些——通常被认为是体大虑周的文学批评专著,而《孟子》则为思想文化的哲学著作,适用面更"宽泛"一些;另一方面,就语体而言,《孟子》为谈话体,而《文心雕龙》为书面体。作为衔接点,意在凸显,在凸显中衔接,在衔接中连贯,《孟子》和《文心雕龙》在衔接点上的这种差异,也可表明尽管二者同为说理性文本,但是《孟子》重在陈述,申述己方观点,《文心雕龙》重在阐述,阐发某个论点,诠释某些核心概念(术语)。这恰与《孟子》和《文心雕龙》的篇内篇目(标题)相契合,前者自然随意,后者多选择专门概念术语名篇。

三、以短语为衔接点的顶真语符

相对于以词为衔接点的顶真，《文心雕龙》中以短语为衔接点的顶真在句法选择性上较弱。后者在形式上类型相对较少。但二者都可体现语法、修辞（语用）、逻辑等"三艺"融通，《文心雕龙》以短语为衔接点的顶真在语法结构上少见动宾结构、动补结构，究其原因可能是"顶真"在机制上的衔接功能在某种意义上替代了动宾、动补这两种多少带有"可及性"结构的成分粘连功用。此外，作为补充，对于某些较为刚性的"可及性"成分，则可采用回环式顶真。

（一）以偏正短语为衔接点

以偏正短语作为衔接点的顶真语符，在功能上可分为体词性和谓词性两类，这两种情形于《文心雕龙》中皆备。例如：

（52）故知诗为乐心，声为乐体；乐体在声，瞽师务调其器；乐心在诗，君子宜正其文。（《文心雕龙·乐府》）

上例中以体词性短语作为衔接点。

（53）思赡者善敷，才核者善删。善删者字去而意留，善敷者辞殊而义显。（《文心雕龙·熔裁》）

上例中以谓词性短语作为衔接点。《孟子》中也有类似的情形。例如：

（54）孟子曰："言无实不详。不详之实，蔽贤者当之。"（《孟子·离娄下》）

上例中也是以谓词性偏正短语作为衔接点。

（二）以并列短语为衔接点

以并列短语作为衔接点的顶真语符，复现后的成分多作主语，在语义逻辑上往往分项对照。例如：

（55）至于陈琳谏辞，称"掩目捕雀"，潘岳哀辞，称"掌珠""伉俪"，并引

俗说而为文辞者也。夫文辞鄙俚,莫过于谚,而圣贤《诗》《书》,采以为谈,况逾于此,岂可忽哉!(《文心雕龙·书记》)

(56)故自然会妙,譬卉木之耀英华;润色取美,譬缯帛之染朱绿。朱绿染缯,深而繁鲜;英华曜树,浅而炜烨。(《文心雕龙·隐秀》)

相对而言,《孟子》中以并列短语作为衔接点,可以不必分项对照。例如:

(57)侮夺人之君,惟恐不顺焉,恶得为恭俭?恭俭岂可以声音笑貌为哉?(《孟子·离娄上》)

(58)此之谓寇仇。寇仇,何服之有?(《孟子·离娄下》)

(三)以主谓短语为衔接点

以主谓短语作为衔接点的顶真语符,复现后的成分在语法上作主语,有利于进一步陈述相关语义内容。例如:

(59)为五行之秀,实天地之心。心生而言立,言立而文明,自然之道也。(《文心雕龙·原道》)

上例中既有以词又有以短语作为衔接点的情形。

《孟子》中亦有以主谓短语作为衔接点的情形:

(60)王者之迹熄而诗亡,诗亡然后春秋作。(《孟子·离娄下》)

在《文心雕龙》中很少见到以动宾短语和动补短语作为衔接点的情形。《孟子》中有以动宾短语等作为衔接点的情形。例如:

(61)夫泚也,非为人泚,中心达于面目,盖归反蔂梩而掩之。掩之诚是也,则孝子仁人之掩其亲,亦必有道矣。(《孟子·滕文公上》)

(四)衔接点的回环

《文心雕龙》中还可见衔接点回环的情况。例如:

(62)隐心而结文则事惬,观文而属心则体奢。奢体为辞,则虽丽不哀;必使情往会悲,文来引泣,乃其贵耳。(《文心雕龙·哀吊》)

（63）若夫追述远代，代远多伪。（《文心雕龙·史传》）

（64）故知正言所以立辩，体要所以成辞；辞成无好异之尤，辩立有断辞之义。（《文心雕龙·征圣》）

《孟子》中也有类似的顶真情形。例如：

（65）是邪说诬民，充塞仁义也。仁义充塞，则率兽食人，人将相食。（《孟子·滕文公下》）

以上我们探讨了以词、短语作为衔接点的顶真，这两类情形在《文心雕龙》和《孟子》中皆有。相对于《孟子》而言，《文心雕龙》限于篇制，无以小句作为衔接点的情形。

《孟子》中有以小句甚至复句作为衔接点的情形。《孟子》中以小句或复句作为衔接点，层层推进。例如：

（66）二老者，天下之大老也，而归之，是天下之父归之也。天下之父归之，其子焉往？（《孟子·离娄上》）

（67）经正，则庶民兴，庶民兴，斯无邪慝矣。（《孟子·尽心下》）

以上诸例是以主谓句作为衔接点。

（68）尽其心者，知其性也。知其性，则知天矣。（《孟子·尽心上》）

（69）桀纣之失天下也，失其民也；失其民者，失其心也。（《孟子·离娄上》）

以上诸例是以非主谓句（动词谓语句）作为衔接点。

（70）公明仪曰："古之人三月无君，则吊。""三月无君则吊，不以急乎？"（《孟子·滕文公下》）

上例是以条件复句作为衔接点。

《孟子》和《文心雕龙》中的衔接点有时有"也""者也"等虚词插入，表示一定的停顿。

《文心雕龙》于《序志》引《孟子·滕文公下》"予岂好辩哉？予不得已也！"

(71)形同草木之脆,名逾金石之坚,是以君子处世,树德建言。岂好辩哉? 不得已也!(《文心雕龙·序志》)

这一引例耐人寻味:其一,这是在《序志》中引用的,很关键、很重要;其二,这可直接表明《文心雕龙》与《孟子》的某种可比性。

以上分析似可表明,《文心雕龙》中的顶真语符须从语法、修辞、逻辑等"三艺"综观,方可更好地挖掘其价值。在"三艺"综观视域下,《文心雕龙》是中古时期不可多得的语料,可作为中古汉语的研究对象之一。从总体衔接形式上来看,《文心雕龙》少见以小句作为衔接点的情形,《孟子》有以词、短语和小句作为衔接点的情形,《孟子》中的衔接点可出现于对话中。《文心雕龙》中的衔接点有一定量的兼做元语言和对象语言的情况,《孟子》中则很少见。《文心雕龙》把很多术语放到衔接点上,更便于系统地说理,是其体大虑周的一个具体体现形式。虽然体制、篇制、文体、语体都不尽相同,但《文心雕龙》和《孟子》都很重视语用逻辑实践,顶真语符的得体使用有助于语篇的缜密衔接。就文体而言,《文心雕龙》是较为典型的骈体文,《孟子》是较为典型的散体文;就语体而言,《文心雕龙》是较为典型的书面语体,《孟子》是较为典型的口头谈话体;就时代而言,《文心雕龙》是较为中古的言语作品,《孟子》是上古的言语作品。二者均适用(适当使用)了一定的顶真语符,着眼于"三艺",二者虽句法结构不尽相同,但皆有一定的逻辑力量、表达效果。这些可表明顶真语符骈散皆宜,不受语体限制,上古和中古都有,颇具语用价值和历时连续性。

原载于《长江学术》2020 年第 4 期

王力《论理学》的逻辑学体系
——兼与章士钊、陈望道的逻辑体系比较

    语言学家王力(1900—1986),博古通今,学贯中西,是一座学术丰碑。"王力先生在中国这片土地上,为中国语言学现代化事业辛勤奋斗了半个多世纪,他的教学、研究都涉及语言学的方方面面,做了许多开创性的工作,不断有新的创见、新的成果。在研究领域广阔、成果丰富、学生众多等方面,恐怕很难找到有与王先生比肩者。"[①]王力先生治学的代表性领域是语言学,同时在其他领域也有重要贡献,诚如向熹先生所言:"王力先生在中国语言学各个方面都有巨大成就,硕果累累。他又是著名翻译家、诗人、散文家,扬名中外。他就是一座学术丰碑。"[②]王力先生还是一位逻辑学学者,[③]1934年即出版了逻辑学专著《论理学》。

    王力《论理学》建构了相对完备的传统逻辑体系。相较于章士钊、陈望道等学者,王力先生的《论理学》颇具特色,当然章士钊、陈望道的逻辑学体系也有自己的特色,章士钊先生著有《逻辑指要》等,陈望道先生著有《因明学概略》。本文关于王力《论理学》的所有材料均依据中华书局2014年版的

---

① 郭锡良:《中国语言学现代化的一代宗师——王力先生》,《北京大学学报》(哲学社会科学版)2011 年第 1 期,第 153 页。

② 向熹:《王力先生逝世三十年祭》,《国学》2017 年第 1 期,第 542 页。

③ 由于"逻辑"这个概念术语至少在形式上是外来词,且兼顾逻辑学界的习惯性表述,本文在表述上关于"逻辑"和"逻辑学"不作严格区分。

《王力全集》第二十一卷。章士钊《逻辑指要》依据文汇出版社2000年版的《章士钊全集》第七卷，陈望道《因明学概略》依据复旦大学出版社2005年版的《陈望道学术著作五种》，并参以浙江大学出版社2011年出版的《陈望道全集》。

一、逻辑：中国语言学现代化的某种基点

中国逻辑史研究会资料编选组《中国逻辑史资料选·现代卷（上）》，"著作及论文索引"中的"传统逻辑部分（1949年10月以前）"收有"《论理学》，王了一著，1934年商务印书馆出版"。[①]　王了一即王力，王力先生的《论理学》比《中国现代语法》稍早，《中国现代语法》"书成于1938年冬至1940年夏。商务印书馆出版，出版日期分别为《语法》上册1943年1月，下册1944年8月"[②]。饶有意味的是，对中国语言学现代化也作出了重要贡献的章士钊和陈望道亦在逻辑学史上有代表性成果。

中国逻辑史研究会资料编选组《中国逻辑史资料选·现代卷》（上）"著作及论文索引"中的"名辩逻辑部分（1919—1949.9）"载有"《逻辑指要》，章士钊著，1943年重庆时代精神社出版"。[③]　中国逻辑史研究会资料编选组《中国逻辑史资料选·现代卷》（下）第306-328页对《逻辑指要》做了专题介绍。

同样是中国逻辑史研究会资料编选组《中国逻辑史资料选·现代卷》（下），第556-566页专题介绍了陈望道的《因明学》，"《因明学》1931年10月由上海世界书局出版。这是我国用白话文写成的第一本因明学著作。书中常把因明和逻辑作比较的说明。作者通俗地将因明定义为关于媒概念

的学问。"①"本书前半部分吸取了日本大西祝《论理学》中的观点。"②《因明学》问世1年后,《修辞学发凡》正式出版了;《因明学》问世7年之后,中国文法革新讨论开始了,该讨论"开创了语法理论研究的新风","这次文法革新的发端是1938年10月19日上海《语文周刊》15期上刊登其主编陈望道《谈动词和形容词的区别》一文,在讨论方言文法时偶尔涉及一般文法体系的缺点。"③

从总体上看,王力的逻辑体系更接近于西方的传统逻辑,章士钊的逻辑体系更接近于中国的传统逻辑,陈望道的《因明学》则主要关注的是印度逻辑。

郭锡良、鲁国尧认为,在语言学史上,陈望道先生是《马氏文通》之后中国语言学现代化进程中第一代语言学家的代表性人物之一,王力先生是第二代人中突出的代表。④ 此外,作为《马氏文通》的"修正派","章士钊《中等国文典》(1907年)写得简明扼要,浅显易懂,并有所创见,颇受一般青年学生欢迎。"⑤王力等推进中国语言学现代化的一代宗师在逻辑学上有深厚造诣,有成体系的专著行世,这种现象值得学界关注。这种现象似乎可较为充分地证明:中国语言学现代化需要"逻辑",从某种意义上讲后者是前者的一个必要条件,是基点。其中,语言学家王力先生的逻辑学专著问世较早,系统性尤强,即使是在专门的逻辑学领域也可独树一帜。或者可以说,王力先生的逻辑学体系在语言学史和逻辑学史上都具有重要意义。

王力《论理学》的逻辑体系可以通过该著对核心概念术语的界定、体系

① 中国逻辑史研究会资料编选组:《中国逻辑史资料选·现代卷》(下),甘肃人民出版社,1991,第556页。

② 中国逻辑史研究会资料编选组:《中国逻辑史资料选·现代卷》(下),甘肃人民出版社,1991,第556页。

③ 邵敬敏:《汉语语法学史稿》(修订本),商务印书馆,2006,第103页。

④ 郭锡良、鲁国尧:《一代语言学宗师——为纪念王力先生逝世二十周年而作》,《古汉语研究》2006年第4期,第2-3页。

⑤ 邵敬敏:《汉语语法学史稿》(修订本),商务印书馆,2006,第52页。

要素、学科视域等方面体现出来。核心概念术语的界定的着眼点是系统内的元素,体系要素则主要着眼于元素之间的结构关系(尤指分类及其层级),学科视域主要通过比较凸显整体特色。

二、逻辑界定:一种思想运用

王力《论理学》的体系非常清晰严整,自身的逻辑性很强,堪称以逻辑的方式研究逻辑的典范。该著由三大部分组成:导言、第一篇《演绎的论理学》和第二篇《归纳的论理学》。而这两篇篇内也是安排得严谨合理,先讲什么后讲什么,都有适当的"排比"。"所谓排比,是对于各种类加以有系统的安排。"①需要说明的是,本文引用的是中华书局2014年出版的《王力全集》,而非最初版的《论理学》,该《王力全集》收入《论理学》时是以商务本为底本进行整理和编辑的,且《中国逻辑史资料选·现代卷》(上)收有王了一的《论理学》,也直接证明了《论理学》一书的存在是可信的,《王力全集》的版本应可采信。

王力《论理学》的开篇即《导言》,《导言》的开头即"何谓论理学",作者指出:"论理学又名逻辑(logic);逻辑是音译,论理学是意译。这乃是运用思想的一种学问。论理学的目的在乎应用种种原理,使我们的思想准确。"②

《论理学》十分重视概念术语的界定,往往在展开论述前首先作核心概念的界定。这也是将逻辑学运用到学术写作(《论理学》的写作)的重要表现。例如,第一篇第一章的标题为"概念",第一节的标题即"何谓概念",类似地;该篇第二章的标题是"分类 定义 排比",该章第一节就是"何谓分类、定义、排比";第七章的标题是"间接的推理——三段论法",该章的第一节即为"何谓三段论法";第二篇的标题为"归纳的论理学",该篇第一章第一节

① 王力:《论理学》,载《龙虫并雕斋文集外编》,收《王力全集》(第二十一卷),中华书局,2014,第79页。
② 同上书,第75页。

的标题是"何谓归纳"。

在界定逻辑学核心术语时,王力往往有创见。例如:"推理的基础乃是所以达到结论的理由。但推理的基础切不可与前提相混。一般的论理学家往往把这一点分不清;因为这两件事不分,以致推理往往错误。"①再如作者指出:"在演绎的论理学里,普通把思想的运用认为有三个要素:(一)概念(concept),或名(names),或词(terms);(二)判断(judgments),或命题(propositions);(三)推理(inference)。"②以上三个要素,今天的教科书一般表述为"概念""命题""推理"。具体就"概念"的界定而言,十分清晰。作者指明:"概念是思想的一种方式,在这方式里,我们的思想把某一事物认为一件事物,而且这事物是与其他事物有别的"。(着重号为原作者所加——引者注,下同)③这些语句下加着重号尤见作者的逻辑眼光。相应的界定也很全面,作者有言:"概念的内容就是它的含义。这种含义藉着一种个性而与他种含义有别,于是那个性就形成了概念的标识,或特性。"④

王力、章士钊、陈望道都十分注重定名界说。与王力《论理学》类似,章士钊《逻辑指要》和陈望道《因明学概略》都在著作的开头界定相关核心概念术语。章士钊《逻辑指要》第一章为《定名》、第二章为《立界》,陈望道《因明学概略》第一篇《概说》的第一部分为"何谓因明"。

尽管王力、章士钊、陈望道都很注重定名界说,但在具体操作上三者有一定的差异。例如,王力《论理学》就"论理学"名称,做了非常简明的概括,即前文所引述的"论理学"是意译,"逻辑"是音译,章士钊的《逻辑指要》则十分"计较"这个名称。章士钊《逻辑指要》指出:"论理学从西文逻辑得名,

---

① 王力:《论理学》,载《龙虫并雕斋文集外编》,收《王力全集》(第二十一卷),中华书局,2014,第97页。

②③④ 同上书,第76页。

日人所译称也。窃谓其称不当。"①在章士钊看来:"故论理二字,义既泛浮,
词复暧昧,无足道也。"②显然,章士钊不赞同意译,而主张音译。其主要理由
是:"论理与名与辨,皆不可用。此外尚有何字,足胜其任否乎? 沉心思之,
不论何种科学,欲求其名于中西文字,义若符节,断不可得;而逻辑尤甚。愚
意不如直截以音译之,可以省却无数葛藤。吾国字体,与西文系统迥殊,无
法输用他国字汇,增殖文义。以音译名,即所以弥补此憾也。佛经名义,富
而不滥,即依此法障之。愚于逻辑,亦师其意。"③两种处理都有道理,大概只
是视角不同,着眼点有别。

陈望道的《因明学概略》开篇也是界定核心概念:"因明有人称为'东方
论理学',源出印度,后来流传到中国、日本,为印度'五明'的一种。明就是
现在所谓阐明或研究。印度从前分研究为五类……(五)为因明,就是逻辑
或论理学。但因明和逻辑或论理学的形式颇不同,用处也不全相一致,颇有
另行讲述的必要。"④具体而言,"其实因明中的所谓'因',就是逻辑的三段
论法中的所谓中介概念。因明云者,简洁地说,就是关于中介概念的学问;
再详,也只要将因解作立言的'所据'或'理由';而以因明两字作探究阐明
立言的所据或理由的意思解,就够了(参看胡茂如译《论理学》第二编第四
页)。"⑤进一步说,"因明学的目的,在探究我们主张一个论旨的时候,'因'
着什么而有那样的主张,以及那因是否可靠,应当具有什么条件等问题。"⑥
看来,陈望道格外注重溯源。

思维的运用得借助语言,因此《论理学》特别重视逻辑与语言之间的关
系。例如,第一篇第三章第二节用专节讲"判断与言语的表现"。⑦ 此外,有

---

① ② 章士钊:《逻辑指要》,载《章士钊全集》(第七卷),文汇出版社,2000,第296页。

③ 同上书,第298页。

④ ⑤ ⑥ 陈望道:《因明学概略》,载《陈望道学术著作五种》,复旦大学出版社,2005,第147页。

⑦ 王力:《论理学》,载《龙虫并雕斋文集外编》,收《王力全集》(第二十一卷),中华书局,2014,第84-85页。

关论断也充分体现了这一点,"在演绎的论理学里,命题乃是表现判断的一个句子。"①除了述及"句子",作者还关注到了"字"(词)的逻辑功能,"我们应该注意,命题里的否定字并不个个都是否定的记号;反过来说,没有否定字的命题有时候本身却是否定的,或暗含否定的意思。"②类似地,陈望道《因明学概略》也十分明确地谈到了思维和言语的关系问题:"固然,思维和言语的关系很密切。逻辑虽被说是着眼在思维的形式,当然也不是与言语无关系;因明虽被说是言语上的法式,也不是与思维无关系。不过从它们的主要的着眼点而论,实际正如上说,可以分作两路:逻辑所研究的是思维的法式,重在所谓自悟;因明所注意的是辩论上的获得胜利,重在所谓悟他,实际是不同的。"③章士钊《逻辑指要》关于"思"与"名"之间关系的论述也与前两家有异曲同工之妙:"思何由而正乎?曰:于名实正之。《墨经》曰:'所以谓,名也;所谓,实也'。凡人命意遣言,一切能谓所谓,举得其正,思想自正。荀卿为学,首事正名,其言曰:'同则同之,异则异之,……知异实者之异名也,故使异实者莫不异名也,犹使同实者莫不同名也。'此寥寥数言,殊足以发挥正思之能事。"④

三位现代语言学家自觉地关注语言与逻辑的关系,这在某种意义上使语言学家"客串"逻辑学有了可能,也似乎可旁证语言学的现代化与逻辑学直接相关。

三、体系要素: 演绎与归纳

前文已述及,王力《论理学》界定完"论理学"之后,把逻辑学体系大别为两个子系统:演绎的论理学和归纳的论理学。在演绎的论理学中,基本元

---

① 王力:《论理学》,载《龙虫并雕斋文集外编》,收《王力全集》(第二十一卷),中华书局,2014,第92页。
② 同上书,第93页。
③ 陈望道:《因明学概略》,载《陈望道学术著作五种》,复旦大学出版社,2005,第157页。
④ 章士钊:《逻辑指要1943.6》,载《章士钊全集》(第七卷),文汇出版社,2000,第303页。

素是概念、判断和推理。与传统逻辑不尽相同的是,王力先生有效地区分了"判断"和"命题"。在具体行文表述上,作者分8章进行了分述。

在归纳的论理学中,王力先生阐明了观察、实验、假定、机会的计算(概率)、类比等逻辑方法。其中"机会的计算"则超出了传统逻辑的范畴,具有一定的现代性。

尤其难能可贵的是王力先生特辟了两个专章来分别讲述"演绎推理的谬误"和"归纳推理的谬误",非常简明扼要。"逻辑体系:归纳与演绎"是英国哲学家约翰·穆勒的逻辑学著作名,我国近代学者严复将其译为"穆勒名学"。王力《论理学》略有不同,将"演绎"置于"归纳"之前。王力先生受穆勒的影响较大,除了体系上的承续,偶有文字表述似乎也可证明这一点。例如,《论理学》在专节讨论"推理的形式"时有言:"穆勒说得好,这是从所已知以达于其所未知。"[1]类似注明出处的表述还有:"依穆勒的说法,归纳的方法有五种……"[2]"由经验而得的扩大作用,依穆勒说,共有两种……"[3]"穆勒说得好:'一切命题之可以涉及人类行为者都纯然是约略的……'"[4]"穆勒对于这种错误的观察曾举了下列的例子……"[5]"这么一来,就忽略了穆勒所谓原因的复数的可能性了。"[6]这亦可表明王力的逻辑学体系渊源有自己的特点。

王力先生以逻辑的方式讲述逻辑,除了对概念界定的重视,还表现在十分重视分类,且该书所作的分类清晰严密。重视分类是体系严整的一个必要条件。诚如王力先生自己所言:"分类与排比乃是互相成全的两个历程。

---

[1]　王力:《论理学》,载《龙虫并雕斋文集外编》,收《王力全集》(第二十一卷),中华书局,2014,第100-101页。

[2]　同上书,第123页。

[3]　同上书,第138页

[4]　同上书,第139页。

[5]　同上书,第142页。

[6]　同上书,第144页。

每逢分类必隐含着一种排比的功夫;而排比同时也就是一种分类的历程。"①

在分类的实践上,王力先生首先将论理学分为演绎的论理学和归纳的论理学。"由此看来,我们有演绎的论理学与归纳的论理学。演绎的论理学的作用是在我们的思想中建立一致性,归纳的论理学的作用是达到事实的认识。"②落实到《论理学》上,"所以本书分为两篇:第一篇说的是演绎的论理学,第二篇说的是归纳的论理学。"③这种安排无疑是符合逻辑的,是科学的。

相应地,就逻辑方法而言,有演绎法和归纳法两大类。"论理学是建筑在两种推理的形式之上的,就是普通所谓演绎法与归纳法。"④演绎法和归纳法可以进一步与普通逻辑的基本规律结合起来,比如同一律。"这两种推理(演绎法与归纳法——引者注)的形式在论理学上各占个别的地位。论理学的思想是以下列二者为目标的:(一)事实的一致;(二)事实的认识。事实的一致,意思是说,如果我肯定这个,就不能不同时肯定那个。至于思想与事实相符,这相符的确定性就是事实的认识。"⑤符合同一律(事实的一致),就有可能真正地发挥逻辑的认知功能(事实的认识)。

如果说归纳和演绎是宏观的两大分类,那么对概念的分类则是微观的。"概念可以分为简单、复杂两种。所谓简单的概念,是不容分析为别的概念的;复杂的概念,是可以剖解为别的概念的。科学与哲学里的概念是复杂的概念,人们普通交际间所应用的概念也多半是复杂的。"⑥还可以依据不同的标准,将概念分为如下类别:"抽象的概念与具体的概念"⑦"绝对的概念与相对的概念"⑧"含义的概念与指示的概念"。⑨这些关于概念的分类十分严

---

① 王力:《论理学》,载《龙虫并雕斋文集外编》,收《王力全集》(第二十一卷),中华书局,2014,第79页。

②③④⑤ 同上书,第75页。

⑥⑦ 同上书,第77页。

⑧⑨ 同上书,第78页。

密细致。此外,关于判断的分类也很有意义,作者将判断分为"实然的判断、必然的判断、或然的判断"①,这比有些逻辑学教科书采用二元的分类(二分法)可能更符合逻辑,也更贴近日常事实。正因为如此,"所以或然的判断与必然的判断,都不必与实然的判断对立"。②

章士钊《逻辑指要》的逻辑体系在一定意义上不像王力《论理学》那么精致。在行文表述上章士钊《逻辑指要》平列 28 章,另加一个附录,每章不再分节。前文已述及,王力《论理学》首先是《导言》,然后分为两大"篇","篇"下面再分"章","章"下再分"节","节"下面还分纲目。相较而言,陈望道《因明学概略》与王力《论理学》的体系建构形式更相似。

还需要说明的是,就王力先生自己同时段的学术专著体系建构形式而言,《论理学》也是较为特殊的。与《论理学》一同收入《龙虫并雕斋文集外编》的《老子研究》《希腊文学》《罗马文学》以及《中国现代语法》等,在篇章安排上都没有《论理学》的层级多,或者从某种意义上可以说它们没有《论理学》体系严整。

余论

最后,就行文表述风格而言,王力《论理学》、章士钊《逻辑指要》和陈望道《因明学概略》都在行文表述上力求通俗易懂、深入浅出,用简明的语言表述深奥的逻辑知识和理论体系。王力《论理学》大幅地运用"接地气"的日常例证即可说明这一点。而章士钊的"逻辑文"也颇有特色,章士钊《逻辑指要》有言:"逻辑本艰深之学,自新逻辑兴,论者益务为艰深,满纸符号,难于卒读。然为学子专门研究之资,自成一家,谊无可避。本编无所专尚,志在

---

① 王力:《论理学》,载《龙虫并雕斋文集外编》,收《王力全集》(第二十一卷),中华书局,2014,第 90 页。
② 同上书,第 91 页。

灌输逻辑恒识,取便广泛读者。因一例以通俗显出为期。号曰专著,未是其的"①。类似地,陈望道《因明学概略》也力求简明,"国内文人论事颇有人常引因明,如章太炎氏;最近讲逻辑的又常涉及因明,如近出的几种论理学教本;而国内却还没有一本像村上专精氏那样文字平易说解简明的因明学书可读。学者要懂一点此学,都不得不去读那些艰深晦涩的旧书,时间实在有点可惜。所以前年秋季,复旦有若干青年,要通晓一点此学门径,以为阅读及实习论辩文体之助的时候,我就每星期花了两个晚上的时间,替他们写出这一本小册子来,做他们初步阅读的书。"②应该说,这是值得当今学界借鉴的良好文风。

王力、章士钊、陈望道都对语言学的现代化做出了重要贡献,这些语言学家的逻辑学体系自身值得逻辑学界重视,也说明了现代化学术语境下语言学与逻辑学学科融通的某种必要性。有意思的是,在概念术语的表述上,相对更重视西方逻辑的王力先生给"逻辑"的名称是更具中国话语特色的"论理学",而相对更重视中国传统逻辑的章士钊先生给"逻辑"的名称则是"逻辑"。或许这正是另外一种别具匠心的中西融通。此外,王力《论理学》、章士钊《逻辑指要》和陈望道《因明学概略》都体系完整,表述形式又都深入浅出,明白晓畅。这不仅有逻辑学史、语言学史等学术史意义,而且给当今中国特色学术话语体系建设以巨大启示。

原载于《中国语言学》第十辑 2023 年

① 章士钊:《逻辑指要 1943.6》,载《章士钊全集》(第七卷),文汇出版社,2000,第 295 页。
② 陈望道:《因明学概略》,载《陈望道学术著作五种》,复旦大学出版社,2005,第 145 页。

从王力《论理学》的学术视域看逻辑可及性

——兼与章士钊、陈望道相关研究的比较

语言学家王力(1900—1986),字了一,广西博白县人,博古通今,学贯中西。"王力先生在中国语言学各个方面都有巨大成就,硕果累累。他又是著名翻译家、诗人、散文家,扬名中外。他就是一座学术丰碑。"①王力先生还是一位逻辑学学者(由于"逻辑"这个概念术语至少在形式上是外来词,且兼顾逻辑学界的习惯性表述,本文在表述上关于"逻辑"和"逻辑学"不作严格区分),于1934年即出版了逻辑学专著《论理学》,其时署名王了一。当今学界对王力《论理学》关注得还不够充分,事实上,《论理学》具有十分重要的学术意义和应用价值。

一般而言,讨论逻辑(含传统逻辑)的价值和意义,可以着眼于两个方面:一是来自外部的需求,即逻辑应该具有什么价值;二是内部因素使然,即逻辑可以有(可能有)什么价值。语言学家王力的《论理学》兼具这两个方面的意义:一则主要以语言学(而非逻辑学)名世的学者撰写的逻辑学著作,自身蕴含了外部(比如语言学)需要的逻辑学;二则从《论理学》内部而言,其体例,尤其是学术视域,内在地决定了它的价值和意义。前者我们已有另文涉及,这里主要从王力《论理学》的学术视域讨论其可及性。逻辑学著作属于我们所说的逻辑的内部因素,内部因素亦可以大别为二:抽象的和具体

---

① 向熹:《王力先生逝世三十年祭》,《国学》2017年第1期,第542页。

的。抽象的因素主要是指学科专业属性等,具体的因素包括某种专著的学术视域等。简言之,我们将以王力《论理学》为观测点,从可及的(相对具体的、便于操作掌握的)学术视域考察逻辑的可及性。

一、可及性: 王力《论理学》逻辑体系的重要特色

王力《论理学》建构了相对完备的逻辑体系。相较于同时代也在语言学上建树很深、贡献巨大的章士钊、陈望道等学者的逻辑学代表作,王力先生的《论理学》颇具跨学科特色(当然,章士钊、陈望道的逻辑学体系也有自己的特色),在逻辑学方面,章士钊先生著有《逻辑指要》等,陈望道先生著有《因明学概略》等。这里关于王力《论理学》的所有材料均依据中华书局2014年出版的《王力全集》第二十一卷。据《王力全集》(第二十一卷)的《本卷出版说明》,《论理学》"此次收入《王力全集》,我们均以商务本为底本进行了整理和编辑"[1]。章士钊《逻辑指要》依据文汇出版社2000年出版的《章士钊全集》第七卷,陈望道《因明学概略》依据复旦大学出版社2005年出版的《陈望道学术著作五种》,并参以浙江大学出版社2011年出版的《陈望道全集》。

据中国逻辑史研究会资料编选组《中国逻辑史资料选·现代卷》(上),"著作及论文索引"中的"传统逻辑部分(1949年10月以前)"收有"《论理学》,王了一著,1934年商务印书馆出版"。[2] 中国逻辑史研究会资料编选组《中国逻辑史资料选·现代卷》(上)"著作及论文索引"中的"名辩逻辑部分(1919—1949.9)"载有"《逻辑指要》,章士钊著,1943年重庆时代精神社出版"。[3] 中国逻辑史研究会资料编选组《中国逻辑史资料选·现代卷》(下)

---

[1] 王力:《王力全集》(第二十一卷),中华书局,2014,《本卷出版说明》第1页。
[2] 中国逻辑史研究会资料编选组:《中国逻辑史资料选·现代卷》(上),甘肃人民出版社,1991,第509页。
[3] 同上书,第530-531页。

对《逻辑指要》做了专题介绍。① 同样是中国逻辑史研究会资料编选组《中国逻辑史资料选·现代卷》(下)专题介绍了陈望道《因明学》(即《因明学概略》），"《因明学》1931 年 10 月由上海世界书局出版。这是我国用白话文写成的第一本因明学著作。书中常把因明和逻辑作比较的说明。作者通俗地将因明定义为关于媒概念的学问。"②

总体上看，王力的逻辑体系更接近西方逻辑，章士钊《逻辑指要》的逻辑体系更倾向于与中国传统逻辑的某种衔接，陈望道《因明学概略》则主要关注的是印度逻辑。三者具有一定的互补性和可比较性，主要表现为：王力、章士钊、陈望道都同时有经典语言学著作和逻辑学著作；大体生活在同一时代，逻辑学代表作问世的时间相去不远。

王力《论理学》全书由"导言"和"第一篇　演绎的论理学"及"第二篇　归纳的论理学"三个部分组成，总体上形成总分关系。"第一篇　演绎的论理学"又由"概念""分类 定义 排比""判断""命题""推理""演绎推理的形式与方法""间接的推理——三段论法""演绎推理的谬误"等八章组成。第二篇由"由观察与实验确定因果关系""假定的解释""归纳论理学的第三个特别问题""由经验与类比而得的扩大作用""归纳推理的谬误"等 5 章组成。从王力《论理学》的逻辑体系可见其可及性。整体体系清晰严密，或者可以说，这个体系介于传统逻辑与现代逻辑之间：有现代符号逻辑之神，而不用其形；有传统逻辑的系列概念术语，更有传统逻辑的"接地气"，与人们的日常思维、语言表达等直接相关，或者是常人（并非专家）的日常思维的要素之一。不妨说，王力《论理学》的这个体系是可及的，具有较强的学科可及性和实际应用可及性，可及性是其主要特色之一。可及性蕴涵了应用，可及性是"应用"或"运用"的重要直接理据。

---

① 中国逻辑史研究会资料编选组：《中国逻辑史资料选·现代卷》(下)，甘肃人民出版社，1991，第306-328 页。
② 同上书，第556 页。

很多学科领域都有"可及性"这个概念术语,比如生物学、医学、语言学等。我们这里所说的"可及性",即普通公众(一般读者等)可以接近、可能接近的性质,易于与其他学科结合的性质。作为一种学术特色,从语言学家王力《论理学》的学术视域可进一步管窥其可及性。王力《论理学》的学术视域宏阔,且在宏观上融通,在微观上清晰(界限泾渭分明),形成整体上的"隔"与"不隔"的格局。

二、从王力《论理学》的宏观学术视域看逻辑可及性

就学科归属而言,王力《论理学》注重在宏观融通背景下聚焦专门领域。譬如,作者常常比较逻辑学与心理学的核心概念。"若把逻辑上的推理和心理学上的推理相比较,就更容易明白它的标准了。二者的分别在乎作用与目的:在心理学上看来,推理也像其他的精神历程,只是可供描写的一件事实或一种现象。在论理学上看来,推理要被判断,被占价,以求达到它的目的。所以,心理学家是描写推理的,论理学家是判断推理的。在心理学上,某一推理是具体的或抽象的,可以不必管;在论理学上,推理的性质是有重大关系的。"[1]逻辑学与心理学都研究思维,容易混淆。王力《论理学》着眼于具体的要素,比如"思维",并做了清晰的辨析。此外,《论理学》还从"谬误"这个"观测点"考察了逻辑学与心理学的区别。作者支持:"论理学上的谬误与心理学上的原因必须分别,因为心理学上所谓谬误只是错觉、成见、感情。"[2]"这种信心有一大半是超出了论理学的;我们所犯的谬误在乎忽略了论理学的领域与心理学的动机或原因之间的分别。"[3]

《论理学》还述及逻辑学与心理学之外的学科的区别("隔")。例如,作

---

① 王力:《王力全集》(第二十一卷),中华书局,2014,第99-100页。
② 同上书,第141-142页。
③ 同上书,第144页。

者曾提及:"我们之所以倾向于用不完全的证实以求满意者,原因在乎我们有种种的主观与成见;尤其是在社会学、经济学,以及宗教的种种假定里,更容易犯这类的谬误。"①这里特别论及"社会学、经济学"等的种种"假定"。

逻辑学具有科学性。因此,《论理学》有关于逻辑学与其他学科的"隔",也有作为科学的"不隔"。如前所述,王力以逻辑的方法研究逻辑,很多论述都着眼于"科学"这个较大的属概念的宏观学术背景。"科学"这个概念术语在《论理学》里较为常见。例如,"(丙)利用工具。这是现代科学的大成绩,利用工具去计算或测量自然界的事件与历程。譬如物理学就把数学应用到自然的现象。这是现代科学远胜于古代科学的地方"②。再如,"在科学里,一切真实的解释都是由假定与证实而来的。"③此外还有,"假定乃是科学的大工具。在宇宙间,人类知识每一次进步都是从已知以进于未知。造成假定而努力去证实,这是科学上的大意志。"④"科学的想象是必经理智的监察的,是必以知识为目的的。科学固然容许我们从未知的海直达未知的陆地;但不许作轻忽或无目的的遨游,必须严格地去寻求真理,以图扩充我们的知识。"⑤需要说明的是,这里所说的"科学"也是学科归属意义上的科学,也是可及的。

"隔"与"不隔"其实是通过"比较"实现的。所以,《论理学》特别重视比较法的运用。比如,关于演绎的推理和归纳的推理的比较⑥,"演绎逻辑里所不承认的假定,在归纳逻辑里是可以承认的。在具体的现实世界里,我们的思想另有其他的原则;我们的信心的合理标准也不像纯粹思维的世界的思想。经验,非但是一切科学推理的出发点,而且也是一切科学推理的确实性

---

① 王力:《王力全集》(第二十一卷),中华书局,2014,第144页。

② 同上书,第123页。

③④ 同上书,第127页。

⑤ 同上书,第128页。

⑥ 同上书,第100-101页。

的测量标准"①。"所以演绎的推理属于形式的逻辑；归纳的推理属于科学的逻辑。"②再有，三段论中的"大概念""小概念"的比较；契合法与差异法的比较；③契合法与二重契合法的比较；④等等。

着眼于另一层宏观视域，从王力和章士钊、陈望道的学术视域比较亦可见逻辑的可及性。王力、章士钊、陈望道三家都很重视例证，也都重视比较法。或者可以说，王力《论理学》重视逻辑学与心理学等相邻相近学科的比较，重视逻辑学内部体系要素归纳和演绎的比较；章士钊注重中西逻辑的比较；陈望道重视因明与逻辑的比较。

章士钊指出："逻辑起于欧洲，而理则吾国所固有。为国人讲逻辑，仅执翻译之劳，岂云称职！本编首以墨辩杂治之例，为此土所有者咸先焉。此学谊当融贯中西，特树一帜。愿为嚆矢，以待有志之士。"⑤章士钊比较中西逻辑的主要目的在于"融贯中西"，二者宜"相辅而行"："先秦名学与欧洲逻辑，信如车之两轮，相辅而行，曩有名学论文数首，用附本编之后，俾便观览。"⑥在具体操作上，张君劢《逻辑指要·序》有言："行严先生今兹《逻辑指要》之作，章节次第虽同于西方逻辑，而所征引为中土学者关于逻辑学之言论：一以辨中土逻辑说之非，二以明中土旧逻辑学西方学说之相合。故此书不仅寻常逻辑读本，而中土旧逻辑史料，实具于其中。"⑦如此，在当时的确可谓别开生面，"若吾之周秦名理，以墨辩言，即是内外双举，从不执一以遗其二。惜后叶赓绍无人，遂尔堙塞到今。吾曩有志以欧洲逻辑为经，本帮名理为纬，密密比排，蔚成一学，为此科开一生面"⑧。

---

① 王力：《王力全集》（第二十一卷），中华书局，2014，第 131 页。
② 同上书，第 100 页。
③④ 同上书，第 125 页。
⑤⑥ 章士钊：《章士钊全集》（第七卷），文汇出版社，2000，第 295 页。
⑦ 同上书，第 287 页。
⑧ 同上书，第 293 页。

　　陈望道《因明学概略》关于"因明"和"逻辑"的比较更微妙,"书中常把因明和逻辑比较,举例也除了习因明者不可不知的惯例而外,常用当时逻辑书中的惯例,以便使这几个学过逻辑的青年有驾轻就熟之感,也以便于说明因明和逻辑的异同"①。具体而言,"我们可以说:逻辑是注意在思维的是非;因明是注意在辩论的胜败。思维的是非,在同一情状同一条件之下应该没有两个,是是非非必定属于一面;而言语的辩论则不见得一定一面是胜,一面是败。"②陈望道还说明了比较的目的:"书中有用逻辑参证,更易明了者,概和逻辑比较,以便学习逻辑者取作参考的资料。"③即陈望道不是为了比较而比较。此外,陈望道在《因明学概略》里讨论因明和逻辑的不同时,较为集中地阐明了其逻辑观。例如,作者指出:"三段论法,是根据两个已知的判断,以求得一个新判断的法式,也就是将比较概括的原理作基础,从而推定一个特殊事实的法式。其着眼点,在思维的运用。实际是一种推理的思维的法式。但三支作法,却注重在口头辩论,不像逻辑注重在心里运思。所以,三支作法,实际可以说是一种论辩的法式。"④再如,"因为逻辑是思维的法式,它的排列也就依照运用思维推理的顺序,先列已知的大小两前提,再列所要演绎出来的断案。"⑤

　　从王力、章士钊、陈望道的学术视域比较可以进一步地认知王力学术视域的特色。相对而言,在宏观视域上,章士钊先生关于中西逻辑的比较可能更具思辨性,应用性相对弱一些;陈望道主要着意于中印比较,这种比较的视角与章士钊先生有些类似,都显得应用性(即一定意义上的可及性)不那么强。或许可以说,王力《论理学》从逻辑学与心理学等相邻相近学科以及逻辑学学科内部的归纳和演绎等方面的比较相对更"管用",更接近人们的

①　陈望道:《陈望道学术著作五种》,复旦大学出版社,2005,第 144 页。
②　同上书,第 158 页。
③　同上书,第 145 页。
④⑤　同上书,第 157 页。

日常生活和一般思维实际,可及性更强。同时,在比较的过程中,王力《论理学》的逻辑学体系、观点和方法也"悄悄地"走进了相关相邻相近学科,在这个意义上也体现了其可及性。

需要说明的是,宏观和微观是相对的,比较法和例证法也不是截然分开的。比较,既可以有宏观的比较,事实上也可以有微观的比较。例证法的取例范围也可以有宏观视角。我们分宏观和微观视角来讨论,主要是侧重点的不同。

以上讨论似乎还可表明,著名语言学家王力的逻辑学著作《论理学》及章士钊、陈望道的逻辑学著作都值得关注,都兼具逻辑学史和语言学史意义,也有一定的现实意义:至少可说明现代语言学和逻辑学的某种不可分割的关联。逻辑学要更稳健地走进公众的视野,充分体现其可及性,需要语言学提供动能;语言学的现代化,则需逻辑基点。逻辑可以"顶天立地",覆盖科学和日常领域,有助于切实地提升人们日常思维的正确性、认知的科学性和交际的有效性。此外,认知和审美也是可以在传统逻辑上关联互动的,[①]由此亦可见逻辑自身的可及性。

三、从王力《论理学》的微观学术视域看逻辑可及性

除了比较法,《论理学》还十分注重例证法,通过具体的例证,主要着眼于微观视域,以逻辑的方法讲述逻辑,以"接地气"的方式普及逻辑,可及性强。尤其难能可贵的是,《论理学》的具体取例范围十分广泛,科学与日常兼顾,在某种意义上体现了科学与日常的"隔"与"不隔"。或曰王力《论理学》就研究对象而言,视域宽广,覆盖科学领域和日常领域,这其实也蕴含了逻辑的应用范围非常宽广的意思。

---

① 张春泉:《认知与审美交响的术语修辞:钱锺书〈围城〉中的科技术语管窥》,《西南大学学报》(社会科学版)2020 年第 1 期,第 149-158 页。

就科学总论而言,《论理学》强调了科学假定的价值,这从该书辟有专节讲述"被摒弃的假定"的价值尤可见出(第二章第三节"被摈斥的假定的价值")。王力指出:"在科学里,非但真实的假定是有用的,连被摈斥的假定也非无益;每一个被摈斥的假定总能开一条道路给它们的替代者。真理并非一步可以踏到的。科学上的想象,一步达到合理的解释,真实很少的情形。"①进一步说来,"假定之在科学,很像万物之在天演公例,是依着物竞天择的道理的。但是,失败了的竞争者却也助成了自然界的进步。无论如何,谬误的假定也往往含有若干真理的成分,也往往帮助建立了另一较真实的假定。在摈斥一个不好的假定的时候,种种条件因此更得确定,问题更得证明,而真实的假定的必需物更可了解。"②对"被摒弃的假定"的关注,较为充分地体现了作者视域的宏阔、全面。一般而言,人们更易于关注那些不被摒弃的假定。被摒弃的假定之所以重要,主要是因为"我们的一切知识的道路却是引我们经过错误于部分的失败的。科学的进步,在乎取得一半真理,同时摈斥那非真理;它非但经过了成功的阶段,而且经过了误会与改正的阶段"③。此外,"受过科学洗礼的研究者很晓得他们所用的方法的界限,而不至于高视了它们所供给的证据的价值以自陷于谬误;但是,不曾受过科学洗礼的人们却往往不免用公准去衡量那证据的力量,而其实公准只能有一部分是符合于现实界的。"④专节专题研讨"被摒弃的假定",作者王力并未处处宏大论述,而是着眼于微观视角,讨论一个易被人们忽视的"被摒弃"的问题,恰是十分必要地填补空白式的"普及"。

着眼于微观视域,从王力《论理学》对"论理学"这一核心概念术语的界定亦可见其可及性。王力《论理学》的开篇即导言,导言的开头即是"何谓论理学",是对"论理学"的界定。作者指出:"论理学又名逻辑(logic);逻辑是

①②③ 王力:《王力全集》(第二十一卷),中华书局,2014,第 132 页。
④ 同上书,第 143-144 页。

音译,论理学是意译。这乃是运用思想的一种学问。论理学的目的在乎应用种种原理,使我们的思想准确。"①这里有两个关键词:"运用"和"应用"。无疑二者都强调了"用",显然是务实的,是可及的。

紧接着,王力指出:"论理学是建筑在两种推理的形式之上的,就是普通所谓演绎法与归纳法。"这里科学地将"演绎"与"归纳"等量齐观,既不厚"归纳",也不薄"演绎"。应该说,在《论理学》问世的时代(20世纪30年代)有这种认识是难能可贵的。②

随后,王力进一步阐述:"这两种推理的形式在论理学上各占个别的地位。论理学的思想是以下列二者为目标的:(一)事实的一致;(二)事实的认识。事实的一致,意思是说,如果我肯定这个,就不能不同时肯定那个,至于思想与事实相符,这相符的确定性就是事实的认识。"③以上对"论理学"的"目标"的阐述客观公允,通俗易懂,具有一定的可及性。

王力还进一步指出:"由此看来,我们有演绎的论理学与归纳的论理学。演绎的论理学的作用是在我们的思想中建立一致性,归纳的论理学的作用是达到事实的认识。"④这是对逻辑的功能的阐明,可谓言简意赅。正因为如此,"所以本书分为两篇:第一篇说的是演绎的论理学,第二篇说的是归纳的论理学"。⑤由此由微观的"点"带出较为宏观的"面"。

最后,王力在全书的第二篇《归纳的论理学》第四章,专章讲"由经验与类比而得的扩大作用"。开篇即指出:"归纳的推理共有两个关系很密的形式,现在我们要说明这两个形式——归纳的扩大作用与类比的推理——与其作用,以及其在逻辑上的价值。"⑥从王力对"论理学"的一个重要方面"归纳的论理学"的价值的描述,也不难看出传统逻辑的可及性。《论理学》指

---

① ② ③ ④ ⑤　王力:《王力全集》(第二十一卷),中华书局,2014,第75页。
⑥　同上书,第138页。

出:"归纳的扩大作用有两种职务。(甲)它建立科学解释的初步;(乙)它建立经验里的其他的一致性或准一致性,这上头尚未找得解释,尽可以永为纯粹的'经验率'。"①此外,类比的推理,"这种推理对于科学的功用虽则很小,它的实践的价值却往往是很大的"。② 以上表述通俗易懂,化艰深晦涩的逻辑语言为深入浅出的平易语言,同时将"逻辑"的定义、功用价值描述得十分全面,由此我们也不难看出,传统逻辑的普遍适用性和对应程度上的可推广性,即可及性。

就具体实例而言,据初步统计,《论理学》中共使用了91个例子(案例),其中科学类26例,日常类65例。

科学类的例证涉及的学科领域较为广泛。

(1)例如,我们首先把原有的书籍分为下列的种类:历史、科学、文学、哲学。这种分法既非严确的,也不是完密的,但它可以令我们达到分类的目的。我们注意到这些小类是平等的……现在我们再加分析,又可以得到下列诸小类:历史可分为上古史、中古史、近代史;科学可分为物理学、化学、生物学;文学可分为小说、论文、诗歌;哲学可分为论理学、认识论、形而上学。③【《王力全集》(第二十一卷),第80页】

上例例证就学科领域而言可划归为科学总论。

(2)譬如给三角形下一个定义,说三角形是有三边三角的图形,依那些论理学家看来,这就叫作分析判断,因为它仅仅确定了一个名词,分析了三角形的一个概念。至于说三角之和等于二直角,就是综合判断,因为在这个判断里,"三角之和等于二直角"只是三角形的一种特性,而不为三角形的意义所包含。【《王力全集》(第二十一卷),第89页】

---

① 王力:《王力全集》(第二十一卷),中华书局,2014,第138页。
② 同上书,第139页。
③ 本部分主要取例于王力:《王力全集》(第二十一卷),中华书局,2014。出自该书所有例句只标注书名和页码。

(3)譬如有这么一个判断:"在圆形里,各半径都是相等的。"又有一个判断说:"在圆形里,各半径必须是相等。"【《王力全集》(第二十一卷),第90页】

以上两例属于数学领域。

(4)例如有这么一个判断:"假使一个物体可以自由坠落,它一定倾向于地球的中心。"【《王力全集》(第二十一卷),第86页】

(5)譬如说:"热能使物膨胀。"也就等于说:"热具有使物膨胀的特性。"或"热属于具有使物膨胀的特性之物的一类。"【《王力全集》(第二十一卷),第92页】

以上两例属于物理学领域。

(6)譬如说:"鸟非哺乳类。"【《王力全集》(第二十一卷),第93页】

上例属于生物学领域。

(7)譬如说:"月球里头没有生物。"【《王力全集》(第二十一卷),第88页】

(8)现在又有这么一个判断:"火星可以有像我们的生物居住。"【《王力全集》(第二十一卷),第90页】

以上(7)、(8)两例带有跨学科性质,综合了生物学和天文学等。

日常类的例证则十分"接地气"。例如:

(1)凡名词必暗含相对的另一名词,其意义始完者,谓之相对名词,例如"夫、妻、兄、弟、君、臣",都是相对名词;"鸡、狗、人、幸福",都是绝对名词。【《王力全集》(第二十一卷),第78页】

(2)当我说"月明之夜的水是美丽的"时候,我在判断里并不是用"美丽"去形容那月明之夜的水。我的精神里只是承认那月明之夜的水与"美丽"的关系是世界上的一件事实。【《王力全集》(第二十一卷),第84页】

(3)否定判断的特别作用乃在乎限制与确定我们思想所趋的方向,譬如有一个旅行者要寻找某一市镇,他知道由许多路中之一条路是可以到达那市镇的,但不知是哪一条,于是每逢叉路,必问导路人,导路人说某市镇不是由此路去的。我们很容易懂得,这旅行者遇着了这许多否定的导路人,结果岂不寻得了他所要知的路吗?【《王力全集》(第二十一卷),第89页】

(4)例如,我们在天空里观察到的特别的蔚蓝色。如果我们念及这蔚蓝色,它就可以成为一个概念,因为这么一来,我们已经承认这种色是一物,是与他物有别的了。【《王力全集》(第二十一卷),第77页】

(5)凡人皆有死,

孔子是一个人,

故孔子有死。【《王力全集》(第二十一卷),第97-98页】

(6)譬如有一只猫要开门,它跳起来拨动那门锁。有一条狗,跟惯了它的主人到船上,它的主人叫它取海绵,它就回家取了来。一个很小的孩子,把手指放在火里,被烧了一次,下次就避免把手指放在火里了。在这些情形之下,如果遇着一个会思想的人,他就能推理。那猫、那狗、那小孩都已得了推理的前提。但他们都不曾完成了论理学上的推理。那猫至多只是被从前扳动门锁就能开门的许多例子唤起它的回忆。那狗与那小孩就也是如此。【《王力全集》(第二十一卷),第98页】

相比较而言,章士钊自言:"逐节所用例证,不分古今中外,殊杂糅而无范。"[①]陈望道《因明学概略》的用例有意识地注意到了通俗易懂,诚如其在该书《例言》中指出的:"引例除习因明者不可不知的习例及其他一二处外,概用新例,以便容易了解。"[②]

总之,著名语言学家王力先生早期的逻辑学著作《论理学》体系较为完备,视域宏阔,特色鲜明。就学科归属而言,王力《论理学》注重在宏观融通背景下聚焦专门领域,常常比较逻辑学与心理学等相邻学科的核心概念。除了比较法,《论理学》还十分注重例证法,通过具体的例证,主要着眼于微

[①] 章士钊:《章士钊全集》(第七卷),文汇出版社,2000,第283页。

[②] 陈望道:《陈望道学术著作五种》,复旦大学出版社,2005,第145页。

观视域,以逻辑的方法讲述逻辑。尤其难能可贵的是,《论理学》的取例范围十分广泛,科学与日常生活兼顾,某种意义上也体现了王力《论理学》学术视域宽广(覆盖科学领域和日常领域)。这些其实也蕴含了逻辑(这里尤指传统逻辑)应用范围非常宽广,具有较强可及性的意思。

应该说,王力《论理学》的这种可及性有其内在的理据动因。一方面,语言学和逻辑学的学科性质使然,逻辑学和语言学都可以具有一定的学科交叉性,现代语言学需要逻辑学提供坚实的基础,比如概念界定、体系建构、实证方法等。另一方面,王力先生自身的学术背景,也使这种可及性几乎是"天然"的,王力先生早年在清华国学研究院师从文理兼通的赵元任先生,随后又留学法国,研究实验语音学并获得博士学位,接受了系统的学术训练,并逐步成为博古通今、学贯中西的语言学宗师。

最后,王力《论理学》的可及性具有重要的现实意义,可以给当今学界和学人以巨大的启发。新文科背景下的当前学界尤其需要从中汲取学术资源,比如跨学科交叉融合宜浑然天成,宜重视内部理据动因和外在需求动力的和谐融通。如此,语言学学科建设定有大成。

原载于《海南师范大学学报》2023 年第 6 期

基于形式逻辑的术语认知

——兼析章士钊《逻辑指要》的术语学思想

　　章士钊（1881—1973），字行严，湖南省善化县人，博古通今，学贯中西，其创办和主编的政论性杂志《甲寅》在一定程度上直接影响了陈独秀（《甲寅》的作者之一）主编的《新青年》，"其治学之方，不若任公之包揽一切，而以专精一二学科为己任"①。章士钊"1907 年去英国苏格兰大学，开始跟随戴维森（Prof. Devidsen）学习逻辑，回国后于 1918 年在北京大学讲授逻辑，1931 年（一说 1930 年②）到沈阳东北大学'讲授名理，以墨辩与逻辑杂为之'。当时讲课'止于口授，未遑着录'……直到 1939 年才在重庆正式出版，书名为《逻辑指要》"③。

　　章士钊的《逻辑指要》值得关注，该著在中国逻辑史上较早用较大的篇幅较为充分地专题讨论了"逻辑"的定名问题。"逻辑"是章士钊《逻辑指要》的核心术语之一，定名之后，章士钊《逻辑指要》还阐述了逻辑的认知功用，对当今认知科学（含认知语言学等）具有一定的启发作用。《逻辑指要》在给"逻辑"定名时体现出的弥足珍贵的术语学思想亦可资当今学界镜鉴。

① 张君劢：《逻辑指要·张序》，载章士钊《章士钊全集》（第七卷），文汇出版社，2000，第 286 页。
② 章士钊：《逻辑指要·重版说明》，载《章士钊全集》（第七卷），文汇出版社，2000，第 283 页。
③ 温公颐：《中国逻辑史教程》，上海人民出版社，1988，第 383 页。

一、《逻辑指要》版本及总体框架

章士钊在重庆才将旧稿整理出来,取名为《逻辑指要》,由时代精神社于1943 年 6 月印行出版。1959 年夏,生活·读书·新知三联书店将此书列入"逻辑丛刊",章士钊又将原稿进行校勘、删减、增补,1961 年 3 月由生活·读书·新知三联书店重新出版。① 2000 年,上海的文汇出版社推出了《章士钊全集》,共十卷,第七卷收录有《逻辑指要》。

被收入《章士钊全集》第七卷的《逻辑指要》主要以 1961 年的"三联"版为底本,为了照顾历史的面貌,编者补充了 1943 年重庆版前面的"张序"和"高序"。② "是书为一九一七年旧著底稿。虽经整理印行一次,外间流布极少。当时著笔,止于规划初步工作,取便学子,辩识入门途径。顾生平行文,偏嗜夹叙夹议,坐是本书面貌,往往臃肿不中绳墨。持较坊间直捷译受的本子,大有轻重清浊之不同。约略说来,是一部逻辑发展史匆遽而紊乱的速写。逐节所用例证,不分古今中外,殊杂糅而无范。"③ 这是 1943 年重庆版的《重版说明》最开头的"开宗明义"。

《逻辑指要》共二十八章。第一章"定名",第二章"立界",第三章"思想律",第四章"概念",第五章"外周与内涵",第六章"端词",第七章"命题",第八章"辞之对待",第九章"辞之变换",第十章"外籀大意",第十一章"推",第十二章"三段论式",第十三章"所生三段 Categorical Syllogism",第十四章"三段体裁 Moods of Syllogism",第十五章"界说",第十六章"分类 Division",第十七章"所令三段 Hypothetical",第十八章"所体三段 Disjunctive Syllogism",第十九章"两决法 Dilemma",第二十章"带证三段 Epicheirema",第二十一章"连环三段 Sorites",第二十二章"歇后三段

---

①②③　章士钊:《逻辑指要·重版说明》,载《章士钊全集》(第七卷),文汇出版社,2000,第283 页。

Enthymene",第二十三章"内籀",第二十四章"察与试 Observation and Experiment",第二十五章"内籀方术 Methods of Induction",第二十六章"悬拟 Hypothesis",第二十七章"类推 Analogy",第二十八章"诸悖"。以上二十八章并列铺陈开来,描写较为精细,但逻辑层级关系不甚分明。总体上仍然未完全突破亚里士多德的传统逻辑体系框架。需要说明的是,尽管在形式上这个框架的逻辑层级关系不太分明,但是内在的逻辑理路还是较为清晰的,主要围绕着传统逻辑的"概念""命题""推理"等思维形式及普通逻辑的基本规律展开。其中第一章"定名"和第二章"立界"颇有特色。

　　章士钊《逻辑指要》与1934年商务印书馆出版的王力《论理学》的总体框架至少在安排上不尽相同。王力《论理学》全书由"导言"、"第一篇 演绎的论理学"及"第二篇 归纳的论理学"三个部分组成。"演绎的论理学"又由"概念""分类 定义 排比""判断""命题""推理""演绎推理的形式与方法""间接的推理——三段论法""演绎推理的谬误"等八章组成。第二篇由"由观察与实验确定因果关系""假定的解释""归纳论理学的第三个特别问题""由经验与类比而得的扩大作用""归纳推理的谬误"等五章组成。[①] 相比较而言,王力《论理学》更简明,层级更清晰;章士钊《逻辑指要》知识信息量更大,引证材料更翔实。有意思的是,在语言学上有突出贡献的章士钊和王力,几乎同时有逻辑学专著问世。

二、术语辨析:"逻辑"与"论理学""名学"

　　章士钊通过与"论理学""名学""辩学"等已有术语的比较确定了"逻辑"这个术语名称。

(一)"逻辑"与"论理学"

　　在章士钊看来,"论理学"这个名称不可取。"论理学从西文逻辑得名,

---

① 王力:《论理学》,载《王力全集》(第二十一卷),中华书局,2014,第71-146页。

日人所译称也。窃谓其称不当。(宣统二年,愚有《论翻译名义》一文详言此理,揭于《国风报》。——原文为小字夹注,这里用括号标识夹注,为当今行文和阅读的习惯计,不再缩小字号。——引者注)盖论理学者,本之 science of reasoning,乃曩日教科书中肤浅之定义,今不适用。且以论理诂 reasoning,亦不贴切,在常语中,to reason 诚为论理。而在逻辑,则含有依从律令彼此推校之意。"①章士钊明确指出,术语不同于"常语",术语是特定专门学科领域的术语,一般不宜混淆,不可笼统。"若泛言论理,则天下论理之学,何独逻辑? 不论理而能成科之学,固未之前闻也。且论理云者,果论其理,以论为动词,如言理财学之类乎? 抑论之理,以论为名形词,如言心理学物理学之类乎? 故论理二字,意既泛浮,词复暧昧,无足道也。"②这里所说的"泛浮"和"暧昧"显然是术语之大忌。

尤其难能可贵的是,章士钊还从词法句法的角度阐述了"论理学"这个名称的局限。"论理二字,他弊且不论,即字面已不分明。论理者,将论其理,以论为动词? 抑论之理,以论为名词乎? 爱智二字亦然,是果以爱为动词乎? 抑两字同为形容词乎? 以吾文构造言,欲得字字表里莹彻,或竟不能,然执笔者总须注意此点。"③"字面分明",这里恐怕主要是指词法句法上的精准规范。

(二)"逻辑"与"名学"

"论理学"是日译,汉译的"名学"和"辩学"在章士钊看来也不合适。"吾国人之译斯名,有曰名学,曰辩学,亦俱不叶。二者相衡,愚意辩犹较宜。盖吾国名家者流,出于礼官。《汉书·艺文志》谓'古者名位不同,礼亦异数',故孔子尚正名。由是言之,古之名学,起于名物象数之故,范围有定。虽名家如尹文、公孙龙、惠施之徒,其所为偶与今之逻辑合辙,而广狭浅深,

---

①②　章士钊:《逻辑指要》,载《章士钊全集》(第七卷),文汇出版社,2000,第296页。
③　章士钊:《论翻译名义》,载《章士钊全集》(第七卷),文汇出版社,2000,第574页。

相去弥远；且其人，班氏斥之为'訾者'；（訾，讦也。）其书，斥为'苟钩鈲析乱'。（鈲，普狄反，破也。）是不以为名家正宗。孟坚自作之《白虎通义》，于爵号、谥祀、礼乐、耕桑、文质、政教、天地、日月、衣裳、嫁娶，详加考订，正其称号，或自以谓于古礼官为近。"①如果说在章士钊看来"论理学"失之于浮泛笼统，而"名学"则"广狭浅深"与逻辑"相去弥远"，即在范围和程度上皆有区别。"是知名家本旨，所涉不外乎名；以今之逻辑律之，特开宗明义之一事耳。"②

章士钊还以逻辑的方式辨正了"逻辑"和"名学"这两个术语："如逻辑可云名学，当亦可云通学，或云断学。何也？名于英语为 term，通为 generalisation，断为 judgment，皆为逻辑之一部；可用则俱可用，不可用则俱不可用也。名字之不足取也如此。"③这显然是一个复合命题的假言推理。在章士钊看来，"名"只是逻辑的一个分支，而不足以涵盖其全部。此外，由这里的讨论，可以看出章士钊意义上的"名"为"术语"，"名学"即是研究术语的学问，术语问题不是不重要，只是不能覆盖逻辑的全部，"特开宗明义之一事耳"。"前清教育部设名词馆，王静庵氏（国维）欲定逻辑为辩学。时严氏已不自缚于奥衍精博之说，谓'此科所包至广。吾国先秦所有，虽不足以抵其全；然实此科之首事；若云广狭不称，则辩与论理亦不称也'。（此数语吾从名词馆草稿得之，今不知藏在何处。）"④可见，"名词馆"的"名词"与我们今天所说的"术语"的意义更接近了。章士钊关于术语学和逻辑学的关系已然很清晰了。

三、定名："逻辑"与"辩学"

章士钊的《逻辑指要》十分重视"定名"，《逻辑指要》的第一章章题为

---

① ④ 章士钊：《逻辑指要》，载《章士钊全集》（第七卷），文汇出版社，2000，第 296 页。
② ③ 同上书，第 297 页。

"定名"，第二章章题为"立界"，主要是对核心术语的界定。"定名"专章讨论了"逻辑"的定名问题。在给"逻辑"定名过程中，《逻辑指要》自觉地运用了"术语"这个术语，并明确地指出术语不同于常语。术语有特定的学科归属，务求精准，在表义上不可泛浮，在用语上不可暧昧。章士钊还注重同义或近义术语的辨析，比较了术语音译和意译的优劣得失，强调了术语和定义不可混淆，还注意到了术语的民族性和术语自身词法句法结构的严密性。

相对于"论理学"和"名学"而言，章士钊认为"逻辑"与"辩学"的范围更为接近。章士钊从学术史的角度做了梳理。"然愚意辩字为用，固不与逻辑同周（周义出《墨经》），而较名字则遥为切实。吾国夙分名、墨为两家。虽'墨子著书，作辩经以立名本，惠施、公孙龙祖述其学，以正上形（旧作刑）名显于世'。（语出鲁胜《墨辩序》。其谓施龙祖述墨学，乃胜之误解。愚于他处辨之。）其言固为名家之言。名、墨并称，乃取墨家尚俭之义，于所以别同异明是非之道，不妨同隶一科。而以名统墨，于学派究嫌不顺。墨之所成，远在名家之上，移墨就名，义有所亏。且墨子经与他篇，理原一贯，强分二事，尤为俗儒之见。"①以上是章士钊对学术史上名、墨两家的辨析和评论。

章士钊对墨辩很有研究，也较为推崇。既已明确辨析了名、墨，再讨论辩学和逻辑的关系就简便一些了。"以愚思之，通括名墨而无所于滞，惟辩字耳。盖墨子所居名家领域，实于上下《经》及《说》表之。而《墨经》即号辩经。墨家名学谓之墨辩。"②在近代学术史上，"逻辑称辩学者，始于前清税务司所译《辨学启蒙》；而字作辨，不作辩。其实辩即辨本字，二者无甚择别"③。在章士钊看来，"故通常译名不正，其弊止于不正；而以辩或名直诂逻辑，则尚有变乱事实之嫌。辩字本体佳绝，而亦复不中程者此也"④。显然，译为"辩学"，章士钊认为也不甚合适。

---

① ② 章士钊：《逻辑指要》，载《章士钊全集》（第七卷），文汇出版社，2000，第 297 页。
③ ④ 同上书，第 298 页。

既然以意译为主的"论理学""名学""辩学"均不可取,在章士钊看来,应以音译为要。"论理与名与辨,皆不可用。此外尚有何字,足胜其任否乎?沉心思之,不论何种科学,欲求其名于中西文字,义若符节,断不可得;而逻辑尤甚。愚意不如直截以音译之,可以省却无数葛藤。吾国字体,与西文系统迥殊,无法输用他国字汇,增殖文义。以音译名,即所以弥补此憾也。佛经名义,富而不滥,即依此法障之。愚于逻辑,亦师其意。"①"名"与"科学"连用,显然也是指"术语",章士钊主张外来术语音译,其中很重要的一个原因是"不论何种科学,欲求其名于中西文字,义若符节,断不可得;而逻辑尤甚"。章士钊这里所说的"文字""字体""西文"等与当今语言文字学界的术语不尽相同,其未严格区分"语言"与"文字",章士钊意义上的"文字"大致可对应于"书面语"。章士钊关于外来术语宜音译的这种观点表明,他认识到了语言文字的民族性,术语(某种意义上的"名")作为一种语言片段也具有民族性,"义若符节,断不可得;而逻辑尤甚"还凸显了"逻辑"的特殊性,这种特殊性恐怕主要与其认知功用有关。或可认为,章士钊所界定之"逻辑"与一般所说的"形式逻辑"大致相当。

四、逻辑与知识表征

在章士钊《逻辑指要》看来,逻辑的主要功用是认知,这里所说的认知的重要过程和结果是以术语为基础的知识表征。或者可以说,知识表征也是正确思维的结果。有论者也已注意到了"关于逻辑的研究对象及范围,章士钊认为逻辑是研究正确思维的科学"②,认知的基础是正确思维,还包括辨谬,思维的主要载体是言语("名"等,"名"包含术语),正确思维和有效交流的重要前提是"定名"等。如前所述,章士钊十分重视"定名",在定名的过

---

① 章士钊:《逻辑指要》,载《章士钊全集》(第七卷),文汇出版社,2000,第298页。
② 温公颐:《中国逻辑史教程》,上海人民出版社,1988,第385页。

程中形成了术语学思想，其术语学思想虽然不甚系统，也未必是自觉的，但弥足珍贵。"正确思维"更多地涉及已有信息（旧信息）；"认知"则更多地涉及未知信息（新信息）。

知识表征的过程在某种意义上是"求知"的过程。章士钊《逻辑指要》明确地讲到了"逻辑"和"求知"之间的关系。"逻辑者所以求知也，而求知自明无知始；逻辑者，信信也，而信信自疑疑始。明无知而疑疑，自思始。故逻辑者，正思之学也，或曰思思之学 a study to think about thought。思思云者，即凡所有思想，立为种种法式，推校焉，参互焉，以期所得信为最正确者而归依焉也。此一界说，虽云过简，而初学资以入门足矣。"①"求知"是目标，"思"是过程。正因为如此，逻辑是一切学术的必要条件，"虽然，行严先生之专长，不仅政论，而又在逻辑。逻辑之为学，与一国学术之盛衰相表里。有之则一切学术以兴，无之则一切学术不得发展"②。正因为逻辑的认知功用，"故逻各斯名义，最为奥衍。而本学之所以称逻辑者，以如倍根言，是学为一切法之法，一切学之学，明其为体之尊，为用之广，则变逻各斯为逻辑以名之"③。

正确思维必然涉及名实关系。"思何由而正乎？曰：于名实正之。《墨经》曰：'所以谓，名也；所谓，实也。'凡人命意遣言，一切能谓所谓，举得其正，思想自正。荀卿为学，首事正名，其言曰：'同则同之，异则异之……知异实者之异名也，故使异实者莫不异名也，犹使同实者莫不同名也。'此寥寥数言，殊足以发挥正思之能事。"④"正思"与"正名"的关系几乎是天然的。"名"（一定意义上的术语）是知识的基本单元，从一定意义上来说，没有"名"就没有知识。

---

① 章士钊：《逻辑指要》，载《章士钊全集》（第七卷），文汇出版社，2000，第303页。
② 张君劢：《逻辑指要·张序》，载章士钊：《章士钊全集》（第七卷），文汇出版社，2000，第286页。
③ 章士钊：《逻辑指要》，载《章士钊全集》（第七卷），文汇出版社，2000，第299页。
④ 同上书，第303页。

认知须遵循普通逻辑的基本规律,比如章士钊所译之"思想律"。章士钊将"Law of Thought"译为"思想律","思想律者何? 所以范围一切思想,使不得不出于是,一若江淮河汉,导使由地中行然也。"①

认知的基本单元是概念及有效表征概念的术语。"概念二字,为 concept 之译语,非惬心贵当之词也。此物道家曰旨(即庄子旨不至之旨),墨家曰意相,康德好言物如 ding an sich(如与本体相近),《易》则曰物宜(圣人有以见天下之赜而拟诸形容象其物宜),举为胜义。而以概念字来自东译,初学较易晓洽,仍之。试取诸家所用之字,相与参证以求其通,庶乎真谊可得。盖概念者非他,即心官对事若物,发挥其知觉、记忆、想像诸作用,构成意相,恰如其事若物所宜之本体,蓄于吾心,得号曰旨是也。谓之为概,其先统括若干殊相而收摄之,不言可知。英语有时繁称曰 general concept,即所以明概也。"②以上对"概念"既有语源上的解释也有内涵上的解释,较为精细透彻。

实质概念可以通过术语表达出来。"逻辑概念(logic conception)之兴,首分二德,次历四序。二德者何? 常与寓也。凡事若物,以写以藏,体之不遗之恒住性曰常德,适从何来遽集于此之偶有性曰寓德。四序者何? 舍寓而取常,于焉拔之,使本体超然于事若物之上,是之谓抽象(abstraction)。抽象之先,历抵诸德,核其同异曰比较。抽象之后,执两用中,收摄一切曰会通。然后以言语发之,章暗显微,表里一贯曰命名。"③《逻辑指要》立专章(第十五章)讨论界说。该章首句:"自来学说之争,每起于用名之不谨。"④

五、逻辑与术语翻译

表征概念的术语使科学区别于常识,术语的创制、使用和传播都须符合

---

① 章士钊:《逻辑指要》,载《章士钊全集》(第七卷),文汇出版社,2000,第 309 页。
② 同上书,第 324 页。
③ 同上书,第 325 页。
④ 同上书,第 422 页。

逻辑。章士钊十分重视术语,注重包括"逻辑"等外来术语的音译,不倾向于意译。主要原因之一:"吾国字体,与西方迥殊,他国文字无从孳乳,以音译之,所以补此短也。语其利也,凡意译之弊,此皆无有,即为大利。至语其害,自生硬不可读外,无可言者;且此不过苦人以所不习尔,终不得谓之为害。况一时所苦,习焉既久,将遂安之若素乎?"①此外,意译术语易形成术语的定义和术语自身相混淆的局面。章士钊有言:

"以义译名,弊害最显者,无论选字何等精当,所译固非原名,而原名之义诂是也。如日人曰,逻辑者论理学也。论理学三字,明明为逻辑作诂。是吾人欲得术语,卒乃仅就其所诂者捎扯以去,术语转唾弃不顾焉已。且捎扯矣,吾人以新术语公之于世,势必更为界义,使人共喻其为何物。则此义者,将因仍前诂而扩充之乎? 抑更觅新字以资疏证乎? 如从前说,是使术语与定义相复,简而举之,不啻曰:论理学者,论理学也,名学者,名学也。号为与人新诂,而人之所得,仍周旋膠漆于术语字面之内,义亦何取乎定为? 以逻辑悖例绳之,是谓重赘之悖(tautology or definition in verbo)。如从后说,则立陷前番作诂于无意识。且若前诂诚当,趋避亦有未能。虽然,病犹不止此也,译名之万难吻合,既如前说;此种译名,沿用既久,将首生歧义,次生矛盾义。"②

以上是《论翻译名义》中的一段论述,《论翻译名义》原载《国风报》第一年第二十九号,作者署名为"民质",刊于 1910 年 11 月 22 日。饶有意味的是,《论翻译名义》单独成文发表时,与作为《逻辑指要》的"附录"稍有区别,即《逻辑指要》对原文有所改动。初版文本如下:

"以义译名,其弊害之最显者,则无论选字何如精当,其所译者,非原名,乃原名之定义是也。如日人曰,逻辑者论理学也,则论理学三字,明明为逻

① 章士钊:《论翻译名义》,载《章士钊全集》(第七卷),文汇出版社,2000,第 574-575 页。
② 同上书,第 571 页。

辑下一定义。严氏曰,逻辑者名学也,则名学二字,又明明为逻辑下一定义。是吾人本欲译其术语,其结果乃以其定义为其术语。既译之矣,吾人以新术语公之于世,势必更加定义,使人共喻,其为何物。则此定义者,果仍前次定义而扩充之乎?抑更觅新字以释之乎?如从前说,则是使术语与定义相复,简而举之,则不啻曰论理学者论理学也,名学者名学也。名为与人以定义,而人之所得,乃不出术语字面之外,亦何取乎定义为?以逻辑定义条例绳之,是谓 Tautology of definition in verbo(译言语赘),如从后说,则立陷前次觅取定义于无意识。若前次定义诚当,则欲避去且有所未能。虽然,其缺点犹不止此也。

译名之万难吻合,即如前说矣。如此种译名,沿用既久,则其趋势之所至,将首生歧义,次生矛盾义。"①

附录于《逻辑指要》的《论翻译名义》该段,相较于原文,主要做了如下改动:删除了"其""之""则""者""矣""所""如""次"等语词。增加了"将""资"等。前后删除了"严氏曰,逻辑者名学也,则名学二字,又明明为逻辑下一定义"和"则其趋势之所至"两处相对完整的语句。将"定义"改为"义诂","下一定义"改为"作诂";将"定义"拆开为"义……定";英文夹注"of"改成了"or",首字母由大写改为小写;"即"改为"既","次"改为"番","字面之外"改为"字面之内","定义条例"改为"悖例","果"改为"因"等个别语词的校订,"缺点"改为"病","释之"改为"疏证"等;个别断句的变化及标点符号的相应处理,以及将相邻两个自然段合并为一个自然段。后出的版本比原版本在行文上要简短一些,整体上显示了章士钊"逻辑文"的话语风格。这种风格与作者章士钊关于术语的译名应简洁的主张相契合,或者可以说这是章士钊思想与实践的某种知行合一。

---

① 章士钊:《论翻译名义》,载《章士钊全集》(第一卷),文汇出版社,2000,第450页。

六、逻辑与术语辨误

如果说此前关于"逻辑""论理学""名学""辩学"的辨析主要着眼于静态,术语辨误则主要着眼于动态。辨误是一种语用过程。逻辑与语用有千丝万缕的关联。这里所说的语用尤指术语的运用,术语的翻译也是一种语用修辞行为。从一定意义上说,逻辑是语用的基础和内核,语用是逻辑的某种外化。章士钊较早较为敏锐地注意到了概念术语的运用问题,在章士钊那里,术语翻译不是为了翻译而翻译,实则应"用"而生,因精准运用而为。

章士钊指出:"制名不简洁,如逻辑中之 convertion,严氏译作'调换词头',未能较日译换位二字有特长,而简洁转逊之。且词头为宋代公文中语,殊欠贴切。"①章士钊举这个例子还表明术语的译名不可与原有的专门用语同形,无论是力求简洁,还是避复,避免重名,都是着眼于形式。由此看来,章士钊力主意译,但并不忽视语形,形和义是统筹兼顾的。只是"音"和"意"有先后,即章士钊主张先音后意。"故译事云者,自非译者万不可通,而义译又天然流畅,先音后义所当为不二法门。如 public international law,以音译之,为字十一,臃肿不中绳墨,且本名亦无甚深要蕴,诚无取舍义以就音;至 logic,吾取音译而曰逻辑,实大声宏,颠扑不破,为仁智之所同见,江汉之所同归,乃崭焉无复置疑者矣。"②这就是说,主张先音后意,并不完全排斥意译。应该说,这是实事求是的。章士钊认为,翻译术语时译名还应忌用滥恶之语词,也忌用"僻字"或"修饰字"。"译名忌用滥恶之字,此不待言,然亦忌用僻字或修饰字。"③

最后,概念术语应精准运用。使用术语要适应题旨情境,要力避歧义,

---

① 章士钊:《论翻译名义》,载《章士钊全集》(第七卷),文汇出版社,2000,第574-575 页。
② 同上书,第575 页。
③ 同上书,第574 页。

不可望文生义。"歧义,望文而生焉者也。盖此类名词,易使浅涉者流,就原有字义生吞而活剥之。吾尝于新闻见此例不少矣。如曰:'政府将起用某枢臣,故以徐世昌入军机为之前提。'此前提云者,显然不逻辑也。而在作者则沾沾焉以适为新名词,故獭祭而用之。歧正如何,奚暇辨别?时文又屡言前提不正,若询以前为何位,提乃胡状,且瞠目而莫能答也。"①章士钊先生举例说明了不恰当地使用术语"前提"的情况,并予以讽刺。类似的情况章士钊先生还有举例:"又曰:'政党由一团体而分为众团体,是演绎的政社;由众团体而总为一团体,是谓归纳的政社。'此演绎归纳云云,作者于模糊影响中,囫囵用之,不求甚解。凡此固作者空疏之咎,而译名之易于迷乱,亦为要因。"②上例中"演绎"和"归纳"两个术语也用得不恰当,不符合"演绎"和"归纳"的所指。此外,章士钊先生还指出了外来术语不恰当地使用的另一种情形:"术语有原文为未当者。"③

　　除了概念术语的误用(不当使用),章士钊《逻辑指要》还全面地辨析了逻辑谬误问题。《逻辑指要》最后一章为"诸悖","专门讨论了各种逻辑谬误,内容比较全面而丰富,这也为当时一般教材所少见"④。同样值得注意的是,王力《论理学》也专章讲"谬误",《论理学》第一篇"演绎的论理学"的第八章"演绎推理的谬误"和第二篇"归纳的论理学"的第五章"归纳推理的谬误"。⑤王力《论理学》的公开出版比章士钊《逻辑指要》早9年。在语言学上有重要贡献的章士钊和王力皆特别重视逻辑谬误,这种现象本身有意思也有意义。

---

① 章士钊:《论翻译名义》,载《章士钊全集》(第七卷),文汇出版社,2000,第571页。

② 同上书,第571-572页。

③ 同上书,第572页。

④ 温公颐:《中国逻辑史教程》,上海人民出版社,1988,第384页。

⑤ 王力:《论理学》,载《王力全集》(第二十一卷),中华书局,2014,第73-74页。

结语

术语辨析、定名、知识表征、术语翻译、术语辨误都必须符合形式逻辑，都应该建立在逻辑的基础之上，都直接与认知相关，都是诉诸术语的认知，涉及认知的形式、手段、功能和过程等方面。以上讨论表明，"逻辑"是章士钊《逻辑指要》的一个核心概念术语，《逻辑指要》十分重视"定名"，其科学有效地定名了核心概念术语"逻辑"。在给"逻辑"定名的过程中，体现了章士钊的术语学思想。《逻辑指要》自觉地运用了"术语"这个术语，并明确地指出术语不同于常语。术语有特定的学科归属，务求精准，在表义上不可泛浮，在用语上不可暧昧。章士钊还注重同义或近义术语的辨析，较为全面地考辨了术语音译和意译的优劣得失，主张音译"逻辑"等术语。章士钊先生指出，一般情况下术语的翻译可先音后意，形义兼顾。翻译术语时译名忌用滥恶之语词，也忌用"僻字"或"修饰字"，并强调了"术语"自身和术语的定义不可混淆。章士钊反对"制名不简洁"，这种主张与章士钊的"逻辑文"风格相契合，体现了某种意义上的知行合一。章士钊还注意到了术语的民族性和术语自身词法句法结构的严密性。

与"术语"对应，《逻辑指要》还阐述了"逻辑"的认知功用，逻辑认知要符合逻辑规律，认知的基本单元是概念，用于认知的概念往往可以通过术语表征，使用术语要适应语境，力避歧义，不可望文生义。章士钊《逻辑指要》还较为全面地辨析了逻辑谬误，这与王力《论理学》类似。章士钊明确地提出"逻辑者所以求知也"的论断，对"逻辑"认知功用的描写和解释精细务实，力避泛浮，可供当今认知科学（含认知语言学等）镜鉴。

原载于《江淮论坛》2021 年第 4 期

陈望道的术语学思想

　　术语是用语词表征人类知识的基本单元,一般而言,术语学主要研究概念术语(或曰"科技名词")的成分、构造、特征、定义方法、交叉关系、概念体系及规范、传播等。术语学与逻辑学、修辞学及自然科学、人文社会科学和工程技术等有着密切的关联。20 世纪 30 年代,奥地利科学家维斯特(E. Wüster,1898—1977)开创了现代术语学理论,早期术语学有多种学派,其主张虽各有侧重,但在一定意义上都较为关注术语的功能、定义等。陈望道先生虽未及系统建构术语学体系,但其散见于各类学术专著、论文及书信中的术语学思想,整体上形散神聚,颇具学术价值。虽然陈望道的术语学思想并不是以系统的形式呈现的,但是这并不意味着陈望道不重视术语及其研究。

　　陈望道先生曾在其专著中述及对术语的重视,如在《修辞学发凡》和《作文法讲义》中,陈望道曾有言:"对于名称,也很慎重,大抵都曾经过仔细的考量,又曾经过精密的调查,凡是本国原来有名称可用的都用原来的名称,不另立新名。"①这里所说的"名称"和"名",指的即是术语(修辞学术语),如果原来的名称确实不可用,还得"割弃":"我已说过,词是文章中的根本成分,所以我们作文,最该注意选词,这里说的选词,约略也和古人说的炼字相当,不过炼字这一名词略嫌太偏形式,并且和近来文法学以词为单位的见解

---

① 陈望道:《修辞学发凡》,上海教育出版社,1997,第 71 页。

不合,此后应该割弃。"①陈望道这里所说的"词"显然是就使用而言的,这样它势必蕴含了词语组合的存在,并且陈望道这里所说的"词"是就一般的普遍意义上的"词"而言的,因此它可以包含"术语"(表现为词或语词),而"炼字这一名词"的"名词"即直接指"术语"。陈望道关于术语及其适用(适当适用)重要性的认识由此亦可窥见一斑。

除了专著,陈望道与朋友的通信中也有涉及术语。陈望道先生曾于1945 年 10 月 6 日在致倪海曙的信中谈及:"语文学界向不注意定名,一切名称多抄袭日人著作,而日人近已多觉旧名不妥,渐在改革中,是较日籍旧著与新著,即可窥见消息。此次文法讨论东华最有贡献者为促进名称改革方面,唯其定名,曲解古籍助长己说,殊不足取。关于文法定名,弟拟即用答客问篇定名,是否可用,希上海方面有以见告,如以为可用,敬希采用,不然希指正。"②虽是朋友间的书信交流,陈望道仍念兹在兹"定名"问题,这里所说的"定名"主要是指术语的确定,在针砭学界"向不注意定名"时,陈望道关于术语的重视和作为已跃然纸上。

陈望道关于术语及其使用的认识形成了其术语学思想。学界关于陈望道的研究成果较多,主要集中于修辞学、语法学等领域,较少关注陈望道的术语学思想。事实上,陈望道关于术语研究有科学的方法、观点,有学术理据和实践动因,值得当今学界重视。

一、陈望道研究术语的主要方法

陈望道研究术语主要采用个案分析法。陈望道关于术语的个案分析,在成果呈现形式上至少有如下两种情形:专文重点研究和探析某一个术语;随文诠释和论析若干术语。前者如《"文法""语法"名义的演变和我们对文

---

① 陈望道:《作文法讲义》,载《陈望道学术著作五种》,复旦大学出版社,2005,第 13 页。
② 陈望道:1945 年 10 月 6 日致倪海曙的信,载《陈望道全集》(第十卷),浙江大学出版社,2011,第213 页。

法学科定名的建议》，后者如陈望道关于"消极修辞""借喻""观念""概念""主辞""宾辞"等术语的讨论。

　　关于"文法"这个术语，陈望道有独到的见解，并有专文和专书(《文法简论》)论述。陈望道指出："'文法'这个术语的历史比较长，流行也比较广，早已有约定俗成之势。采用这个术语为文法学科的定名或正名，最为人民大众所喜闻乐见，也最便于说明文法学科的历史发展。"①陈望道以上的见解重点关注的是术语的历史和接受情况，陈望道还重视术语的含义明确、简括："'文法'这个名称的含义也比较明确、简括。"②除了语义，陈望道还兼顾术语的形式："作为语言的组成部分共有三个要素：语音、词汇、文法。用'文法'这个名称和语音、词汇配合，也比用'语法'的名称更为整齐些匀称些，如果采用'语法'一个名称，那与语音词汇配合起来就有一个'语'字重复。"③最后，陈望道还注意到了术语的具体用法："'文法'一词修辞的功能也比较强，可以作种种的譬喻用法用，'语法'却没有这种能力。"④以上陈望道关于术语"文法"的研讨虽是个案分析，但十分深入，对个案的考察也很完备，全面考虑了术语的历史、可接受度、语义内容、语音形式、使用环境及具体用法等。

　　除了专文个案分析，还有呈零珠碎玉式的论析。如陈望道在修辞学上较早充分论述且影响较大的术语"消极修辞"和"积极修辞"："用修辞学的术语来说，便是(甲)所用的常常只是消极的手法，(乙)所用的常常兼有积极的手法。"⑤同样明确亮明"术语"身份的论述还有："这用古话来说，便是所谓'文'外还有所谓'质'。用我们的术语来说，便是积极的修辞手法之

---

①②④　陈望道：《"文法""语法"名义的演变和我们对文法学科定名的建议》，载《陈望道全集》(第二卷)，浙江大学出版社，2011，第293页。

③　同上书，第294页。

⑤　陈望道：《修辞学发凡》，上海教育出版社，1997，第4页。

外,还有消极的修辞手法。"①有意味的是,陈望道曾专就"消极"的好坏做过讨论:"有人觉得'消极'两字不好。名称要改也可以。我也曾考虑过用别的名称,但未想出更好的。必须用两个对立的词才行,一定要体现出对立的。"②

类似的还有"借喻"等术语。"'借喻'这名,系沿用元人范德机的定名(见《木天禁语》'借喻'条)。此外所有的名称,如'隐语'(见元人陈绎曾所著《文说》论'造语法'条),如'譬况'(见明人杨慎所著《丹铅总录》卷十三'订讹'类'譬况'条,又卷十八'诗话'类'双鲤'条),如'暗比'(见清人唐彪所著《读书作文谱》卷八《暗比》条)等,或太浮泛,或同别的譬喻名称不很连贯,都觉得不大适用。"③适用(适当使用)与否是术语的一个非常重要的原则性要求。另如,"《发凡》中的'观念'一词等于'概念'的意思,在心理学上,这两个词是通用的。它们有时严格区分,有时又可以不分。将来也可以改一改。"④显然,这里的"观念"和"概念"都是反复斟酌的术语。

术语的个案分析法还集中表现在陈望道关于逻辑学(论理学)中若干术语译名的考察。陈望道曾言及:"这几个里面像马氏所谓'起词''语词'两个名称,假使要改,我以为可以改为'主辞''宾辞'。"⑤之所以如此,"第一,这两个名称的西文原名是和论理学上用的一样的,我们可以先查论理学的译名……"⑥。难能可贵的是,陈望道十分细致地列表铺陈了十本论理学中的译名,同时十分清楚地标注了每部书的书名、作者、出版机构、出版年份、页码及相应的译名,并进行了归纳总结和十分细致地分析。这种意义上的个案分析,其实是以点带面,已然"群案分析"了。

陈望道对术语的重视和特定术语研究方法的形成与其严谨的治学态度

① 陈望道:《修辞学发凡》,上海教育出版社,1997,第4-5页。
②④ 陈望道:《解答有关修辞的几个问题》,载《陈望道全集》(第一卷),浙江大学出版社,2011,第366页。
③ 陈望道:《修辞学发凡》,上海教育出版社,1997,第80页。
⑤⑥ 陈望道:《文法革新问题答客问》,载《陈望道全集》(第二卷),浙江大学出版社,2011,第192页。

和实事求是的科学精神直接相关。陈望道曾强调:"同时也有单讲'从事实缔造学说,拿事实证验学说',单讲'推动语文学术接近科学一点',对于欧化不欧化未曾插谈的,如我。"①重视古今中外融通,注重实证,实事求是,在此背景下,作为承载和传播科学知识的基本单元,术语有助于语文学术接近科学。

二、陈望道术语学思想的基本要义

陈望道阐明了术语的变动性和国际性及术语语义上的精确性;强调术语的纯粹、标准,认为术语须合乎共同语的标准,主张翻译术语时能够意译的要尽量意译;陈望道还指出术语解释须合乎逻辑,并提出了更广泛意义上的术语使用原则。

(一)术语具有变动性、国际性和语义精确性

陈望道十分敏锐地关注到了术语的变动性和国际性。变动,有共时的变动和历时的变动两类情形。例如,"我们现在常用的'培养青年学生'的'培养'一词,原来是农业上的,'树立'也是这样。现在是工业字眼多起来了。要使词汇丰富,既要从别的战线吸收,也要吸收古代的成分。同时还要吸收外国的成分。修辞的国际界限很少。所以有两个特点,变动性、国际性。"②

共时的变动,是术语的语域渗透,即术语由其常现的领域向其他领域传播,"学术的用语中间,颇有用一个学语标指几方面的。如'历史'如'文法'

---

① 陈望道:《答复对于中国文法革新讨论的批评》,载《陈望道全集》(第二卷),浙江大学出版社,2011,第215页。
② 陈望道:《修辞的变动性与文法的稳定性》,载《陈望道全集》(第一卷),浙江大学出版社,2011,第357页。

都有这一种情形。"①这也是一种语词借用。"由于工农业和科学文化的迅速发展,过去的许多词汇不够用了,就多从别处借用。"②陈望道在另外一篇文章(公开信)里较为细致地举例说明了这种术语借用:"function 这个字,你是从常译作'职务'。它在科学上很有一点历史。它先走进了自然科学,代表随着别个变量而变的一个变量,普通译作'函数',有时也叫'应变数'。随后它又走进了社会科学,表示互为因果的一种交互关系。这已经有许多文化人类学家译作'功能'。"③进一步说来,"近来它又冠冕堂皇地走进了文法学,仍旧代表着因素和因素间的互相依赖互相对应的交互关系。它在文法学中也可以称为'功能'。"④"功能"是陈望道关于语法(文法)的一个十分重要的术语,在这封公开信里,陈望道把"功能"的来龙去脉阐述得十分清楚。同时,在此过程中体现了陈望道对术语变动性(共时跨语域传播)的科学认知。

除了共时跨语域变动,术语还会有历时变动,这种历时变动主要是指语义的变迁。"语义底变迁——即指出语义历史的变迁来解明本语界限。"⑤陈望道以"经济"这个术语为例对此做了说明:"经济这两字原是经世济民底意思,但在经济学上,却是指利用财货满足欲望的活动而说。因为利用财货满足欲望贵乎费用小而效力大,所以近来又以俭约省便为经济了。故浪费就称为'不经济',简便的方法就叫作'经济的手段'。"⑥

与共时跨语域变动和历时语义变迁均有一定关联的是术语的国际性。

---

① 陈望道:《答复对于中国文法革新讨论的批评》,载《陈望道全集》(第二卷),浙江大学出版社,2011,第 211 页。

② 陈望道:《修辞的变动性与文法的稳定性》,载《陈望道全集》(第一卷),浙江大学出版社,2011,第 357 页。

③ 陈望道:《回东华先生的公开信——论文法工作的进行、文法理论的建立和意见统一的可能》,载《陈望道全集》(第二卷),浙江大学出版社,2011,第 168 页。

④ 同上书,第 169 页。

⑤⑥ 陈望道:《作文法讲义》,载《陈望道学术著作五种》,复旦大学出版社,2005,第 41 页。

前文已提及,陈望道主张"同时还要吸收外国的成分",但国际性与抄袭、模仿格格不入。陈望道反对模仿,主张革新:"'反模仿'的笔锋所至,自然不免涉及于'名称'。因为过去所用的学语也有许多是未经思索查考,抄袭模仿的。如前面说到的所谓'人称'就是一个例。再如所谓'述语'也是一个例。'述语'这个学语本来也还可以用,现在因为学术进步,对于语文的组织条理认识更加清楚,在那原出产地也已经有人用新语替换旧名了。再有一些学语,本来本国就有现成的学语可以用,只因过去未曾留意,也去抄袭模仿的,如'语'的称为'词'。凡此种种,文法革新论者认为都当尽快有所革新。"① 简言之,"文法学语的革新,就是其中比较引人注目的一个问题。"②

虽然术语具有一定的变动性,但这并不妨碍术语自身的精确性。精确,主要是就术语的表义而言的。陈望道认为:"第二项该避去的,就是不精确的词。上文所谓不纯粹,不过指违背国语标准而说,这里所说的不精确,乃是指词底本身含义晦涩暧昧而说。……不精确的词,最重要的有下列两种。……A. 同义的异词……B. 异义的同词。"③精确,主要是就语词(术语等)的意义而言,要求意义分明。"应用意义分明的词""文章根本的原素是词,所用的词如其意义模糊,或者意义繁杂,所说必然随着意义不明。故凡意义不很明白分明的词,都该避去不用。无法避去,便当立加解释。"④陈望道这里虽然说的是普通的"词",一般的"词",但也适用于"术语"。

以上是对术语本身性质的认识,术语的性质与术语的生成或建构紧密相关。在陈望道看来,在生成或建构术语时务求纯粹,并合乎共同语标准。

---

① 陈望道:《答复对于中国文法革新讨论的批评》,载《陈望道全集》(第二卷),浙江大学出版社,2011,第 216 页。
② 同上书,第 218 页。
③ 陈望道:《作文法讲义》,载《陈望道学术著作五种》,复旦大学出版社,2005,第 15 页。
④ 陈望道:《修辞学发凡》,上海教育出版社,1997,第 55 页。

（二）术语须纯粹、标准

陈望道在其《作文法讲义》中辟专章（第三章）讲述"选词"，这里的"词"与"术语"有交集，甚至在某种意义上说"词"是包含"术语"的，且其关于选词的见解完全适用于术语的运用。此外，这里的"选"是一定意义上的运用，陈望道首先着眼于被选之词的自身生成，故从这个意义上说，术语须纯粹、合标准是就术语的生成建构而言的。

简言之，术语须纯粹、标准。"据普通的见解，应该避去的词约有下列两项：一是不纯粹的词；二是不精确的词。"①陈望道先生接着解释了"不纯粹的词"："这里所谓不纯粹的词，就是一切违背国语标准的词。违背国语，势必至于连懂国语的人都看不懂。连懂国语的人都看不懂的词，当然没有在国语文中做文章成分的资格，所以通常都该避去。"②陈望道随后界定了"不纯粹的词"的具体外延："不纯粹的词最重要的是下列四种：A. 死语……B. 滥造语……和死语相对的，是滥造语。滥造语就是一种不必制造，却又造出的语言。滥造的范围，自然不易划定；约略说来，仿佛只有下列两种新造语不是滥造语。（a）有新事物、新思想输入发生时所造的新语……（b）有滑稽、讽刺等特别作用时所造的新语。……文章杂了滥造语就易流于怪癖，不能算是纯粹的文字。……（c）外国语、一切外国语，除了已经通行的（如逻辑之类）及真没有适当译语的（如萨坡达奇之类）之外，也该努力避去。不然，也容易减损了文章的价值；普通人看不懂，懂的人又觉得累赘讨厌。"③术语的翻译也可视为术语的建构，对于译语，陈望道特别强调意译，必须音译时，也须注意译语在形式上的规范。陈望道指出："过去，'莫斯科'三字旁边都有'口'字，'咖啡'两字亦有'口'，表示音译。有一时期，译音词很多。化学上的许多名词非译音不可，其他的都可转向意译。如'康拜因'，现在都改称

---

①② 陈望道：《作文法讲义》，载《陈望道学术著作五种》，复旦大学出版社，2005，第13页。
③ 同上书，第13-14页。

'联合收割机'了。能够意译的要尽量意译,这是原则。"①陈望道以上关于"纯粹、标准"的论述实事求是,不走极端。

(三)术语解释须符合逻辑

相对于其他类语词而言,术语的重要特征之一即是其专门性,正因为专门,为了在更大范围内使用,常常需要对术语做出解释。陈望道在《作文法讲义》里讲解释文(说明文)时较为全面系统地论述了"单词界说中所具的条件",在一定意义上,说明文里的"单词"主要是术语,事实上,陈望道先生在讲述这个问题时所举的 21 个例子中,较为典型的作为被解释项的术语就有 19 例,只有 2 例不是典型的术语。

在解释文中需要界说的、可以界定的"单词"多为术语。在陈望道看来,"解释文底效用固然这样浩大,但彼底基础却极简单,全然只是一群单词界说底集合。因为解释文只是单词界说底集合,所以解释文所具的条件也无非是一些单词界说中所具的条件。"②陈望道指出:"单词界说"(某种意义上的术语解释)有 7 个条件(观测点):类名、特色、分类、例证、对称、类似语或同义语、语义的变迁。

第一,类名,"即指明被解释事物所属的大类"③。这里所说的"大类"即属概念。陈望道指出:"标明类名,有下列两条原则:A. 需标举切近本名的类名——例如解释'马'时,说'马是动物',不如说'马是兽类'。B. 须标举适合本文的类名——例如在法律论文中解释'马'时,说'马是兽类',又不如说'马是动产'。"④上例"兽类"和"动产"都是属概念,这些属概念用来解释术语时要与被解释的术语所表达的概念的种属关系接近、语域相同。

---

① 陈望道:《〈修辞学发凡〉的写作与修辞的研究》,载《陈望道全集》(第一卷),浙江大学出版社,2011,第 356 页。
②③④ 陈望道:《作文法讲义》,载《陈望道学术著作五种》,复旦大学出版社,2005,第 40 页。

第二,特色,"即指明被解释事物和同类中别种事物特异的几点"①。在陈望道看来,指明特色有两种方法,"A.标明特异的属性——如说:人是能造器具的动物。B.标明特异的发生、成分或功用——如说:圆是一点在别一点周围始终隔着同一距离运动所成的平面形。"陈望道还举例"硫酸是H_2SO_4",等等。或者可以说,"特色"即"种差",是相同属概念下的种概念之间的某些差别。

第三,分类,"即指明准据或一标准所为的分类。指明分类必须同时指明分类底标准与子目。"②陈望道以"教育"这个术语为例做了说明:"教育,可以依施教的处所(标准)分为家庭教育、幼稚园教育、学校教育、社会教育(子目);又可以依所教的事项(标准)分为普通教育、专门教育(子目);也可以依历史的时代(标准)分为古代教育、中世教育、近代教育(子目)。"③陈望道还进一步指出:"标明分类,有下列两条原则:A.所用标准,须适合本文底目的或趣味——如区分'人类',在人类学上应以皮肤底色泽或头骨底形状为标准,在统计学上应以性属(男女)或年龄为标准。又如中国语法上区分词类应以中国语言底性质及作用为标准,不应列入些无谓的分类;如现今国语中分名词为有形名词、无形名词等等,并不适合语法上目的或趣味的,便全然只是一种言语上的游戏,不能称为分类。B.所举子目,须没有遗漏而又不相交错——例如从前把书分为经、史、子、集四部,经史交错之间却有《春秋三传》,把船分为用帆、用汽、用桨、用篙,而用电的船却不曾列入,这就是子目相交错有遗漏底例,尽该设法避免。"④分类有助于明确被解释的术语所表达概念的外延。

第四,例证,"即指明实例"⑤。陈望道给出的例证是"显花植物是松、

---

① ② ③ ⑤　陈望道:《作文法讲义》,载《陈望道学术著作五种》,复旦大学出版社,2005,第40页。

④　同上书,第41页。

杉、芭蕉之类,隐花植物是薛、苔、菌、藻之类。"①应该说,"例证"是更简明地明确被解释术语所表达概念外延的逻辑方法。

第五,对称,"即标举同类中互相对待的名称来解释本名"②。相应的例子是:"显花植物是隐花植物底对称。"③这种对举,便于整体把握同类中互相对待的术语,有助于解释术语之间的关系。

第六,类似语或同义语,"即揭出类似语,或更指明其异同,来解释本语"④。陈望道给出了"解释文就是说明文"等的例子。上述第五和第六两种情形在术语解释的思维模式上相似。

第七,语义的变迁,"即指出语义历史的变迁来解明本语界限"⑤。前文已述及,陈望道十分重视历时视角考察的术语(尤指语义变迁)。

对术语的定义(解释)注意到了以上几个方面,即覆盖了以上七个"观测点"就符合逻辑了,就很完备严密了。诚如陈望道先生所言:"以上七项是界说所具条件底全体,无论怎样完备的界说想也不会更有别的条件参加在内了。"⑥

应该说,术语解释也是术语被使用的一种形式,术语的重要价值还是体现于运用。陈望道对术语的运用不乏真知灼见:"学语讨论中我们以为可告无罪的是:(1)讲求正确,处处留神是否切合现象;(2)追溯历史,尽量搜求以前的说述,以前的用语;(3)崇尚普通,两语同样可用,就取用普通语;(4)打通隔碍,凡与别的学科共同使用的学语,如果别科已经有适当用语,就不另造新语。我们自己以为总算能够实事求是,不逞臆说。"⑦学语即术语,以上虽然是陈望道先生关于文法学术语使用原则的总结,因其概括性,也是

---

① ③ ④ ⑤　陈望道:《作文法讲义》,载《陈望道学术著作五种》,复旦大学出版社,2005,第41页。

②　同上书,第41页。

⑥　同上书,第42页。

⑦　陈望道:《答复对于中国文法革新讨论的批评》,载《陈望道全集》(第二卷),浙江大学出版社,2011,第219页。

"打通隔碍"了,具有一定的普遍意义。以上关于术语具有变动性、国际性和语义精确性,术语解释须符合逻辑等要义体现了论者对语义功能的重视;术语须纯粹、标准,较多涉及结构形式上的规范,但同时也须语义精确。这些都体现了陈望道先生对语义功能的格外重视。

三、陈望道术语学思想的学术理据和实践动因

陈望道的术语学思想还有其逻辑学、语汇学、修辞学理据和实践动因。

陈望道先生很重视逻辑学,撰有专著《因明学概略》,该书在比较因明和逻辑时,显示了陈望道先生坚实的逻辑学功底。在研究语言(包括术语等)运用时,陈望道常常自觉地运用逻辑方法,有鲜明的逻辑意识。譬如,陈望道先生曾在《修辞学发凡》中指出:"意义也有具体抽象的区别。这同心理学或逻辑学上所谓概念观念相当。平常出没在我们知觉、记忆、想象中间的,常是事物的观念。观念是具体的。"[①]陈望道重视意义,强调概念。进而言之,"一切语言文字的意义,平常都是抽象的,都只表示这等概念。就是专有名词的意义也只表示概念。"[②]落实到语义上,"概念所含的因素,是意义的'固有因素'。"[③]前文已述及,陈望道关于术语的某些见解,如术语须纯粹、标准、精确,术语的解释须符合逻辑,都与"逻辑学上所谓概念观念"相契合。

陈望道的术语学思想还有其语汇学理据。在《文法革新问题答客问》里,陈望道比较清楚地论述了原先语和孳乳新语。在原先语里又分内发语和外来语进行了讨论,在孳乳新语里又讨论了合成语和推出语(派生语)。陈望道关于术语的变动性和国际性的认识在某种意义上即与其契合。陈望道指出:"依据语汇学,一地语言的原先语有两种:一种是内发语,本地自造

---

① 陈望道:《修辞学发凡》,上海教育出版社,1997,第32页。
②③ 同上书,第33页。

的,——这是家乡语,更重要;一种是外来语,从外路输入的。"①陈望道分析了"外路输入"的"引线":"引线是外路的新知识、新事物、新势力的输入。如汉朝有印度佛教输入于是就有'浮屠''伊蒲塞''桑门'等语见于诏书,又有西域新事物输入,于是又有'葡萄''苜蓿'等语见于文艺。这就是语文文化上的所谓挪借。挪借的方式大概以音译为主,如上面举的各例都是,文法的音译名'葛朗玛'也是;但是也有以形翻为主的,如中日两国的字语挪借就常用这一式。"②就音译而言,"所谓音译也未必全照原音,更不见得就用定字,所以当初译名每每纷歧,如'葡萄'旧作'蒲桃'或'蒲陶',有时也作'蒲萄';'苜蓿'或作'目宿',也作'牧宿''木粟'。'浮屠''伊蒲塞''桑门'等语也另有'浮图''优蒲塞''沙门'等译名。新近输入的'冰其淋'还正在这样状况中。"③陈望道进一步指出:"外来语也是新文化之一,常带有所谓异地情调、异国情调。当外来语刚输入的时候,无论音译形翻,都不免带有生疏、新鲜等语感。为感生疏,或生排拒;为感新鲜,或就是趋附。等到用久用惯,就又两感全消失,和本地内发语无别。如'塔'如'僧'等印度外来语,就已经成为这一类例语。"④

　　陈望道将内发语和外来语综合概括为"原先语"。"这内发和外来两种语是一地语言的原先语,是一地语言的原料。原料有了,却还不够应付天天丰富起来的社会生活上的需要,就又会从这等原料孳乳出新语来。于是这地语言就滋生繁息得更丰富了。"⑤由原料孳乳出新语,是术语生成的重要形式。陈望道指出:"语言孳乳的方式大体有四种。其中有两种是用原语或成音当材料来构成新语的,这就是跟我们现在讨论问题有关的两种语。一种就是所谓合成语(compound words 或 compounds),一种就是所谓推出语(derived words 或 derivatives)。'推出'是从傅、张合译罗素《算理哲学》采来

---

①②③④⑤　陈望道:《文法革新问题答客问》,载《陈望道全集》(第二卷),浙江大学出版社,2011,第188页。

的译名,倘用形翻的外来语,就是所谓派生语。依据语汇学,这两种语的分别全在构成新语的语素不同。假使构成新语的语素各各可以独立的,所成的语便是合成词;假使构成新语的语素,有一成素不能独立的,所成的语便是推出语。"①不妨说,以上是关于包含术语的新语生成过程的描述。在结构形式上,陈望道也有深入的分析:"其实所谓独立,一经会合,就已经成为不独立,就已经成为新语的一分子,不便再称为语,而当正名为语素。在合成语,各个语素略有对等资格;在推出语,则有一方做主要分子,一方做附属分子。做附属分子的一方常是形体短小、意义模糊的一种物事,有的虽然约略可以知道它的意义。"②

概括地说,在陈望道看来,"大抵最能说明的是语汇,语汇最能显出各异的要求和关心,最能反映各异的意识和习惯,一有新知识、新事物发生,便能立时显出了变动。文法也能显出各异的习惯和意识的水准,但变动较难,对于社会的关系的反映也不及语汇对于社会关系的反映的简捷分明。"③落实和反映到语义上:"文要切合情状,颇须辨别意义仿佛的语言。那些意义仿佛可以称为类语的语言,瞥眼虽然相类,细辨也许仍有应辨的差异。或有广狭的不同,就如'溪'和'河';或有强弱的不同,就如'失望'和'绝望';或有公私上下的不同,就如'告示'和'告白';或者含有主客施受的不同,例如'望'和'见','听'和'闻'等。甚或一切都相同,单因地域有别,时代有别,却也不能混用。"④这些语汇学上的见解为陈望道关于术语须精确、规范的意见的形成提供了根据。

陈望道术语学思想也有其修辞学理据。在微观层面,陈望道在建构术语时常常"咬文嚼字",自觉运用修辞学的知识和方法,煞费苦心。譬如,陈

---

①② 陈望道:《文法革新问题答客问》,载《陈望道全集》(第二卷),浙江大学出版社,2011,第188页。

③ 陈望道:《论文法现象和社会的关系》,载《陈望道全集》(第二卷),浙江大学出版社,2011,第234页。

④ 陈望道:《修辞学发凡》,上海教育出版社,1997,第67页。

望道在考虑究竟是用"字"还是"词"时,即有语音修辞意识:"名词代词等词字,最近考虑结果,拟仍改作'字'字,因'词'总嫌与'辞'字音上易混也。"①毕竟,"我们总看声音、形体和意义的情状,大抵平常总只是抽象的,只有一些固有因素,及至实际应用,这才成为具体的声音,具体的形体,具体的意义。声音要到实地发音,才成为具备所有因素的具体声音,形体也要到实际写在纸上,才成为具备地位、方向、大小等一切因素的具体形体。意义也是一样,必要到实地应用才成为具备实际一切因素的具体意义。"②而在宏观上,"除了现代的和那本境的之外,还有一条应当留意的便是性质的普通。普通与否大抵同职业或团体有关系。社会上一种职业或一个团体之中往往有一些特殊的语言,如旧社会商贩的市语,江湖的切口之类,为一般社会或别一职业别一团体的成员所不明了。倘若任意使用此种局中语,也便将同局外人有了语言的隔膜。所以普通的一条也当留意。"③

　　除了以上具有代表性的逻辑学、语汇学、修辞学等术语理据,陈望道术语学思想还有实践动因。在实践上,陈望道曾编有《文学小辞典》,④还曾主编《辞海》(未定稿)。"一九六二年三月,陈望道接任了《辞海》总主编的任务。刘待毛泽东主席亲自倡议的这项建国以来最大的辞书修订任务,他是极为负责的。他在主持工作期间,努力排除'左'倾思想的干扰,改变先前人海战术的编写方法,确定了分科主编责任制。在与副主编罗竹风等的紧密合作下,经过全体编写人员四年的辛勤劳动,《辞海》(未定稿)于一九六五年出版发行。成书时,他为书名题了字。"⑤一定意义上说,《文学小辞典》是

---

① 陈望道:1945年10月3日给倪海曙的信,载《陈望道全集》(第十卷),浙江大学出版社,2011,第212页。

② 陈望道:《修辞学发凡》,上海教育出版社,1997,第34页。

③ 同上书,第65页。

④ 陈望道:《文学小辞典》,载《陈望道全集》(第六卷),浙江大学出版社,2011,第20-23页。

⑤ 陈光磊、陈振新:《陈望道先生传略》,载《陈望道全集》(第十卷),浙江大学出版社,2011,第254页。

专科术语辞典,《辞海》是百科辞典,在这些跟术语直接相关的实践过程中,需要术语学思想,也势必会形成特定的术语学思想。

陈望道的术语学思想相伴相生于其学术活动全过程,散见于论文、信函(公开信)、专著等,贯穿于陈望道所从事的所有研究领域——这也在一定程度上反映了术语学与其他学科的关系。陈望道指出,术语具有变动性和国际性,术语自身须语义精确分明。术语的生成或建构须纯粹、标准,就外来词的翻译而言,能意译的就尽量意译。陈望道还指出,术语解释要符合逻辑,包括术语解释在内的术语使用应遵循"讲求正确""追溯历史""崇尚普通""打通隔碍"等原则。陈望道的术语学思想有其逻辑学、语汇学、修辞学等方面的学术理据,亦有编纂《文学小辞典》《辞海》(未定稿)等实践动因;同时,术语学思想又可助推其他学科的学术发展。

陈望道术语学思想对中国现代术语学的建立有着直接或间接的影响。冯志伟的《现代术语学引论》是中国第一部系统的术语学专著,①该著反映了我国术语学研究中的结构功能观,如前文所述,陈望道术语学思想注重结构形式的规范、纯粹,也更重视语义上的精确性、逻辑性、历时变化和功能上的标准化、语域传播、国际化等。陈望道术语学思想与中国现代术语学的某些特质之间的内在理路由此可窥一斑。

原载于《当代修辞学》2021 年第 4 期

---

① 冯志伟:《现代术语学引论》,语文出版社,1997。

"桥梁性学科"：张志公编辑学思想的基本要义

张志公先生关于编辑学的论述常读常新，值得深入挖掘探究。"张志公先生是蜚声中外的语言学家、教育家，也是杰出的编辑出版家。在他长达半个多世纪的语言研究和语言教育的生涯中，对编辑出版事业倾注了大量的心力，有着不同寻常的贡献。在编辑出版这个领域，他涉猎广泛。编过报纸的副刊，审校过外文译稿的专业杂志，担任过一般的汉语、英语书籍的编审，主编过语文的专业期刊，主编过中学《汉语》《英语》《俄语》等教科书。先后担任过具有权威性的《中国语文》《中国大百科全书·语言文字卷》《中国语言学鉴》的编辑委员会编委。"①同时，在修辞学领域，"张志公先生是中国修辞学会第一、二两届会长。"②张志公先生博古通今、学贯中西，在语言学和编辑出版实务等方面均有建树，这些都是张志公先生编辑学思想的重要学术背景。

陈大庆《张志公先生的编辑生涯》对张志公的编辑实践与思想做了较为全面的述评，尤以编辑实践的描述为主。③ 相对而言，目前学界关注较多的是张志公先生的语言学思想、语文教育思想，对张志公先生的编辑学思想关注得还不够充分。张志公先生的编辑学思想主要形成和成熟于 20 世纪

---

① 陈大庆：《张志公先生的编辑生涯》，《编辑学刊》1998 年第 5 期，第 39 页。
② 张志公：《张志公自选集》，北京大学出版社，1998，第 603 页。
③ 陈大庆：《张志公先生的编辑生涯》，《编辑学刊》1998 年第 5 期，第 39-42 页。

50—80 年代,在一定意义上为 20 世纪 90 年代编辑学的兴起奠定了基础。当代(尤指 20 世纪八九十年代以来)代表性学者的编辑学思想,如姬建敏的《阙道隆的编辑学研究及其贡献》①、段乐川的《靳青万的编辑学研究及其价值认知》②、张国辉的《林穗芳的编辑学研究》③等文献有科学完备的论述。相对而言,张志公特别强调编辑学与语言学等其他学科之间的"学科间性",在此背景下,尤重编辑活动主体之间的交互过程、编辑主体知识结构的综合性。换言之,张志公先生的编辑学思想与其语言学思想关系密切。张志公先生虽然未及出版编辑学专著,但其系列讲演、论文已较为充分地体现了其弥足珍贵的编辑学思想。

张志公先生把辞章学确定为语言学与语文教学之间的桥梁性学科,编辑学则是张志公整个学术思想体系的桥梁性学科,可以沟通理论和实践、本体与应用。这里首先需要注意的是张志公先生较为强烈的学科意识。

一、编辑有学: 强烈的学科意识

20 世纪 90 年代以前,不少人认为编辑无学,张志公先生的观点和实践可以在一定程度上消解这种认识。张志公的《应该建立一门编辑学科》的标题就是重要的倡议,该文阐明了建立编辑学科的可能性和必要性,④《应该建立一门编辑学科》在被编入《张志公论语文集外集》之前曾被收入《编辑业务知识讲座(1986 年)讲义汇编》,具有一定的影响。

张志公先生明确指出:"要搞编辑学,编辑有成为一门学的必要,这是时

---

① 姬建敏:《阙道隆的编辑学研究及其贡献》,《河南大学学报》(社会科学版)2020 年第 6 期,第 137-144 页。
② 段乐川:《靳青万的编辑学研究及其价值认知》,《河南大学学报》(社会科学版)2020 年第 6 期,第 151-156 页。
③ 张国辉:《林穗芳的编辑学研究》《河南大学学报》(社会科学版)2020 年第 6 期,第 145-150 页。
④ 张志公:《应该建立一门编辑学科》,载《张志公论语文·集外集》,语文出版社,1998,第 311-318 页。

代潮流的需要。第二,目前也具备了搞编辑学的这种可能性。"①提出建立编辑学的必要性与可能性,需要学科上的远见卓识,势必直接推动学科建立、建设与发展,具有重要的学术史、学科史意义。此外,张志公还于1987年1月至1988年5月在《出版工作》杂志上连载了8篇《编辑学讲话》,深入浅出地讲述了编辑学的对象、任务、性质等基本理论问题和编辑工作实务。② 虽然张志公先生说:"本文只敢叫作'讲话'(也许叫'漫话''闲话'之类更合适),不敢就叫'编辑学'(即使加个'纲要''概论'之类也不敢),因为还没形成个体系,只是东鳞西爪的一些断想而已。这倒也自如,想到什么说什么,可多可少,可长可短,小大由之。"③但《编辑学讲话》已然形成系列,涉及编辑学的方方面面,蔚为大观。这表明,张志公并不是一般性的呼吁,而是身体力行,直接参与了学科建构实践。

张志公认为编辑学有其特定的性质、任务和内容。任何一种合格的出版物,都要有正确、健康的思想性,尽管这种思想性可能有强有弱。合格的出版物还要有谨严的科学性,这里所说的科学性,是就出版物所承载的内容而言的。"科学性是任何出版物的一项基本要求。用最简单、通俗的话来说,所谓科学性就是记事说理准确,真实。"④需要注意的是,张志公先生这里强调的是"任何"出版物,就出版物而言,是逻辑周延的,这一断定具有一定的通用性。具体而言,如何力求科学性呢?"科学性首先要求逻辑性,即,记叙、说明、推理、论证要合乎逻辑,包括形式逻辑和辩证逻辑。合乎逻辑才能达到准确,真实。"⑤此外,"现在,一切事情都要讲效率,讲效率就是讲科学。编辑工作也不例外,需要我们在可能的条件下讲科学、讲效率。"⑥科学性与

---

① 张志公:《应该建立一门编辑学科》,载《张志公论语文·集外集》,语文出版社,1998,第311-312页。

② 张志公:《编辑学讲话》及《编辑学讲话》(二)(三)(四)(五)(六)(七)(八),《出版工作》1987年第1期、第2期、第3期、第4期、第9期、第10期、第11期,1988年第5期。

③ 张志公:《编辑学讲话(二)》,《出版工作》1987年第2期,第58页。

④⑤ 张志公:《编辑学讲话(五)》,《出版工作》1987年第9期,第50页。

⑥ 张志公:《应该建立一门编辑学科》,载《张志公论语文·集外集》,语文出版社,1998,第311页。

可读性并不矛盾。关于可读性,张志公先生提出要注意处理好四个方面的问题:科学性与通俗性问题;实用性和艺术性问题;庄重性与趣味性问题;语言规范与风格问题。① 最后,张志公先生还富于前瞻性地提出了编辑工作"要处理好社会效益和经济效益的辩证关系"。② 这些意见在当今市场经济环境下尤具现实意义。

最后,合格的出版物还要有良好的编辑技术,编辑技术的高低直接影响内容的呈现,同时又可反映相应出版物编辑的学识、修养和性格,包括趣味、情操、审美观点等。编辑工作是"做人嫁衣裳","嫁衣"需要综合各方趣味、审美观,同时要符合特定主体(尤指穿嫁衣的人——作者)的实际情形,应该是十分独特的。此外,出版物有它的"风格",从一定意义上讲"风格"即特色,特色可以表现为特定的社会性和时代性。因此,编辑工作还具有一定的社会性和时代性。既然编辑工作是社会性的,则编辑工作一定牵涉诸多方面,不同于直接从事物质生产。既然编辑工作具有一定的时代性,则编辑活动需要敏锐的时代眼光,聚焦时代前沿,与时俱进,把创"新"与利"旧"有机衔接。以上都是编辑学作为一门学科需要考虑的基本问题。

此前,张志公先生已有零珠碎玉式的编辑学思想,散见于《作者·编者·语言》③《谈"辞章之学"》④《对新闻标题的两点希望》⑤《不算"旧话"需要"重提"》⑥《〈汉语学习〉应该"雅俗共赏"》⑦等文献。毫无疑问,张志公先生认为编辑应该成为"学"。就编辑学的学科属性而言,张志公先生明确地指出:"编辑学是一门既有理论探讨,也有实践能力的培养,而以致用为主要目

---

① 张志公:《编辑学讲话(六)》,《出版工作》1987年第10期,第45-49页。
② 张志公:《应该建立一门编辑学科》,载《张志公论语文·集外集》,语文出版社,1998,第314页。
③ 张志公:《作者·编者·语言》,《新闻战线》1958年第6期,第39-41页。
④ 张志公:《谈"辞章之学"》,《新闻业务》1962年第2期,第44-46页。
⑤ 张志公:《对新闻标题的两点希望》,《新闻业务》1962年第8期,第20-21页。
⑥ 张志公:《不算"旧话"需要"重提"》,《新闻战线》,1979年第5期,第27-28页。
⑦ 张志公:《〈汉语学习〉应该"雅俗共赏"》,《汉语学习》1983年第2期,第1-2页。

的的应用学科。"①虽为应用学科,但并不是没有理论,也不是不用讲理论。"人们常常把'应用'和'理论'截然分割开,甚至对立起来。我们不这样。我们认为,只有出发点和侧重点的不同,过程和步骤的不同,没有互不相容的矛盾,没有高低之分。完全没有理论基础的应用之学,或者完全彻底永远与应用无关的理论之学,恐怕是不存在的。"②编辑学就是这样的连接理论和应用的"桥梁性学科"。如果忽视理论,编辑的眼光会受限,编辑工作的效率也会受到影响,编辑工作的创新性也会大打折扣。如果纯粹地讲理论,很有可能会陷入纸上谈兵的窘境,编辑实际操作跟不上,编辑技术水平上不来。事实上,编辑无论是选稿、处理加工稿件,还是与作者、读者及其他社会各界的交流互动都既需要理论指导,又需要实干、巧干。

张志公先生在论述编辑学的学科属性及其他系列问题时凸显了"桥梁性学科"这个重要术语,尽管这个术语是张志公先生在其辞章学论著里明确提出的,但是仍然适用于在张志公先生那里与辞章学甚为接近且具有较强学科间性的编辑学,这一术语同时也能较好地概括张志公先生编辑学思想的基本要义。编辑学作为"桥梁性学科"的学科属性的内涵十分丰富,它包括但不限于:编辑学的学科间性;理论与应用的对接;编辑学与语言学等其他学科的交叉融合;编辑主体知识结构的综合性;编辑活动的主体间性等。

二、编辑学的学科间性

编辑学是一门"桥梁性学科",这是一个比喻的说法,也是一种较为直观的表述,这个概念术语蕴涵了编辑学的存在是以某学科群的存在为前提的。简言之,编辑学是一门"先天性"的多边性边缘交叉学科,从这个意义上说,"桥梁性学科"的功用发挥即表现为学科间性,学科间性是"桥梁性学科"的

---

① 张志公:《编辑学讲话(二)》,《出版工作》1987 年第 2 期,第 57 页。
② 同上书,第 58 页。

编辑学在学科上的基本属性。这里所说的"学科间性",是指学科之间的交互关系,强调的是学科的综合性和交叉性,凸显的是编辑学的"桥梁学科"性质。

编辑学的学科间性在一定意义上取决于"编"的性质。"假如我们用一个圈来表示写书,第二个圈表示印书,第三个圈表示卖书,也就是发行,一般地说从第一个圈到第二个圈不能直接通过去,要经过一个中间站,这就是编。这个中间站是起关键性的作用的。"①不难理解,编辑学的主要研究对象是"编辑",而"编"是"中间站",关联"写"和"印"诸方,发挥重要的不可替代的综合协调作用。"各种书的影响都非常巨大,都离不开'编'这个中间站。古代流传下来的遗产,可以把好东西埋没,也可以使其流传,可以淘汰,也可以使其发扬光大,这都决定于'编'。"②好的编辑是"伯乐",有发现"千里马"的慧眼,不仅仅只是"发现",发现之后还会"玉成"好书,成就作者,这用人们日常通俗的说法大概就是"做人嫁衣裳"。

编辑学的学科间性还表现为其自身是联系理论与实践(应用)的桥梁。张志公先生指出:"这里需要运用我们的一句老格言:研究任何问题要能'入乎其内,出乎其外',既要能对问题本身深入钻研进去,又要能从问题本身跳出来,前后左右张望张望,这样才有可能找到解决问题的路子。"③这里所说的"内"是学科内部,主要着眼于本体;"外"则是学科外部,主要着眼于应用。

理论科学(学科)和应用科学(学科)不宜脱节,这就需要"中间站"的沟通衔接,这种中间学科就是"桥梁性学科",并通过"桥梁性学科"的学科间性发挥作用。"比如一头是物理学的基础理论科学的一部分——力学,一

---

①② 张志公:《应该建立一门编辑学科》,载《张志公论语文·集外集》,语文出版社,1998,第312页。
③ 张志公:《谈"辞章之学"》,载张志公著、王本华编《汉语辞章学论集》,人民教育出版社,1996,第51页。

头是应用科学——建筑,盖房子。力学的基础知识同盖房子怎么挂起钩来呢?我们知道,需要经过一个中间站,比如'材料力学''结构力学'等。物理学中力学的基础知识与'材料''结构'结合起来研究,才能把两头拉到一起来。……像'材料力学''结构力学''艺用人体解剖学'这类学科,我们可以称之为'桥梁性学科'。桥梁是过渡用的,从此岸到达彼岸。没有这个桥梁,就只好望河兴叹了。"①张志公先生由其他学科联想到编辑学,并提出了"桥梁性学科"这个术语,简明地阐述了其"过渡"功用,富于真知灼见,十分有启发意义。当今信息时代,我们可以在此观点指导下,建立"编辑学+"的学科体系。张志公先生还给出了"桥梁性学科"这个术语的建构缘起:"在语言学基础知识、基础理论和语文教学之间建立一种桥梁性学科的构想,是受到钱学森同志在全国政协常委会上一次重要讲话的启发而产生的。"②可以说,"桥梁性学科"这个术语本身的缘起(构想)就是跨学科的,"他(指钱学森——引者注)不是讲语言学、语文教学问题,讲的是科技兴农问题,中间提到'流体力学'产生的前前后后……"③或者可以说,"桥梁性学科"这个术语自身即蕴含了一定的学科间性。张志公先生对"桥梁性学科"还有进一步的阐发:"目前正在北京举行的国际声学第13次年会,议题中有这样一系列课题:海洋声学、浅海声学、超声学等;联想到从声学这门基础知识、基础理论学科还可以派生出艺术声学、言语声学、语音合成等多门学科,好像都属于桥梁性学科,都是把声学和相关的某种应用学科挂起钩来。从这里还可以推及其他,因而愈益感到,在语言学和语文教学之间构建桥梁性学科是一个很值得进一步探索的课题。"④这表明"桥梁性学科"的学科间性使学科生长点的萌发呈现出勃勃生机。此外,从张志公先生

---

① 张志公:《谈"辞章之学"》,载张志公著、王本华编《汉语辞章学论集》,人民教育出版社,1996,第51页。

②③ 同上书,第55页。

④ 同上书,第55-56页。

关于"桥梁性学科"这一术语的建构缘起的说明,亦可认知张志公先生的跨学科视野,用"桥梁性学科"概括张志公先生的编辑学思想是合适的:"桥梁性学科"自身是张志公先生从其他学科得到启发而"移植"于其辞章学的;用"桥梁性学科"概括张志公先生编辑学思想的基本要义符合该术语的建构旨趣。

"桥梁性学科"的学科间性体现的是学科之间的交互关系,这一极富前瞻性的提法建立于对现代科学体系的宏观洞察。"现代科学的诸多领域,互相交叉、互相渗透的情况越来越发展,出现了许许多多所谓'边缘学科',许许多多学科成了'多科性'的;连文学、美术、音乐这些学科都不例外——美学、心理学、民俗学、光学、声学、解剖学、生理学、语言学等等,交织、交融在一起,互相作用,互相影响。"[1]这种学科之间的"交织、交融在一起"的属性即为我们所说的学科间性。明确编辑学的这种学科属性,具有重要的理论意义和实际价值。当今社会对编辑已经成学已有共识,但对这门学科究竟怎么看则莫衷一是,如对编辑学的价值评估仍存在误区,尤其是当代信息社会,互联网较为发达,线性和非线性编辑活动复杂多样,正确地认识编辑学的性质和意义就更为重要了。"学科间性"不是不要本学科,也不是"杂烩",编辑学在充分吸收其他学科营养的基础上已渐趋成熟。

"桥梁性学科"是一个重要术语,它有助于形象准确地说明编辑学等学科的性质,同时可以更直接更形象地凸显编辑学等学科的功能,且该术语表述相对于其他类似的术语更便于体现相应学科的自身独立性。具体就编辑学而言,该术语可直接蕴涵编辑学的学科间性,但同时,编辑学的学科间性并不是说编辑学自身没有核心的研究对象,事实上,如前文所提及,可以近乎同语反复地认为,编辑学是以编辑作为主要研究对象的,"编辑"既可以指编辑活动,还可以指编辑主体。就编辑主体而言,"这里又要放在'编辑'这

---

[1] 张志公:《编辑学讲话(七)》,《出版工作》1987 年第 11 期,第 44-45 页。

个条件下来理解。编辑和各学科的专业工作人员有所不同①。"既然如此,编辑活动的主体(编者)的知识结构就需要一定的综合性。

三、编辑主体知识结构的综合性

与编辑学的学科间性相匹配,编者知识结构应有一定的综合性。事实上,"古今中外的大编辑差不多都是大学问家"②。张志公先生在谈及编辑人员应有的素养时指出:"编辑必须是一个杂家。要样样懂一点,不是很深,其中有一门、两门比较深,有研究、有创见就可以了。"③具体而言,"杂"的外延如下:"如果我们要套古文的套子,也许勉强可以把'杂家'和'杂学'套成'兼人、自,合理、用'之类。挺不好懂。'人、自'就是人文科学和自然科学,'理、用'就是理论科学和应用科学。"④这里所说的"杂家"其实是"通人",是博闻强记的饱学之士。张志公先生的这一看法对当今互联网时代的编辑工作仍有启示意义。互联网时代获取知识的途径和渠道很多,信息获取相对便捷,从量上说,编辑面对的信息可能是海量的,这样一来,如何甄别、筛选有效信息就尤为重要了。信息处理和编辑加工就格外需要编辑是多面手,是复合型人才,唯其如此,才能提升编辑工作质量。

除了一般的"综合性",张志公先生还对编辑主体的综合性知识结构的一个特殊"区块链"——语言文字及其运用——格外关注。张志公明确指出:"编辑要兼语文教育家。一些大作家,他的语言表达能力不是从国文课上学来的,是从念文章念来的,是社会力量影响的。这不是作家忘了恩师。编辑要担负起语言教育这件大事来。"⑤语文教育与语言文字及其运用直接

---

① 张志公:《编辑学讲话(七)》,《出版工作》1987 年第 11 期,第 45 页。
② 张志公:《应该建立一门编辑学科》,载《张志公论语文·集外集》,语文出版社,1998,第 312 页。
③⑤ 同上书,第 317 页。
④ 张志公:《编辑学讲话(七)》,《出版工作》1987 年第 11 期,第 44 页。

相关,在张志公先生看来,语文教育的完成(实现)至少包括学校教育和社会教育两个不可或缺的途径,编辑则是语文的社会教育得以实现的必要手段。

之所以如此,不仅是因为张志公先生自身以语言学家兼语文教育家名世,还主要是因为一般编辑工作者的切实工作需要。"新闻工作和语言规范化有极为密切的关系。"①毕竟,语言文字是最重要的交际工具,也是不可替代的认知工具,是信息传播的最便捷最普遍的载体。"新闻工作并不等于语言文字工作,然而语言文字是新闻工作不可须臾离的工具和武器。"②编辑人员需要良好的语感,需要对语言敏感。"对语言有敏感,非常重要。一句话,一段话,一遍念下来就能感觉出它表达得好,还是不好,好在什么地方,不好在什么地方,这就是对语言的敏感。"③对语言敏感,有助于编辑有效开展工作:"新闻工作者特别需要对语言的敏感。从事新闻编辑工作的人对于语言,应当像水手对于海上的风云、猎人对于鸟兽的声音那样灵敏。有了这种敏感,在匆忙而繁重的选编加工工作中,才能作到迅速而准确。"④如前所述,在当今海量信息即时"涌现"的情形下,这种敏感性尤其重要。

如何培养对编辑工作十分重要的语感,张志公先生也提出了自己的主张。"对语言的敏感性可以通过锻炼养成。锻炼的办法就是勤于推敲——推敲好文章之所以好,也推敲坏文章之所以坏;推敲整篇的文章,推敲句子,也推敲一个个的字眼。常作这样的推敲工作(当然最好再辅以对语法、逻辑、修辞、篇章的理论的钻研),久而久之对语言就能养成敏感。"⑤更明确地说,现代修辞学(含辞章之学)有助于培养编者的语感。"接触一下这些有关辞章之学的知识和言论,对于培养语言的敏感很有益处,因为都能提供我们一

---

① 张志公:《不算"旧话"需要"重提"》,《新闻战线》1979 年第 5 期,第 27 页。

② 同上书,第 28 页。

③⑤ 张志公:《作者·编者·语言》,《新闻战线》1958 年第 6 期,第 40 页。

④ 张志公:《谈"辞章之学"》,载张志公著、王本华编《汉语辞章学论集》,人民教育出版社,1996,第 18 页。

些怎样鉴别语言、怎样玩味作品的方法和经验。"①这就是说要多方面地进行语文训练,"语文训练是为了培养语文能力,我常用'语文训练''语文能力'这些说法,不常用'阅读教学''写作教学''读写能力'这些说法。"②这种训练,亦有必要运用"桥梁性学科"的思维模式,"从另外一个角度说,因为语言是交际的工具,而交际有两方,一方表达,一方接受,所以语文训练包括表达和接受两方面的训练。我们平时教学中常说的听、说、读、写这四种训练,其中说和写就属于表达一方面,听和读则属于接受一方面。"③"表达"和"接受"要衔接起来,二者都不可偏废。无论偏重哪一端,都有可能是自说自话,都不能实现信息交流的有效互动。

简言之,编辑主体的知识结构应该具有一定的"综合性",这里所说的"综合性"既包括"博"(一定意义上的"杂家"),也包括"专",宏观上的"杂家"和微观上的"专家"共同构成了知识结构整体上的综合性。"编辑不仅得是'杂家',还得是个'专家'。就是说,一方面要'博学',同时还有一门学科特别拿手,够个'专家'。"④关于"专"的内涵,张志公先生有形象化的说法:"总之,说到这一行,这位'专家'如数家珍,象本'活字典'。"⑤显然,编辑主体知识结构的综合性有助于提高编辑工作的有效性。编辑主体既要"博"又要"专",这个要求无疑是很高的,在当今时代,编辑主体尤其需要既"博"又"专",要与时代和作者同频共振。最后,如何完善知识结构,并使之具有一定的综合性,张志公先生也给出了自己的见解:"要有真正严密的头脑,这样才能达到前面的要求。"⑥而真正严密的头脑,不仅需要线性思维,还需要

① 张志公:《谈"辞章之学"》,载张志公著、王本华编《汉语辞章学论集》,人民教育出版社,1996,第19页。

②③ 张志公:《要重视接受与表达的训练》,载张志公著、王本华编《汉语辞章学论集》,人民教育出版社,1996,第110页。

④ 张志公:《编辑学讲话(七)》,《出版工作》1987年第11期,第45页。

⑤ 同上书,第47页。

⑥ 张志公:《应该建立一门编辑学科》,载《张志公论语文·集外集》,语文出版社,1998,第317页。

非线性思维及其支配下的编辑活动的主体交互性(主体间性)。

四、编辑活动的主体间性

如果说编辑主体知识结构的综合性主要着眼于静态,则编辑活动主要着眼于动态,编辑活动具有一定的主体间性。在张志公先生看来,编辑工作是宣传工作,是教育工作,但说到底是服务工作。编辑工作既是与语言文字或非线性符号(含视觉与听觉符号等)打交道,也是与人打交道的过程。或者可以说,编辑工作是多主体活动过程,编辑活动的主体间性不可忽视。这里所谓主体间性,即活动主体之间直接或间接地相互影响,张志公先生非常重视编辑活动的主体间性,虽然其未使用"主体间性"这个术语。但张志公先生的有关论述蕴含了编辑活动的主体间性思想,同时也可为后来者的研究提供思想基础。"既然编辑活动是一种主体性的媒介文化创构活动,是以编者、用户和作者等主体元素为中心的社会交往实践,那么就必然具有'主体间性'特征。"[1]德国哲学家哈贝马斯认为,达到理解的目标是导向某种认同。"认同归于相互理解、共享知识、彼此信任、两相符合的主观际相互依存。认同以对可领会性、真实性、真诚性、正确性这些相应的有效性要求的认可为基础。"[2]主体与主体在语言交往的过程中,形成了精神交流以及心与心之间的沟通,在这个过程中,主体与主体之间相互"理解",达成"共识",实现主体与主体之间的和谐交互、有效互动。这种以语言为媒介的交流交往特别适合编辑与作者、读者的交流,诚如张志公先生等论者所言,编辑是"中间人",直接联系作者、读者,这种交往说到底还是语言交往,是围绕稿件(一定意义的"语言")进行的主体之间的交往。

---

[1] 段乐川:《论媒介融合视域下编辑活动的"主体间性"特征》,《河南大学学报》(社会科学版)2019 年第 1 期,第 146 页。

[2] 哈贝马斯:《交往与社会进化》,张博树译,重庆出版社,1989,第 3 页。

编辑活动不是纯粹的"技术活",也绝不是简单地与语言文字等符号打交道的"雕虫小技",编辑活动说到底是主体之间的以语言文字为桥梁的某种交互过程。张志公先生有言:"编辑工作就是宣传工作。古今中外,从来如此,没有例外。"①张志公先生还曾对这一命题进行了阐述:"编辑工作是宣传工作,宣传真理,宣传高尚的思想境界和良好的行为准则。"②简单地说,编辑主体应该是多元(员)的,不仅仅是狭义的编者,还可以包括著译者、接受者,乃至全社会。编辑活动贯穿于宣传工作、教育工作、服务工作全过程。"编辑工作,出版工作是不可分的。第一是宣传工作。第二是教育工作,向社会各界进行各种教育,思想教育、文化教育、道德教育等等。第三是服务工作,为写书的人服务,为读书的人服务。"③正因为如此,编辑工作具有时代性和社会性。"编辑工作有强烈的明显的时代性和社会性,要符合时代的和社会的发展需要,用过去时髦的一句话说,叫作'要顺历史潮流而动'。"④编辑这种服务工作的时代性和社会性,体现于共时态的人际交互,还体现于历时态的人际交互,即前人为后人(新人)服务。"编辑工作是服务工作,这也是指导思想之一。"⑤张志公先生明确地把服务工作作为编辑工作的一项指导思想,也给当今编辑工作以重要启示,编辑工作不是越俎代庖的包揽,也不是盛气凌人的说教,而是建立在交往理性基础上体现主体间性的平等沟通交流,编辑提供知识服务,与其他主体有效合作。

作为服务工作,编辑活动就应该特别关注服务对象。"既然要服务,就要有明确的目的性,针对性,编给什么人看。有针对性,也可以给所有的人看,这也是有明确的针对性。"⑥这种人际间的主体交互性十分鲜明。主体间性需要编辑适时洞察各种语境,眼观六路、耳听八方。张志公先生在谈"编

---

① 张志公:《应该建立一门编辑学科》,载《张志公论语文·集外集》,语文出版社,1998,第312页。

② 张志公:《编辑学讲话》,《出版工作》1987年第1期,第53页。

③④⑤ 张志公:《应该建立一门编辑学科》,载《张志公论语文·集外集》,语文出版社,1998,第313页。

⑥ 同上书,第313-314页。

辑工作人员应有的修养"时言及，编辑"要有很高的眼力，负责任的眼力。要合乎时代潮流，社会潮流，有科学精神。"①眼力的提高的确是可以做到的。具体说来，"就是编辑工作要有人无己。编辑不是著作家，不是创作者。编辑要与作者心心相通，要与作者站在同一方向考虑问题，旁观者清。有时自己修改自己的文章是很难的。"②这里的"心心相通"即为较高层次的主体间性。

具体而言，编辑活动的各个环节（即某种意义上编辑工作的内容）都需要关注主体间性。一般而言，编辑活动有"选""编""注""校勘""搞索引"等环节。张志公先生认为，"选"需要眼力。"第一，选。历史上有许多选家，沈德潜，曾国藩都是大选家。选是一门大学问。"③选好了就是编。"第二，编。就是要用现代化的逻辑思维，使人容易接受，容易理解，容易达到目的。不能编出怪文章，要求有科学的认识方法，有逻辑思维能力，为读者着想。"④显然，这里所说的"使人"和"为读者着想"体现的就是主体间性。至于"注"这个环节，"什么必须注，什么不要注，要有明确的目的性和针对性。"⑤张志公先生还进一步阐明了他关于"注"的主张："我主张有古今之分者从今不从古，有雅俗之分者从俗不从雅，有难易之分者从易不从难。一切为读者着想。"⑥其中的读者意识和"一切为读者着想"的理念贯通于"编"和"注"。最后，张志公先生还补充说明"要为方便读者多想办法，比如搞索引"⑦。这些都体现了张志公先生关于编辑活动浓厚的读者意识、服务意识、为读者服务的意识。"要站在读者的角度，欣赏的角度来考虑问题。"⑧这种读者意识与"可读性"要求直接相关。"谈到可读性，一个先决问题是读者对象。任何作

---

① 张志公:《应该建立一门编辑学科》，载《张志公论语文·集外集》，语文出版社，1998，第316页。

② 同上书，第317页。

③④⑤ 同上书，第315页。

⑥⑦ 同上书，第316页。

⑧ 同上书，第317页。

品的著译者心中都应当有个明确的对象——这篇文章或者这部书是写给什么人读的。"①编辑也要和著译者一样心里得装着读者。

编辑活动的主体间性在"面"上体现为社会性,在"点"上表现为编者和读者的关系,如上所述,这种主体间性还表现为编者和著译者的关系,"编辑加工出的稿子不能变成自己的调子,那不高明,要保持原来的调子,要心甘情愿地为他人做嫁衣裳。"②编者和著译者的主体间性还表明,编者和著译者是平等的。"编辑应当这样理解'文责自负':著译者拿出的作品是下过一番功夫的,不是随便拿出来的,首先要信任人家,尊重人家,相信人家是能够自己负责的,在这个基础上考虑作品里是否有显然的失误,如果有,要好好地、平等待人地和著译者商量。"③最后,需要说明的是,编者和读者、著译者之间的关系不是割裂的,而是多向交互的,正如张志公先生所言:"对于所发表的稿件作各方面的、程度不同的加工,是编者必须担任的一项工作。这是一种责任,是编者要向读者负的责任,也是要向很多作者负的责任。"④"文责自负"是一种责任,编辑也承担着社会服务责任,现今"责任编辑"的提法即体现了这一点,有责任的交往是理性交往,于编辑而言即是知性服务。

结语

以上探讨表明,语言学家、语文教育家张志公先生的编辑学思想饱含真知灼见。通过张志公先生等前辈学者的不懈探索,我国的编辑学研究"实现了由'无学'到'有学'的历史性转变"。⑤作为一门学科,编辑学有较为显著的跨学科性特征,是一门"桥梁性学科"。

---

① 张志公:《编辑学讲话(六)》,《出版工作》1987 年第 10 期,第 44 页。
② 张志公:《应该建立一门编辑学科》,载《张志公论语文·集外集》,语文出版社,1998,第 317-318 页。
③ 张志公:《编辑学讲话(三)》,《出版工作》1987 年第 3 期,第 48 页。
④ 张志公:《作者·编者·语言》,《新闻战线》1958 年第 6 期,第 40 页。
⑤ 姬建敏:《开拓、创新、发展:新中国编辑学研究 70 年》,《出版发行研究》2020 年第 1 期,第 16 页。

应该说,"桥梁性学科"是张志公先生建构出的一个重要术语,张志公先生不仅主张建立汉语辞章学等桥梁性学科,还卓有成效地探究了其整个学术体系和相关学科的桥梁性学科——编辑学,张志公先生的编辑学思想植根于其博古通今、学贯中西的学术背景,形成于其有效的编辑实务,值得关注和阐发。如前文所述,张志公先生有较为强烈的编辑学学科意识,充分关注到了作为"桥梁性学科"的编辑学的学科间性、编辑主体知识结构的综合性、编辑活动的主体间性。张志公先生的编辑学思想的基本要义,是思想性、科学性的统一,也是宏观视域和微观视域的某种叠加,亦为理论与实践的有机结合。

原载于《河南大学学报》2022 年第 1 期

语义语法现象的个案分析

  汉语语义对语法有一定的制约作用,"决定词的语法属性的最终因素是词汇语义"。^① 又如王力先生所言:"假使我们简单地说:'名词是指称事物的,动词是指称行为的'等等,虽然说得不够全面,但是并没有犯原则上的错误。正是在这一个基础上,连小学生也能判断'人'和'马'是名词,'走'和'跑'是动词。也正是在这一个基础上,就汉语来说,为了教科书的可接受性,用不着给词类下一些太复杂的定义,只要抓住词类反映客观存在这一个要点就行了。差不多每一部语法书对每一实词下定义的时候,都先指出这一点。"^②

  汉语语法在一定意义上是一种语义语法。"'语义语法',又叫'语义功能语法',是中国学者通过大量汉语语法研究的实践,在吸取了传统语法、结构主义语法、格语法、功能语法、认知语法和语义学等众多语言学理论的基础上而建立起来的语法理论。"^③王维贤先生则是从更普遍的意义上阐述语义之于语法的重要性:"现代语言学有语义化倾向,是指现代语言学重视语义研究及语义对结构的影响。语言交际的本质是'意义→形式→意义',而非'意义→意义'。这是一切符号系统的共同特点。当然,组成一个结构的

---

① 赵世举:《试论词汇语义对语法的决定作用》,《武汉大学学报》(人文科学版)2008 年第 2 期,第 174 页。

② 王力:《关于汉语有无词类的问题》,载《王力语言学论文集》,商务印书馆,2000,第 437 页。

③ 邵敬敏:《新时期汉语语法学史(1978—2008)》,商务印书馆,2011,第 52 页。

具体的词的词汇意义制约着形式结构的性质,但这种制约是通过词的语法意义来实现的。这是一切符号系统的共同特点。"①

虽然对于"语义语法"的名称不同论者会有表述上的差异,外延也未必全同,但在以下两个方面有共识:其一,语义对语法有重要的影响;其二,汉语的形态不丰富,语义和语法的关系因此尤为密切。当今学界有不少关于语义语法的代表性成果,例如刁晏斌《现代汉语虚义动词研究》。刁晏斌的"《现代汉语虚义动词研究》是语义功能语法研究的一部著作,多角度、全方位地研究了现代汉语动词中一个不大的封闭类"。② 还有上文所援引的赵世举先生的《试论词汇语义对语法的决定作用》等。

"从吕叔湘、朱德熙、胡裕树、张斌、胡明扬,到陆俭明、邢福义等学者,都为这一理论的建立做出了自己独特而重要的贡献。"③王力、王维贤、马庆株、邵敬敏、赵世举、刁晏斌等学者也都有关于语义语法较为系统的代表性成果,邵敬敏的《新时期汉语语法学史(1978—2008)》还较为全面地评述了新时期以来的众多语义语法学者及其成果。④

此外,还有关于语义语法的"零敲碎打式"的探究,这或可看作语义语法研究的"轻骑兵"。我们在前修时贤的基础上,也做了一些"零敲碎打式"的探索,主要是微观层面的个案分析。如《第一人称代词的虚指及其心理动因》⑤《"语用词"的适用》⑥《〈论语〉中复现式组合的句法形式及使用动因》《〈论语〉中的复现式话语衔接》《从语用角度看〈孟子〉中的紧缩结构》《〈孟

① 王维贤:《现代汉语语法研究的一些方法论问题(论纲)》,载《现代汉语语法理论研究》,语文出版社,1997,第 87 页。
② 马庆株:《语义功能语法的新贡献——评刁晏斌〈现代汉语虚义动词研究〉》,《辽东学院学报》2005年第 4 期,第 76 页。
③ 邵敬敏:《新时期汉语语法学史(1978—2008)》,商务印书馆,2011,第 53 页。
④ 同上书,第 56-61 页。
⑤ 张春泉:《第一人称代词的虚指及其心理动因》,《浙江大学学报》(人文社会科学版)2005 年第 3 期,第 106-112 页。
⑥ 张春泉:《论接受心理与修辞表达》,中国社会科学出版社,2016,第 271-295 页。

子〉中的条件复句》《白马非马:修辞式推论》等①,《"不"与非自主变化动词超常组合的句法语境模式》②《学术话语系统的个案分析》③《话语建构理据的多维探究》,④笔者关于问句、术语的系列论文和专著似亦可忝列其中。我们这里拟从微观视角继续个案分析某些语义语法现象。

一、词类家族特殊成员：语符聚合轴上有意义的观测点

这里所说的特殊词类,并不是平时不常见不常用的词类,而是指具有某些容易被忽略的语法特征(尤指语义语法特征),或在同类词中有特别个性差异的子类(个体),研究者对这些词类现象的观察往往有多种学术视角。此外,需要说明的是,笔者关于特殊词类并非穷尽列举,仅为举隅。

(一)形式动词的"非形式"特征

形式动词,"在使用上有两个特点,一是要求后面由一个动词来作它的宾语,二是这个作宾语的动词只能是双音节的,不能是单音节的"⑤。形式动词后面所跟的动词一般不可 AA 式重叠,偶可 ABAB 式重叠。这似可说明,其后接动词不宜是"均质"的,且形式动词后"作宾语的双音节动词也只能是双音节自主动词,不能是双音节非自主动词"⑥。

形式动词一般包括"进行、予以、加以"等,在语义上都含有[+影响]或[+处置]义素,只是这个"影响"或"处置"比较笼统,具体的内容往往通过相

① 张春泉:《叙事对话与语用逻辑》第二章《谈话体作品中的叙事对话与语用逻辑》,中国社会科学出版社,2011,第23-123页。2016年重印时整合概括修订为《显性话语衔接:以〈论语〉为例》《中性话语衔接:以〈孟子〉为例》《隐性话语衔接:以〈白马论〉为例》,参见该书重印本,中国社会科学出版社,2016,第20-98页。
② 张春泉,牛欣桐:《"不"与非自主变化动词超常组合的句法语境模式》,《宁夏大学学报》(人文社会科学版)2018年第5期第20-24页。
③ 张春泉:《学术话语系统的个案分析》,西南师范大学出版社,2018。
④ 张春泉:《话语建构理据的多维探究》,西南师范大学出版社,2018。
⑤ 陆俭明:《现代汉语语法研究教程》,北京大学出版社,2003,第14页。
⑥ 同上书,第183页。

应的实义动词体现出来。此外,在语体上可常见于事务体、学术体等书面体。例如:

(1)人民政府定期对学校校舍安全进行检查;对需要维修、改造的,及时予以维修、改造。①

(2)对违反学校管理制度的学生,学校应当予以批评教育,不得开除。

(3)对落后地区、对薄弱学校、对处境不利的受教育者在教育资源配置上予以额外补偿。

(4)有下列情形之一的,依照有关法律、行政法规的规定予以处罚……

(5)如果我们不能提出自己的基本需求,政府又依据什么来予以保障呢?

(6)侵犯师生合法权益,扰乱正常教学秩序等紧急情况,责成主管单位予以制止,并提出处理建议……

以上诸例,"予以"都带有一定的"给予"义。例(1)(2)(3)"予以"之前均有"对……",以介词结构介引相关情况。"予以"之后均有语义更实的动词。

(7)从教育计划到教育制度,从教材内容到教学方法,进行全面的监督、检查。

(8)教育不仅通过自身的科研机构进行科学研究和设计,而且培养出大量具有创造精神的人。

(9)文化传播可以通过多种途径进行,如迁徙、通商、战争、教育、学术交流、旅游、体育竞赛、访问演出、通信、卫星传播等。

上例语序较为特殊,"文化传播"置于"进行"之前,含有一定的被动义。在此种情形下,"进行"更不宜替换为"加以"和"予以"。

(10)在工业革命后使用近代机器生产的社会里,国家应该而且必须对

---

① 本文例句如不作特别说明,均出自北京大学语料库,查询时间 2020 年 7 月 29 日。

生产<u>进行</u>干预而不应放任;放任主义在工业革命后已经完全不适用。

(11)蒋廷黻在1935年离开清华去南京做官时,他的近代史研究尚处在<u>进行</u>的过程中,还没有到熔史料与思考于一炉的整合期。

(12)汉隶,又称今隶、八分书,是指在秦隶的基础上<u>进行</u>加工、变化,逐渐发展而成的一种隶书。

以上各例句子中均有实义动词。"进行"的[+过程]义素较为凸显。

(13)有了这一系列自上而下的一整套法律、条例、法规、民约,并切实<u>加以</u>贯彻执行,实施义务教育才能得到保证。

(14)作为富人,关注的不应仅是自己的孩子,同时应对贫穷孩子<u>加以</u>关注,对比自己更穷,更需要教育的西部及农村孩子进行帮助。

(15)这些模式也不是非常成熟,它们将随着网络教学的发展而被不断地<u>加以</u>改进、完善。

(16)对于一个历史事实的有无,有时则用形式逻辑中的"排中律"来<u>加以</u>判断,非有即无,非无即有,排除了"无"也就说明了"有"……

(17)模因仿照基因而得名,它指一些思想或观念通过人类文化<u>加以</u>散播,并一代一代地相传下来。

(18)把人类语言和这些动物"语言"<u>加以</u>比较,可以进一步认识人类语言的特点。

"加以",表示对某一事物施加某种影响。其后的实义动词也是双音节的,与"予以"和"进行"类似,这些双音节动词相对于单音节动词而言,可以"自带"某种影响的方式或结果。

以上各例句子中"予以""进行""加以"的句法功能、语体分布是相近相似的,但不宜互换,语义使然。

因为形式动词表意不具体,所以后面须接相对更具体的动词来表意。因为往往含有[+过程]义素,所以其后所跟的动词一般不可AA式重叠,因后者表示短时态或尝试态,与"过程"在某种意义上相悖;因为带有一定的处置性,所以其后所跟的动词一般是双音节的,双音节动词相对于单音节动词而言,前者可以凸显"处置"的结果或方式等。也因为"处置性",所以作宾语的动词应为自主动词。

以上似可表明,形式动词具有诸多非形式因素,其跟语义的关系较为密切、尤为微妙,这大概是"形式动词"在学界尚有不同名称的原因之一。关于"形式动词"的概念术语形式,代表性的说法有"傀儡动词""无色动词""虚义动词""虚化动词""先导动词""代动词""形式动词"等。① 基于以上原因,我们倾向于刁晏斌先生的看法,可以名之为"虚义动词"。

(二)唯谓形容词:作为一个试用型术语

我们所说的"试用型术语",是指在正式的出版物上使用过一段时间,随后同一出版物吸收学界的意见和建议后停止使用的术语。"唯谓形容词"即属此列。

黄伯荣、廖序东《现代汉语》(增订四版)(高等教育出版社,2007)下册第 11 页、12 页均明确述及"唯谓形容词"。黄伯荣、廖序东《现代汉语》(增订五版)(高等教育出版社,2011)下册第 12 页和黄伯荣、廖序东《现代汉语》(增订六版)(高等教育出版社,2017)下册第 12 页:"形容词表示形状、性质和状态等,分以下两类……性质形容词……状态形容词……"即第五版、第六版已经修订调整为两类,删去了"唯谓形容词"这个术语。

应该说,"唯谓形容词"这个术语有利于描述形容词词类家族中的一类成员(子类),但是,由于汉语词类(形容词等)和句法成分(谓语等)之间的复杂关系,诚如黄伯荣、廖序东《现代汉语》(增订四版)上册《绪论》在讲"现代汉语的特点"时明确提出"词类和句法成分关系复杂",②"唯谓形容词"这个概念术语有语义杂糅之嫌,不利于逻辑清晰地表述语法体系。

---

① 李桂梅:《形式动词句式的认知与功能研究》,语文出版社,2017,第 12 页。

② 黄伯荣、廖序东:《现代汉语》(增订四版)上册,高等教育出版社,2007,第 8 页。

宏观上,该术语表述与现代汉语语法特点的描述有些抵触:既然词类和句法成分关系复杂,二者对应关系不甚严整,则在表述词类"形容词"的术语里不宜出现句法成分"谓",即句法成分与词类不宜纠缠杂糅,如果纠缠杂糅,则不利于"术语"表意的单一性、明晰性。微观上,黄伯荣、廖序东《现代汉语》(增订四版)下册第11页在对形容词进行细分时,在同一个层面分出"性质形容词""状态形容词""不定量形容词""唯谓形容词",有分类标准不统一之嫌。"性质""状态"和"不定量"是按照意义划分的,而"唯谓"则主要是着眼于句法结构而言的。此外,在黄伯荣、廖序东《现代汉语》(增订四版)下册正文中,关于词类的术语有且仅有"唯谓形容词"是如此命名的。[①]

事实上,此前学界已有学者研讨过该术语。非谓形容词,"把它们归入形容词,实在勉强得很。如果不打算单独作一词类,至少应当给它一个名称叫'非谓形容词',以便跟一般形容词有所区别。是不是有与此相反的'唯谓形容词'呢? 难,容易,多,少,对,错(着重号为原文所加——引者注)等等有点像。可是怎样区别于表示状态的不及物动词又是个问题"[②]。"唯谓形容词"使用于黄伯荣、廖序东《现代汉语》(增订四版)后,学界也有相关讨论。姚晓波《唯谓形容词和副词——〈现代汉语〉(增订四版)词类部分评价》认为,"唯谓形容词的研究还不充分,科研的基础还比较薄弱,教学语法应侧重系统性、易于教学,唯谓形容词的立类缺乏充足语料的支持"[③]。"从目前我们所能见到的材料来看,唯谓形容词的存在是大可怀疑的。希望今后论说唯谓形容词的学者提供更为翔实的材料,希望今后《现代汉语》的编者采取

---

① 该著在述及区别词时,有一个注释"因此有的书称它为非谓形容词",参见该版第13页。该版未直接采纳"非谓形容词"这个说法。

② 吕叔湘:《汉语语法分析问题》,商务印书馆,1979,第33页。

③ 姚晓波:《唯谓形容词和副词——〈现代汉语〉(增订四版)词类部分评价》,《渤海大学学报》(哲学社会科学版)2009年第3期,第134页。

更加审慎的态度。"①可贵的是黄伯荣、廖序东《现代汉语》很快进行了有效的学术互动，于《现代汉语》(增订五版)和《现代汉语》(增订六版)均删除了"唯谓形容词"，使"唯谓形容词"至少在《现代汉语》那里成为试用型术语。

作为重要的相关术语解释的相应"配套"修订，也颇值得关注。黄伯荣、廖序东《现代汉语》(增订四版)下册关于"句法结构"的解释是"句法成分是句法结构的组成成分。句法结构指由词逐层组装成的短语里或句子里的词类系列。"②黄伯荣、廖序东《现代汉语》增订五版和增订六版均修订为："句法成分是句法结构的组成成分。句法结构是由若干词按语法规律组成的。"③显然，后者关于"句法结构"的解释更抽象一些，尤为重要的是不再提"词类"系列了，规避了句法成分和词类之间的混淆风险。

"试用型术语"的形成有其学术自身的原因。就"唯谓形容词"而言，它的确在某种意义上反映了汉语词类划分的复杂性，可看作汉语语符聚合轴上的一个有意义的观测点。但终究汉语的词类和句法成分还是应该区分的。相对而言，作为词类划分依据的形态、意义和功能可能会更纠结。"这里我们还需要进一步指出的是，词的形态、词的语法意义、词的语法功能这三者是互相关联的，不是互相排斥的。实际上，词的语法功能是词的语法意义的一种外在表现，而词的形态又是词的语法功能的外在表现形式。在给词具体分类的过程中，其分类根据可以从上面这三方面去提取。"④在一定意义上因为汉语的形态不丰富，"词所具有的表示类别作用的功能，实际就是词的语法意义，如计数功能、指代功能、连接功能等"⑤。或可认为，试用型术语"唯谓形容词"通过试用而停止使用的这一现象也反映了语义之于语法

① 邵霭吉：《"唯谓形容词"考辨》，《云南师范大学学报》(对外汉语教学与研究版)2008年第5期，第75页。

② 黄伯荣、廖序东：《现代汉语》(增订四版)下册，高等教育出版社，2017，第4页。

③ 黄伯荣、廖序东：《现代汉语》(增订六版)下册，高等教育出版社，2017，第4页。

④⑤ 陆俭明：《现代汉语语法研究教程》，北京大学出版社，2003，第35页。

（尤指词的语法性质）的重要性。

（三）区别词的"另类"

区别词是不作谓语的形容词,往往成对或成组出现。但是在日常使用过程中,成对或成组的区别词中会有一些另类。这些"另类"的附加义值得关注。例如:

（1）高等（教育）、中等（教育）｜低等（教育）

"大中小学"可以说,但是高校、中学对应的全称是"高等学校""中等学校",小学的全称则不是"小等学校"。可以说"高等教育""中等教育",但不说"低等教育"。可以将中小学教育概括为"基础教育",只是"基础（教育）"与"高等（教育）"仍很难说是成组出现的严格意义上的区别词。显然,"低等（教育）"有歧义,也有附加义,该附加义可能会引起接受者的某种心理不适。

（2）（电影）主角｜（电影）次角

与"低等（教育）"类似,（电影）主角,对应的是（电影）配角,往往不说（电影）"次角"。

（3）上古（文学）、中古（文学）、近代（文学）、现代（文学）｜当代（文学）

人们常说上古（文学）、中古（文学）、近代（文学）、现代（文学）、当代（文学）,而"现代"和"当代"如果不作特别界定或说明,易引起歧解,这多少有些类似于"古文经学"和"今文经学"中的"古"和"今",大概因为如此,有时人们把"现代"和"当代"合在一起,即称"现当代"。文学史的断代或可名之为先秦（文学）、魏晋隋唐（文学）、宋元明清（文学）、民国（文学）、共和国（文学）等。

（4）古代（汉语）｜现代（汉语）

"古代汉语"可以简称为"古汉语",而"现代汉语"则不宜简称为"现汉语"。"现阶段"可以说。"现"不是区别词,而"古"是区别词。"现阶段"无对应的"古阶段",可以说"上（一）阶段"和"下（一）阶段",这里的"上""下"

是区别词。

（5）老年、青年、少年、童年、婴儿｜中年

上面这一组词语，其中"中年"的"中"与"老""少""青""幼"等不在一个逻辑层面上，"中"是"另类"。此外，少年、青年可以直接说，一般不说"少年人"，但可以说"青年人""中年人""老年人"。"少年"还没成"人"？这些表述都值得探究。

另外，具有区别词作用的方位词"东、西、南、北"在指别具体方位上，有时也颇有意思。例如，一般说"东北""东南""西北""西南"，而不说"北东""南东""北西""南西"，通常是将"东"和"西"放在前面。之所以如此，可能是与太阳东升西落有关。在先民对于方位的判定中，太阳可作为较为直接的"醒目"标记物。

（四）"一起"：副词抑或名词

"在一起吃饭"中的"一起"是什么词性？类似的还有"一块儿"。陆俭明先生指出："'一起''一块儿'，经常作状语，如'我们一起/一块儿走吧'。一般都把它们看作副词。可是，它们又可以作介词'在'的宾语，如'大家在一起/一块儿玩儿'。这里的'一起/一块儿'，怎么处理？这目前也是难办的事。"①虽然"一起"很常见，但对其语法性质的定性还是"难办的事"。

邢福义先生指出："在多数情况下，'一起'是处所名词。它表示'同一个处所'的意思，有时兼表时间，即表示'同一处所和同一时间'。作为处所名词，它可以用在'在、到'的后边。如果'在、到'是动词，它就是宾语；如果'在、到'是介词，它就跟'在、到'一起组成介词结构作状语或补语。"②根据邢福义先生的观点，这是一种"多数情况下"的情形。此外，"有时，'一起'作状语，单纯表示时间，怎么变换都无法让它出现在'在、到'后边。这样的

---

① 陆俭明：《现代汉语语法研究教程》，北京大学出版社，2003，第53页。
② 邢福义：《词的归类》，载《语法问题探讨集》，湖北教育出版社，1986，第321-322页。

'一起',才不是名词,而是副词"。①

吕叔湘《现代汉语八百词》(增订本)指出:一起,"〔名〕同一个处所",②"用于'在、到'等少数动词后",亦用于"动+在(到)+<u>一起</u>",还用于"在+<u>一起</u>+动"。③此外,"〔副〕表示在同一地点或合到一处。前边常有'同、跟、和'组成的介词短语"。④

以上三家的意见不尽一致,但都重视语义。

"在一起",其后的词汇意义较实的动词性成分往往明确或凸显"在一起"的具体事项。"在一起",其后也可不接其他成分。"在一起"对主语也有一定的要求,往往要求其所指为复数,后面的实义动词也蕴含了非单数主体实施或完成的义素,这与纯粹作状语的介宾结构"在家""在图书馆"不同,后者"在"的宾语可被替换,具有选择性,而"在一起"则使与之直接组合的主语和另一谓语中心语都一般需蕴含共同义素[非单独],选择性不强。"在一起"与其前后成分在语义上的交叉性相对明显,与其后的谓语中心语一起构成承接关系就有了词汇语义基础。换一个角度看,"一起"补充了主语和另一个谓语中心语的共同语义,使主语和谓语在语义上和谐完整有了可能。

我们以为,诚如陆俭明先生所言,"一起"词性的断定的确较难。类似的还有"连"字句里"连"的词性,杨宏业的《"连"字句与"甚至"句的对比研究》关于"连"的词性,列举了"介词"说、"助词"说、"副词"说、"连词"说、"语气词"说、"兼类词"说、"标记"说、"准量词"说等8种意见。⑤ 这大概和本文所列举的其他语法现象类似,这些现象都很常见,分析常见现象出现的较大分歧似可说明汉语语义之于语法的重要性:因为不是较纯粹的形态问题,所以容易形成正常的见仁见智的局面。

---

① 邢福义:《词的归类》,载《语法问题探讨集》,湖北教育出版社,1986,第322页。

②③④ 吕叔湘:《现代汉语八百词》(增订本),商务印书馆,1999,第608页。

⑤ 杨宏业:《"连"字句与"甚至"句的对比研究》,北京大学硕士学位论文,2013,第2-3页。

（五）介词"对"和"对于"的"隔"与"不隔"

同作为介词，"对"和"对于"都表示对待，二者多有纠结。学界对二者的看法有共识，也有一些分歧。

共识主要是，一般都认为"对"和"对于"在许多场合都可以通用。

丁声树《现代汉语语法讲话》讲道："'对于'跟'对'中间没有明确的界限。凡用'对于'的地方都可以用'对'，但是用'对'的地方就不一定都能换成'对于'。"①

吕叔湘《现代汉语八百词》（增订本）指出："（'对'）表示对待。用法大致同'对于'。用'对于'的句子都能换用'对'；但用'对'的句子，有些不能换用'对于'。"②

黄伯荣、廖序东《现代汉语》（增订六版）说道："'对于''对'标记或介引动作的对象或与动作有关的人或事物。这两个介词在许多场合可以通用。一般说能用'对于'的地方也能用'对'，但是能用'对'的地方不一定都能用'对于'。"③

究竟哪些具体情形下可以通用，丁声树《现代汉语语法讲话》讲得相对更细致。"再从用'对'的句子看，'对……'用在主语前面的句子，大都可以换用'对于'。"④以"主语"为参照物，"'对'字用在主语后面的时候，动作性弱的可以换用'对于'，动作性强的不能"⑤。丁声树在《现代汉语语法讲话》中还补充道："大致说，能换成'对于'的'对'，在它的宾语后头可以有语音停顿，比如'对村里情形不十分了解'，可以读成'对村里情形，不十分了解'。但是象'爸爸对我好'，'对我'之后就不能有停顿。这一类语音上不

---

①④⑤　丁声树:《现代汉语语法讲话》,商务印书馆,1961,第 104 页。

②　吕叔湘:《现代汉语八百词》(增订本),商务印书馆,1999,第 182 页。

③　黄伯荣、廖序东:《现代汉语》(增订六版)下册,高等教育出版社,2017,第 39 页。

能停顿的'对'字句,'对'字大都不能换成'对于'。"①

在什么情况下不可通用,学者们有不同的视角。

丁声树《现代汉语语法讲话》认为:"'对于'后面的宾语有时候在意义上是动词的受事。……用'对于'的句子,'对于……'往往可以挪到主语前面。……有时候,'对'字前后的成分带有并列的意味。"②

吕叔湘《现代汉语八百词》认为:"表示人与人之间的关系,只能用'对'。""'对……'可用在助动词、副词的前或后,也可用在主语前(有停顿),意思相同。""'对于……'不能用在助动词、副词之后,只能用在另两个位置。"③

陆俭明《现代汉语语法研究教程》认为:"由'对于'组成的介词结构作状语时,一般要求中心语是个复杂形式,而由'对'组成的介词结构作状语时,没有这种要求。"④

关于双音节词"对于"起源的认识,有一定的分歧。

一种意见认为"对"和"于"粘合成词。黎锦熙《新著国语文法》第十一章《介词细目》在讲完"于"之后,紧接着讲道,"至'关于''对于'等,也已粘合成词,径可用作整个的介词,纳入本项之内"⑤。这里本项即"介所在",此外,还有"介所向"。⑥ 类似地,吕叔湘、朱德熙《语法修辞讲话》认为:"'对于'的用法,一部分是从文言的'于'字化出来的,所以有时候就只用一个'于'字。有时候'对'字的意思特别显著,又就只用一个'对'字。但是最普通的形式还是'对于'。"⑦ 向熹《简明汉语史》(下)则明确地从汉语史的角度

---

① 丁声树:《现代汉语语法讲话》,商务印书馆,1961,第104-105页。
② 同上书,第105页。
③ 吕叔湘:《现代汉语八百词》(增订本),商务印书馆,1999,第182页。
④ 陆俭明:《现代汉语语法研究教程》,北京大学出版社,2003,第190页。
⑤ 黎锦熙:《新著国语文法》,商务印书馆,1992,第150页。
⑥ 同上书,第151页。
⑦ 吕叔湘、朱德熙:《语法修辞讲话》,辽宁教育出版社,2002,第86页。

谈到"对于"等双音节虚词的来源:"在发展中,虚词也和实词一样,存在着复音化的趋势。有的是单音虚词连用为复音虚词……有的是单音虚词加附加成分构成复音虚词……有的是词组凝固为复音虚词,如'然而''虽然''因此''所以'等。"①

第二种意见认为,"对于"的产生是介词发展中的强化现象。周芍、邵敏敏《试探介词"对"的语法化过程》指出:"'对于'的产生是介词'于'在衰退中的'强化'效应。它在短短100年内经历了产生、广泛使用及逐渐衰退过程,在当代汉语中已经明显淡出。"②论者将"对"和"于"先分开讨论:"为什么会出现'对于'? 这应该是介词发展中的强化现象。语法化中的强化(reinforcement)是指在已有的虚词或虚语素上再加上同类或相关的虚化要素,使原有虚化单位的句法语义作用得到加强。在虚化成分过分弱化时,它就有可能强化自身用以保存语法力量。由引进'言谈者''所对者'到引进'对待对象','对'的功能更加丰富,相对而言,'于'的使用范围又缩小了一部分,在这样的情况下,它便与介词'对'结合组成复合介词,以被强化的形式出现了。'对'的'对象'义比'于'具体明确,'于'与之结合后,便借助其相对具体的词项来强化自身因语法化损耗而十分抽象的意义,这样便保存了其在引进'对待对象'上的功能。"③在某种程度上类似的观点,如太田辰夫《中国语历史文法》认为:"对","是从原来'面向'之义发展来的,表示方向。"④

第二种意见与第一种意见没有实质区别,在一定意义上可以说,第二种意见是第一种意见的细化与深化。

第三种意见认为,由"于"而发展出"对于"。吕叔湘《中国文法要略》指

---

① 向熹:《简明汉语史》(下),高等教育出版社,1993,第536页。
② 周芍、邵敬敏:《试探介词"对"的语法化过程》,《语文研究》2006年第1期,第30页。
③ 同上书,第28页。
④ 太田辰夫:《中国语历史文法》,蒋绍愚、徐昌华译,北京大学出版社,2003,第236页。

出:"'于'字又可以作'对于'讲,所连系的补词代表动作(包括心理)的对象。其实这也是一种'方面'。"①在白话文中,"对于"补充"在","白话的'在'字是没有和这个'于'字相等的用法的,通常用'对于'"③。吕叔湘先生特别强调文言和白话文体的语体因素:"文言里的'于'字实在是一个多方面应用的关系词……白话里把它分化了,一部分固然仍用'在'字,'于'字的继承字,但另一部分便用别的关系词如'给'等来代替;还有一部分用'对于''关于'等复词,这里面还保存'于'字,可是已是次要的成分。"③

前面三种关于"对于"来源的意见总体上可概括为,源于汉语自身的发展,是一定意义上的语法化。与之有所不同,潘允中、金昌吉、李德鹏等先生认为"对于"系受日语影响的摹借词。这可看作第四种观点。

作为表示对待的介词,"于"早于"对于"。潘允中《汉语语法史概要》认为:"'五四'以后,受日语翻译的影响,还从'於'产生出新兴介词'对於''关于''由于'等,这是一种摹借语,用以吸收日语成分'ニ对シテ''ニ关スル''ニ由ッテ'的。"④受这种观点影响,金昌吉认为:"有些词语并非汉语固有,如'对于''关于',它们是在'五四'以后,受日语翻译的影响,从汉语的旧有成分'于'而摹借创造出来,用以对译吸收日语的'ニ对シテ''ニ关ハス'的。它们也不能说是从动词虚化而来的。"⑤在一定程度上类似地,李德鹏《现代汉语双音节介词成词研究》认为:"'对于'的形成过程和其他'X于'类介词都不一样",⑥就"对于"的来源而言,李德鹏赞成金昌吉的看法,只是在时间上,李德鹏认为,"'对于'出现时间要在'五四'之前"。⑦值得注意的

---

① 吕叔湘:《中国文法要略》,商务印书馆,1982,第206页。
③ 同上书,第207页。
③ 同上书,第209页。
④ 潘允中:《汉语语法史概要》,中州书画社,1982,第126-127页。
⑤ 金昌吉:《汉语介词和介词短语》,南开大学出版社,1996,第130页。
⑥⑦ 李德鹏:《现代汉语双音节介词成词研究》,光明日报出版社,2011,第104页。

是,李德鹏援引的是金昌吉《汉语介词和介词短语》,金昌吉引用的是潘允中《汉语语法史概要》,所不同的是,李德鹏只是强调了"对于"一个词的特殊性(受日语翻译的影响),李德鹏认为"关于"和"由于"是汉语自身产生的。①金昌吉《汉语介词和介词短语》同时谈及了"对于"和"关于"两个词,潘允中同时述及了"对于""关于""由于"三个词。

或者可以说,以上论者关于"对于"的来源问题的意见并没有实质性的矛盾。由实词虚化而来的两个虚词组合而成的学术主张,与受日本语影响而形成的摹借词的主张,二者只是视角不同而已。前者强调的是"实"(构词方式),后者强调的是"虚"(造词理念)。况且,后者说的是"摹借",而不同于纯粹的"借词",这也是需要注意的一个观测点。

最后,关于"对于"产生的时间存在不同意见,产生的具体时间还有待于进一步考证。

第一种意见认为产生于"五四"以后。向熹《简明汉语史》(下)指出:"'五四'以后产生了一些新的介词,介词结构的应用范围扩大了。以'对于'和'关于'为例,现代书面语和口语都用得非常广泛。'对于'的作用是引出对象……它们的出现,丰富了汉语介词结构的表达内容。"②太田辰夫的意见与向熹先生的意见比较接近,"用'对''对于''关于'表示关连的用法是很新的,找不出清代以前和清代的用例"③。

第二种意见前文已述及,李德鹏等论者认为"对于"产生于"五四"以前。钟兆华编著的《近代汉语虚词词典》给出了例证:"对于","介词,表示对待关系。对、于,义同。例我自居官以来,兢兢翼翼,对于王事,诸凡谨慎。(清·无名氏《济公全传》二四回)|看看那娶来的新人,非但愈形骄蹇放

---

① 李德鹏:《现代汉语双音节介词成词研究》,光明日报出版社,2011,第104-105页,第107-108页。
② 向熹:《简明汉语史》(下),高等教育出版社,1993,第519页。
③ 太田辰夫:《中国语历史文法》,蒋绍愚、徐昌华译,北京大学出版社,2003,第236页。

纵,并且对于那六岁的孩子,渐渐露出晚娘的面目来了。(清·吴趼人《二十年目睹之怪现状》七一回)"①

此外,从北大语料库"古代汉语"中还可以找到数例"五四"以前的用例。例如:

(1)想小老儿,只此一女,依以为生,今被匪人抢去,只剩小老儿孤独一身;且小老儿家无隔宿之粮,从此冻饿在所难免;而且对于亲家那方,无法交代。小老儿细想与其冻饿而死,倒不如投河一死,万事皆休,也可落得个干干净净。(清·张杰鑫《三侠剑》)

(2)想当初镖打秦天豹时,若不是邱三爷在一旁奚落明清八义,胜爷岂能将秦天豹打死?所以今天胜爷对于淫贼是非杀不可。这也是想当初邱三爷对于秦天豹之事,不但不加调解,反倒从中怂恿胜爷行凶,并且对胜爷说过:"小弟如有收下不法之人,倘若采花偷窃,三哥你将我嘴巴子翻过来打,打我里面腮帮,打出疙疸来,不算三哥你欺辱我。"(清·张杰鑫《三侠剑》)

(3)我自幼拜祖师爷为师,至如今祖师爷派我出来掌寺,所以一切俱都听祖师爷的指挥,不敢违背祖师爷,你方在此庙二年之久,对于祖师爷就这样藐视,将来对于恩师不问可知了。(清·张杰鑫《三侠剑》)

(4)仙赐少年老成,既然身列朝班,时时只以国事为念,又因自己年轻,并不把此事放在心上,对于说媒之人,概以未敢擅专,须请命父母为辞。(清·张杰鑫《八仙得道》)

(5)禹、益二人本是大大的忠良,对于治水一面,完全照两真人所献计策,或疏或导,或浚或开。(清·张杰鑫《八仙得道》)

(6)而其临终之顷,也必有多少感想,或回溯平生,或垂念来日,总之对于曾经托寓的世界,终有几分割舍不得,这是一定之理。(清·张杰鑫《八仙得道》)

---

① 钟兆华编:《近代汉语虚词词典》,商务印书馆,2015,第162页。

（7）王小屏又问道："你这些话儿,不过是皮毛上的议论,我还有一句话要问你:照你这样的说起来,男子的<u>对于</u>女子,是以劳待逸;女子的<u>对于</u>男子,是以逸待劳。一定要此国的攻战力胜过彼国一倍,方才得个平手;就是彼此工力相当,也一定要打败仗,是不是呢?"（清·张春帆《九尾龟》）

（8）如今我把两个开战的国度作个正式比例:男子的<u>对于</u>女子,好像是个悬师千里、深入敌境的国度一般;女子的<u>对于</u>男子,好象是个坚守险阻、声色不动的国度一般。（清·张春帆《九尾龟》）

（9）皇帝常言变政,以此征之,尚不如守吾人旧习为愈也。尔<u>对于</u>西俗之成见,曾变更否? 尔以为吾国风俗果远美于外国否? （清·裕德菱《清宫禁二年记》）

（10）京署各官,最重资格,其中若翰林、若御史,以及内阁中书、军机章京、吏部礼部司员,<u>对于</u>同僚之先进者,不论年齿,皆称为前辈。初谒时,必具红白柬三分,登堂拜见,执礼惟谨。（清·朱彭寿《安乐康平室随笔》）

（11）忠也者,臣道之大本也。故后世人主,<u>对于</u>归附及近侍之人,特有命名忠字,以示勖励者。（清·朱彭寿《安乐康平室随笔》）

（12）近人作寿序、墓志等文<u>对于</u>科第失意者,辄用"目迷五色,坡失方叔"语。（清·况周颐《餐樱庑随笔》）

需要说明的是,"对于"在"五四"以后作为介词更典型,且作为介词的"对于"在语义上和用法（句法）上自产生以来一直有不同程度的变化,这也会影响学者们的理解。是否"典型"和有所"变化"等大概是产生分歧的重要原因。我们认为分歧各方的意见都有一定的道理,而这本身就是很值得关注的现象。就"对于"的来源而言,如果是实词虚化而来,虚化的过程还有待于进一步揭示,且"对于"产生之后自身的用法变化较快的理据也需要有效地解释。如果"对于"是受日语影响摹借而来,则还需要更直接的证据,且日语原词是如何产生的也是值得深究的。如果"对于"是"五四"之前,特别是日本明治维新之前产生的,则受日语的影响应该是很小的。毕竟,"中国和日本只一水之隔,自古以来就有很密切的关系。不过,在明治维新之前……汉语中几乎不见日语的词语。可是到了明治维新以后,特别是甲午战争以后,情形就改变了过来。由于日本学习西洋文化比中国早些,于是中国人在翻译西洋名词术语的时候,就往往借用日本人所译的现成译名,不再另译了。"①亦如向熹先生所言:"明治维新以后,日本大量吸收西方资本主义文化,利用汉字构成新词翻译大量西方作品。中国落后了,'五四'前后,这些词大量被中国人接收,反过来对汉语产生了巨大的影响。"②此外,若为摹借词,按潘允中先生的意见,"对于""关于""由于"三个词是同类摹借的,然而"对"和"对于"的关系,又跟"关"和"关于",跟"由"和"由于"的关系不全相类。但不管怎样,至少有一点是没有什么争议的,那就是"对于"的产生和用法都与语义直接相关,早于"对于"的"对"和"于"自身都是有一定意义的介词。

二、动态搭配:组合轴上的变换分析

词语有常规搭配,即符合一般语法规则、规律的搭配,比如"春风又到江南岸",也有超常规搭配,如"春风又绿江南岸",即古人所说的"炼字"。

通常所说的常规与超常规搭配,主要是指句子内部的聚合轴上具有一定联想关系的词语与其他成分的组合,从这个角度看,其主要是就聚合关系而言的,是较为纯粹的句法结构形式上的组合。我们这里拟讨论的与语义关系更密切的动态组合,是改变语序的组合变换,即较为典型的动态组合,是在语言线性序列上不同环节的组合。相同的结构体进行组合变换,自身增删和语序调整变换前后的功能效果有别。

(一)"一":作为口气标记语

在同样词汇意义较虚的情形下,就语法性质而言,"一"在谓词性成分之

---

① 史存直:《汉语史纲要》,中华书局,2008,第535页。
② 向熹:《简明汉语史》(下),高等教育出版社,1993,第542页。

前常为副词;在谓词性成分之后常为助词。就语用意义而言,均可表示口气,但在谓词性成分之前表示强化;在谓词性成分之后表示弱化,在拷贝式动词之间也表示某种弱化。我们这里所讨论的"一",严格说来并非作为实词的数词,而是词汇意义较虚的广义语用标记语,虽然总体而言,其词汇语义较虚,但仍有"遗留":似乎蕴含有"一下子""整个儿"等意思。

1. "V 一 V" 与 "VV"

"V 一 V"与"VV"的形式区别是前者有"一",其中的"一",不是数词。因为"一"不宜换为"二""三"等,一般不说"VNV",即我们一般不说"笑二笑""笑三笑""笑十笑"等,且"V 一 V"与"VV"在词汇语义上的区别并不明显,换言之,"一"的有无增删对词汇语义的影响不大。"'一'放在两个重叠的单音节动词之间,表示行为不很费力或经历的时间短。这种用法多用于尚未发生的或者经常性的动作。"[①]此外,"行为已经发生的,一般用'了'不用'一'"[②]。从这个意义上说,"一"与"了"的语法功能比较接近。

"一"主要起着调节口气的作用。"通过句法格局和语义关系的考察,知道'V 一 V'同'VV'之间确实存在若干不同之处。但是,从全局看,二者的细微差异主要还是表现为在说话口气上有着不同的语用价值。"[③]通常加上"一"会使口气有所"舒缓","因为重叠式动词表示短时量,所以用在祈使句里,可以使口气显得缓和些。"[④]

"V 一 V"有时可变换为"V 一下"。例如:

坐一坐丨坐一下

听一听丨听一下

---

① ② 北京大学中文系 1955、1957 级语言班编:《现代汉语虚词例释》,商务印书馆,1982,第 460 页。

③ 邢福义:《汉语语法三百问》,商务印书馆,2002,第 77 页。

④ 朱德熙:《语法讲义》,商务印书馆,1982,第 67 页。

停一停｜停一下

"坐一下"可相当于"坐一坐","听一下"相似于"听一听","停一下"相似于"停一停"。"一"表示短时态、尝试态,减缓口气。

2.　"一"+V/A

"一"单纯用于动词(非重叠)或形容词之前,则加强语气。"〈书〉助词,用在某些词前加强语气:一何速也｜为害之甚,一至于此!"①

吕叔湘《现代汉语八百词》(增订本):"一"用在动词、形容词前"表示动作、变化是突然出现的或者是彻底的;加强语气。"(商务印书馆,1999,第599页)"一+动。表示经过某一短暂动作就得出某种结果或结论。"②

此种情形尤见于书面语。"一"作为副词,常用于动词前。"一",这种情形在古汉语里即也存在。例如:

寡人耻之,愿比死者壹洒之,如之何则可?(《孟子·梁惠王上》)

据杨伯峻《古汉语虚词》:

"一"和"壹"古书用它本来有区别,后来逐渐混乱,几乎无区别了。在重要文契账目数字上,写"一"容易被人窜改,便改写"壹"字,"壹"成为"一"的大写字。因此,这里"一""壹"也合在一起讨论。③

①"一"作副词,有"竟"义,表示出乎意外。②"一"作表态副词,表示"的确""真实"。③"一何"连用,表示程度之甚的副词,犹言"何其"。④

又据杨伯峻、田树生编著的《文言常用虚词》:

"一"是副词:(一)"全都";(二)"的确""太";(三)"多么";(四)"一

---

① 中国社会科学院语言研究所词典编辑室:《现代汉语词典》,商务印书馆,1996,第1471页。

② 吕叔湘:《现代汉语八百词》(增订本),商务印书馆,1999,第600页。

③ 杨伯峻:《古汉语虚词》,中华书局,1981,第244页。

④ 同上书,第245-246页。

旦";(五)"竟然"。① 相关例句如：

子之哭也,壹似重有忧者。(《礼记·檀弓》)②

靖郭君之于寡人,一至此乎!③

另据白玉林、迟铎主编的《古汉语虚词词典》:"一",副词,在句中作状语。④《古汉语虚词词典》指出:

①表示对动作行为或事物的强调、肯定,可译为"确实"。例如:

公曰:"寡人一乐之。"(《晏子春秋·内篇·谏上》)(确实喜欢)

固有无其实而得其名者乎? 回一怪之。(《庄子·内篇·大宗师》)(确实奇怪)

②表示动作行为或情况的发生、出现出乎意料。可译为"竟然"。⑤

显然,"一"在语法意义上表示一定的口气;"一"的句法位置不同,其句法功能和语用价值不同。"一"在拷贝式动词之间和动词之后常减缓口气,而在动词之前则加强口气(语气)。为什么有这种互补性呢? 或可从如下角度作出解释。"一",在逻辑上既可以表示单称,又可以表示全称,作为整体。表示单称时,可以是"起点",起初开始;表示全称时,可以是终点结果。"一"用在中心语的前面时在词汇意义上含有"+整个儿""+一下子"等义素;用在中心语后面时作为逻辑减量的标记。从词性上说,前者为副词,后者为助词,都与程度相关,含有动态性质。"一"在可重叠的单音节动词间应为助词,无实在词汇意义。"一"在不可重叠的单音节动词、多音节的谓词性成分前为副词。"一"在表达功能上作助词时往往减缓语气;作副词时往往加强语气。在词汇意义上都较虚。副词"一"往往作状语,修饰凸显中心语,此种

① 杨伯峻、田树生:《文言常用虚词》,湖南人民出版社,1983,第 296 页。

② 同上书,第 297 页。

③ 王力等:《古汉语常用字字典》(第 4 版),商务印书馆,2005,第 450 页。

④ 白玉林、迟铎主编《古汉语虚词词典》,中华书局,2004,第 395 页。

⑤ 同上书,第 396 页。

情形下可独立地作句法成分(状语),但是助词"一"则无法独立作句法成分。

(二)数量短语的构形重叠

汉语有较为丰富的量词。数词和量词一起构成数量短语。"由数词和量词组成的数量短语也可重叠,组成'一 A 一 A'式,或'一 AA'式。例如'一队(一)队(的人)''一箱(一)箱(的衣物)''一箱(一)箱(地搬)'。这种数量短语重叠后作定语,表示数量多;作状语则表示按次序进行;作主语表示'每一'。"①重叠后的数量短语在语符线性序列上与其他结构体的组合方式不同,其语法意义亦有所不同。分述如下。

1. 作定语

例如:

(1)一座高大雄伟的烈士纪念碑前,<u>一列列</u>军人,<u>一队队</u>学生、<u>一排排</u>干部群众肃穆而立,一位当年在老山战斗过的军人讲述着当年他和战友们在老山战斗中的亲身经历……

(2)开进了挖土机、推土机、吊车和<u>一队队</u>戴着安全帽的建筑工人,整个一副大兴土木的架势。

(3)从浙江省东南沿海,到西北山区,每年冬春农闲季节,都有<u>一队队</u>省、市、县干部和<u>一批批</u>乡镇干部,活跃在农村各地。

(4)嘿,这才叫做山呢,<u>一座座</u>、<u>一排排</u>挺挺的峭壁前簇后拥,仿佛<u>一队队</u>训练有素的将士夹道而立,把那条通向山里的石板路挤得窄窄巴巴,曲曲弯弯。当地人给这条狭窄的山间通道起了个挺形象的名字:"瓮圪廊"。

(5)<u>一筐筐</u>鸡,<u>一盆盆</u>鱼,<u>一条条</u>高级香烟,<u>一箱箱</u>高级酒把狭小的院子

---

① 黄伯荣、廖序东:《现代汉语》(增订六版)下册,高等教育出版社,2017,第17页。

全占满了。

（6）体重五六十公斤的病人，她们五六个人轮流抬着上楼；<u>一桶桶</u>水、<u>一箱箱</u>药、<u>一件件</u>器械，医疗救治所需要的一切都离不开她们，甚至连病人想吃的方便面、牛肉干、锅巴等都是她们先垫钱买回来的。

数量短语构形重叠后作定语，所修饰或限制的中心语往往是名词性成分，这时重叠后的数量短语表达普通逻辑的量项。作定语的量词的重叠在某种意义上类似于形容词的重叠，表示量的增加。

2. 作状语

例如：

（1）随后就是<u>一队队</u>、<u>一片片</u>地，呼啦啦、忙不迭地涌上岸来。

（2）王团长和剑波站在月台上，看着这长长的列车，战士们<u>一队队</u>进入车厢，战马踏着桥板，<u>一匹匹</u>地牵上去，车的后尾是两节客车厢。

（3）您也拉练过吧！穿军装，打红旗，在乡间山野<u>一队队</u>死走。

（4）登上码头后，就和军服颜色差不多的土路融在一起，<u>一队队</u>朝望远镜方向蠕动着。

（5）货到机场，不必检查，不必解冻，王将"服装"过磅，即可<u>一箱箱</u>快速空运北京，并马上通知北京同伙在机场提货。

（6）大部分海产品经过加工包装，<u>一箱箱</u>码放得整整齐齐。

（7）因此，不必再费事地<u>一张张</u>换稿，<u>一次次</u>按键。即使不在一旁看着，也无所谓，可以大大地节省人力与时间。

数量短语构形重叠作状语，其中心语往往是谓词性成分，表示的是动作、行为、心理活动或存在、变化、消失等，这种情形下数量短语所"计"的就不是可数的事物，即此时不是基数词性质的"数"，而是序数词性质的"数"了，故此时数量短语的构形重叠表示按次序。

3. 作主语

例如：

（1）可是到哪儿去找衣服呢？众人由于事先没有准备，一个个急得团团转。

（2）紫蓝色的花瓣，凝聚着羊城人民炽热的爱心，一朵朵，一簇簇，一团团，散发出无穷的温馨。

（3）此时已在狱中被关押了 8 个月之久的"七君子"，见到宋庆龄等人亲自到狱中来看望他们，一个个激动得热泪盈眶。

（4）他们俨然是攻坚的战士，一行行，一队队，在怒吼的寒风中，就像在狂擂的战鼓中向敌人开始了顽强的攻击战。

（5）她们不仅一个个天生丽质，教养良好，而且在人生选择和情感追求上，也都有着非凡的眼光和独特的经历。

（6）据说，汉朝的有名人物张良、韩信、陈平等，原来都曾是楚霸王项羽的部下，只是因为不得重用，一个个离开项羽，投到刘邦麾下，终于遂了心愿，立下赫赫战功，成为一代名将，并在青史上留下辉煌的一笔。

数量短语的构形重叠表示"每一"，强调语词所表达的概念的外延得到了全部的反映。之所以如此，似可用普通逻辑的项的周延性知识解释。语法上的主语与逻辑上的主项在句子的位置上常常对应，或曰句法上的主语在逻辑上常作主项，而逻辑上"全称的主项周延"、全称的量项在句法形式上常省略或由数词"一"限制，此种情形下的"一"或者表示单称或者表示"所有的""全部的"等全称。

三、话语义：组合与聚合互动的逻辑支点

以上关于组合与聚合的区分，从某种意义上说，是一种理想状态或权宜之计，是为了表述和探究的方便。事实上，在话语实践中，语言符号的组合

与聚合可能常常会有牵扯。一方面,聚合关系的词语的适用(适当使用)在一定程度上会受到组合关系的制约,这种制约的较为重要的因素是语义。另一方面,组合关系的确定也会受到聚合关系的语符群的影响。这就是我们所说的组合与聚合的互动。例如,此前提及的"炼字",其实是"炼词",比如"绿"和"到""过""往"等是聚合关系,但其与"江南岸"又是组合关系,我们曾试着用马斯洛的需求层次理论结合话语义做一定的解释。又如笔者曾注意到明喻句很少用否定的语句,也试着用心理认知规律结合话语义做一定的解释。或可认为,组合与聚合的这种互动是话语建构的某种常态,话语义是互动的枢纽,是逻辑支点。"'话语义'是语言在使用时同现实建立联系后所表达的实际意义。"①

（一）修饰语和内涵表达

修饰不等于限制,二者有区别,一般而言,"修饰"并不改变其后紧跟的中心语所表达概念的外延,而限制则会改变其后紧接的中心语所表达概念的外延。无论是修饰语,还是限制语,都与其后中心语之间在句法上形成偏正关系。修饰语和限制语自身可以有结构成分,这些成分之间形成组合关系,同类修饰语或限制语之间则构成聚合关系。一般而言,修饰语跟中心语所表达概念的内涵关系(某种意义上的话语义)更为密切。例如:

(1)老舍是人民艺术家。一岁的老舍是老舍。所以一岁的老舍是人民艺术家。

上例可看作一个"推理",也是一个句群。从推理的角度看,其结论显然是不正确的。但把"一岁的老舍"换成"舒庆春",则可通。即:

(2)老舍是人民艺术家。舒庆春是老舍。所以舒庆春是人民艺术家。

为什么结构、功能完全相同的两组句子,例(1)有问题,例(2)没有问

---

① 郑远汉:《论话语义同语言义的联系和区别》,《福建师范大学学报》(哲学社会科学版)2008 年第 4 期,第 60 页。

题？问题的关键就在于"一岁的老舍"与"舒庆春"不同,二者所表达的概念在普通逻辑上均为单独概念,外延是相同的,但内涵不同,"一岁的老舍"通过修饰语"一岁的"表达了与"舒庆春"不一样的内涵,所以从逻辑上说"一岁的老舍"和"老舍"并不是同一个概念,因此二者在语符聚合轴上互换后命题的逻辑值会发生改变。但是,"舒庆春"和"老舍"表达的是同一个概念,是用不同的语词形式表达的同一个概念,因此二者互换后不影响命题的逻辑值。

(二)否定副词与周延性表达

否定副词包括"不""未""没"等,否定副词与其他副词的直接组合可形成周延性表达。所谓"周延性表达"是说语词所表达的概念的外延得到了全部反映。"如副词'从'就要求后面必须跟一个否定形式……与之同义的'从来'就没有这种限制……副词'万万'只能修饰一个否定形式……与之同义的'千万'则不是这样……副词'毫、决、断'等也只能修饰一个否定形式。"[①]为何"从""万万""毫、决、断"等"只能修饰一个否定形式"？我们试着从普通逻辑的角度解释这类语法现象。

首先,"从""万万""毫、决、断"等副词在此语境下都表示特定全部范围内的所有情形或极限评注。其次,从逻辑上看,否定的谓项周延。副词主要修饰表达谓项的语词。"从""万万""毫、决、断"等副词与否定副词"不"合用可表示穷尽周遍的语义。"从","意思同'从来'。只用在'不''未'前,有文言色彩"。[②] 从来,"多用于否定句"[③]。否定便于周延。"中古以后,动词持续时使用的时间副词,似乎以用复音词为常。"[④]其中包括"从来"等,作者还给出了唐代文献的例证。此外,该书还有另外两个例子很有意义:我从来

① 陆俭明:《现代汉语语法研究教程》,北京大学出版社,2003,第189页。
②③ 吕叔湘:《现代汉语八百词》(增订本),商务印书馆,1999,第132页。
④ 周生亚:《汉语词类史稿》,中国人民大学出版社,2018,第409页。

除死无大灾。(元·无名氏《小张屠焚儿救母》)①婶娘,你姪儿虽说年轻,却是他敬我,我敬他,从没有红过脸儿。②"万万"至少在字面义上比"千万"更近极限周遍。诚如张谊生《现代汉语副词研究》(修订本)所言,"万万"是"加强否定的评注性副词"。③

"毫"作为副词,与表示略微义的"略"大致相当,"表示略微义的'略',如和否定副词'不''无'合用,则表示彻底否定,意为'丝毫不''一点也不''毫无''全无'"。④"决、断"这两个词张谊生先生在《现代汉语副词研究》(修订本)中作为评注性副词,"凡是含有评注性副词的谓词性短语,一般只能充当表述性成分——谓语和补语,而不能或者说一般不能充当修饰性成分——定语和状语。"⑤而这种句法地位也在一定程度上与逻辑上否定的谓项周延要求相契合。

(三)近代小说里的"众人"言说模式及其特殊语义悖论:作为一种元语言叙事策略

近代小说里有一定量的"众人道""众人笑/齐道"等叙述。值得注意的是,"道"后的成分有时比较长,并非简短的"异口同声"的应答语。例如:

(1)众人都道:"军门大人,我们未始不愿力战,无奈家里都有着老母妻子,战死了没人奉养。没奈何,只得恳求军门大人,开一条生路。多少慈悲慈悲。军门要是肯投降,不光是我们本身沾恩,连我们家属都沾军门大恩呢!"

上例中"道"后面的内容有 80 个音节,能指形式比较长,所指内容比较丰富。与"道"直接组合的成分里有第一人称代词复数形式"我们"3 处,有范围副词"都",应该不是七嘴八舌的"众声喧哗"。

---

①② 周生亚:《汉语词类史稿》,中国人民大学出版社,2018,第 475 页。

③ 张谊生:《现代汉语副词研究》(修订本),商务印书馆,2014,第 58 页。

④ 周生亚:《汉语词类史稿》,中国人民大学出版社,2018,第 446 页。

⑤ 张谊生:《现代汉语副词研究》(修订本),商务印书馆,2014,第 53-54 页。

(2)便问众弟兄："方才我师父几时来的?"众人齐声道:"不知,我们在此闲谈已久,并无一人到来。只是方才起了一阵怪风,把帘子都吹开。我们正在此谈论:外面门窗皆闭,此风从何而起? 莫非他就是这时候来的?"鸣皋道:"这是一定的了。"大家赞叹了一番。

上例中"道"后的内容有 61 个音节。与"道"组合的成分里也有两处第一人称代词复数形式"我们",有陈述句和疑问句,应该不是简单的直接引语。

(3)马二先生笑问:"你们这是为甚么事?"众人都道:"我们生长在南京,也有活了七八十岁的,从不曾看见这样的礼体,听见这样的吹打! 老年人都说,这位主祭的老爷是一位神圣临凡,所以都争着出来看。"众人都欢喜,一齐进城去了。

上例中"道"的后面内容是 60 个音节。"道"后的成分也有第一人称复数形式"我们"。

(4)众人都道:"这件事我们也奇怪,只为当场并不见有何铁器,所以不疑。既如此,必对你师公诉明,下次会敌,不可徒用空拳,宜以随身军器应敌,兼且防备暗算为妙。"

上例中"道"的后面内容是 59 个音节。"道"后的成分也有"我们"。

(5)凤姐儿道:"你们可细细的查,若这一番查不出来,难回话的。"众人都道:"都细翻看了,没什么差错东西。虽有几样男人物件,都是小孩子的东西,想是宝玉的旧物件,没甚关系的。"凤姐听了,笑道:"既如此咱们就走,再瞧别处去。"

上例中"道"后的内容有 41 个音节。

以上用例的"道"的内容在能指形式上比较长。再如:

(6)张躧躧说道:"你们都拥着我做甚么?"众人齐声道:"你还敢说道做甚么? 你是个钦依犯人。礼部大堂老爷出得有榜文在外面,拿住你的官给赏银百两。"

(7)那大娘子道:"可又来! 我的父亲见昨日明明把十五贯钱与他驮来作本,养赡妻小,他岂有哄你说是典来身价之理? 这是你两日因独自在家,勾搭上了人;又见家中好生不济,无心守耐;又见了十五贯钱,一时见财起意,杀了丈夫,劫了钱;又使见识,往邻舍家借宿一夜,却与汉子通同计较,一处逃走。现今你跟着一个男子同走,却有何理说,抵赖得过?"<u>众人齐声道</u>:"大娘子之言真是有理。"

(8)<u>众人喜道</u>:"不瞒大哥说,这老儿我们已在心久矣。只因未得其便。不想却与大哥暗合。"

(9)但听得<u>众人齐声道</u>:"将军披坚执锐,伐无道,诛暴秦,复立楚国社稷,功无与比,应即称王,以副民望。"这数句话正中胜意,只一时不便应允,总要退让数语,方可自表谦恭。

(10)姚百川道:"这都是皇上圣明,从善纳谏,我们有什么胆识呢?"<u>众人都道</u>:"吴可读不就为言事降调的吗? 他奏的不过是请把成禄立正典刑,王大臣等就说他是刺听朝政,请旨究诘。不是皇后宽恩,怕就不得了呢!"正在议论纷纷,忽见一人跟跄奔入,向众人道:"恭邸坏了事了,诸位没有知道吗?"众人听了,宛似顶门上轰了一个焦雷,吓一大跳。

(11)<u>众人都道</u>:"妙极,妙极! 布置,叙事,词藻,无不尽美。且看如何至四娘,必另有妙转奇句。"

(12)<u>众人齐声道好</u>。次日,同会十人,不约而齐都到纯阳祖师面前,拈香拜祷。

以上诸例只有例(12)中"众人"是简短、简单、简明地齐声说一个单音节形式"好",这种情形最合乎一般言说的常规、常理、常态。

按照常理,众人不大可能同时雷同地说出那么长的一段话语。"众人"同时说出雷同的能指形式复杂的话语,是一种特殊的语义悖论:在叙事作品中(不同于科技语体中的形式语言),文学语言能指形式复杂的话语是个性化的,而言语主体"众人"并非个体。

复数形式的"众人"是如何能够做到"众口一词"的呢？

我们以为，"众人"后面所"道（说）"的话语（尤指非基本的简短的应答语），不是大家众口一词，而是小说的作者整理之后的"众人"的共同意思。换言之，"众人"之后的话语，是元语言（或曰元话语），不是对象语言（对象话语）。即，这些能指形式未必是众人所说的话语原本照录（直接引语），也不一定是相对于直接引语的间接引语。这里的元语言，是整理、解释、说明"众人"的话语的语言，是非典型的元语言，它与其前纯粹个人所说的话语不属于同一个语层。但是，"众人""道"后所接的语符成分与"众人道""众人齐声道""众人都道"等"提示语"是同一个语层的，它们都是元语言，是相对更典型的元语言，在"众人……道"这个结构中，"众人"和"道"之间的状语是提取公因式模式的描写，且这类状语并不单一，有"齐声""齐喜""齐笑""皆""喜""笑""都笑""都忙""赞""忙劝""诧异""听了，都笑""听了，都扭着脸""听说，都相视""听了，都劝说""都拍手""皆仰面睖眼""拍手哄然一笑""不等说完，便说""听了，都站起身来，点头拍手""都冷笑""赔笑央告""喜欢问"，等等。这些状语或者状神态，或者状方式，十分丰富、传神，自然互动。从这个意义上说，"众人齐声道"等与"道"或"说"后的语符的组合是自然的，是典型元语言与非典型元语言的直接组合。

据北大语料库记载，相关表述在"古代汉语"和"现代汉语"两个子库中的大致数量情况可列表如下。

表1　北大语料库"众人"言说方式总体情况简表

"众人"言说方式提示语	古代汉语子库用例数	现代汉语子库用例数	备注
众人齐声道	48	1	众人齐声道："请姑娘念。"

续表

"众人"言说方式提示语	古代汉语子库用例数	现代汉语子库用例数	备注
众人齐声说	6	6	在"现代汉语"用例中,1 例是"众人齐声说道",该例"道"后的内容相对较为复杂,且能指形式较长,其余的 5 例均是套语,如"不好意思"等。在"古代汉语"用例中,4 例为"众人齐声说道"
众人齐笑道	2	0	
众人齐道	37	3	
众人皆道	13	0	
众人皆笑道	1	0	
众人都说	66	21	在"现代汉语"用例中,12 例"说"的后面都没有用引号
众人都道	119	4	在"现代汉语"用例中,2 例没有引号标记
大家都说	70	440	在"现代汉语"例中,没有引号标记的 396 例,占 90%。在"古代汉语"用例中,没有引号标记的 53 例,占 76%。古汉语里表示"众人"义的"大家"少见

我们知道,近代(这里尤指明清时期)的文本话语在写作时没有现代标点符号,尤其是引号,引号是后人加的。后人在"道"或"说"等言说动词后面加上引号是很自然的。只是在"众人"作为主体时,在彼语境下,作为元语言的内容可以不加引号。事实上,现代汉语小说文本话语中的"众人"言语模式锐减似可从侧面说明,有了辅助表情达意的标点符号的标记,人们大幅

减少了使用可能会造成某种逻辑语义悖论的"众人(皆)道"。

非单数的言语主体"众人"与非众口一词的异口同声的言语(话语)形式会有约定的"错位",即某种程度的要求上(或曰理想状态)的整齐一律与事实上的错综复杂(个性)之间的矛盾,这其实也是单一言语主体与多主体的矛盾。我们以为,这是一种宽式语义悖论,也在一定意义上表明语义语法亦是话语修辞的重要理据之一。形成这种宽式语义悖论的原因是把元语言当作了对象语言。小说作者把元语言写得像对象语言,更加生动、鲜活;把"众人"所说的话写得像一个人所说的,并常常使"众人"与作品中特定语境中的主角(主要人物)形成二元对话的格局,这有利于凸显对话性和主体间性,也是话语不平等的某种艺术体现:这些不妨说是元语言叙事策略。此外,把"众人"说的当成一个人说的,还有一个"好处":便于说书艺人的"说"或再创作,有助于听者接受;虽然这有可能给当代影视剧的表演带来一定的困惑。

余论

以上我们列举的都是很平常的语法现象。但就这些很平常的现象,仍常有见仁见智的情形,仍需要精细充分地观察、描写和解释。这本身似乎已说明汉语语义语法的重要性。

除了共同语的语义语法现象,汉语方言语义语法现象也值得关注。比如,湖北安陆方言有"一斗田"的说法。"斗",本是容积单位,这里用作面积单位,是表示面积的量词,这大概是一种借代的说法,说的是这个面积的代表性的农作物的产量是"一斗",是一种转喻。类似地,安陆方言还有"一担田""一升田"的说法。

最后,我们说语义语法现象很重要,并不是说语形可忽略。事实上,语形与语法的关系也很密切,相关领域的研究成果也颇丰富,只是就汉语而言,一方面,可以更加关注语形与修辞、语用、词汇的关系,比如我们曾注意到《鲁迅全集》中有拉丁字母（含字母系列）标记的语码转换（例如"S 城"），却很少见到日文假名的语码转换（全篇用日文写的除外），而事实上相对于印欧语系的语言，鲁迅可能更熟悉日文。再如，语音和修辞的关系问题，我们也在《文学话语的语音修辞：历时视角》一书中做了一些探讨。另一方面，亟待全方位、多角度、深层次地研究汉语语义和语法的关系，包括语义语法的本体和应用研究。

原附录于《文学话语的设问辞格：历时视角的个案分析》，西南师范大学出版社，2021

"不"与非自主变化动词
超常组合的句法语境模式

汉语中的动词值得研究,刘丹青指出:"在类型上汉语是一种动词型或者说是动词优先的语言"①。马庆株先生于1988年在《自主动词与非自主动词》一文中提出:"自主动词和非自主动词是汉语动词里的基本类别"②。二者的语法功能、语义特征等均有不同,"自主动词从语义上说是能表示有意识的或有心的动作行为的","能由动作发出者做主,主观决定、自主支配的动作行为";非自主动词即"表示无意识无心的动作行为","动作行为发出者不能自由支配的动作行为,也表示变化和属性"③。因此,可以将非自主动词进一步分为属性动词和变化动词。

关于非自主动词的研究,学界已有不少成果,例如,陆俭明《现代汉语语法研究教程》(第三版)④,邢福义、汪国胜《现代汉语》⑤,庞佳《〈水浒传〉非自主动词研究》⑥,王建勤《"不"和"没"否定结构的习得过程》⑦等都有关于非自主动词的科学描写和解释。

---

① 刘丹青:《汉语是一种动词型语言——试说动词型语言和名词型语言的类型差异》,《世界汉语教学》2010年第1期,第3页。

②③ 马庆株:《自主动词和非自主动词》,《中国语言学报》1988年第3期,第157页。

④ 陆俭明:《现代汉语语法研究教程》(第三版),北京大学出版社,2005,第35-38页,第102-106页,第131-134页。

⑤ 邢福义、汪国胜:《现代汉语》,华中师范大学出版社,2003,第327-330页。

⑥ 庞佳:《〈水浒传〉非自主动词研究》,中南民族大学硕士学位论文,2011年。

⑦ 王建勤:《"不"和"没"否定结构的习得过程》,《世界汉语教学》1997年第3期,第92-100页。

就否定副词与"非自主动词"的组合搭配上,以上论著主要着眼于常规情况,即"没"与非自主变化动词的搭配情况等。一般认为,自主动词既可以受"不"否定,也可以受"没"否定;非自主动词中的属性动词一般用"不"否定,变化动词一般用"没"否定。但是,通过对大量语言事实的考察,我们发现,非自主变化动词也可以受"不"否定,即具体言语事实中存在一定量的"不"与非自主变化动词搭配使用的情况。这里,我们在已有研究成果的基础上,进一步探究"不"与非自主变化动词的超常规搭配情况。

本文的语料主要来源于北京大学 CCL 语料库(检索时间:2015 年 1 月 27 日)。笔者主要通过对"不 +(非自主变化动词)"进行穷尽式的检索(例如"不病""不看见"等)来完成,然后从中筛选符合研究条件的语例。在 CCL 语料库中检索了 70 个非自主动词后发现,"没"和"没有"与非自主动词搭配共见 18619 例,"不"与非自主动词搭配共 32931 例。显然,"不"与非自主动词组合的情形较"没(没有)"更为常见! 这一实际用例上的超常规呈现,也是我们所说的"超常搭配"的重要内涵之一。

本文考察的"不"与非自主变化动词搭配组合形成的词组列举如下:不败、不爆发、不爆炸、不失业、不下岗、不崩溃、不崩塌、不变形、不变质、不病、不产生、不发生、不沉溺、不倒闭、不倒塌、不掉、不丢、不龟裂、不看见、不听见、不发抖、不犯病、不犯法、不犯规、不犯罪、不分泌、不感染、不害羞、不忽略、不忽视、不荒废、不见、不看到、不枯竭、不枯萎、不垮台、不老化、不退化、不流行、不漏、不蔓延、不梦见、不迷恋、不呕吐、不碰见、不破裂、不坍塌、不痊愈、不生锈、不生长、不失败、不失火、不失眠、不失事、不衰败、不衰竭、不死亡、不瘫痪、不褪色、不脱落、不脱销、不忘记、不误会、不陷落、不陷入、不遗忘、不涌现、不相遇、不着凉、不滋生。

一、"不"和"没(没有)"

"不"和"没(没有)"都是现代汉语中常见的否定副词。在现代汉语中,动词的否定形式主要依靠"不"或"没(没有)"来实现,吕叔湘先生在《现代汉语八百词》(增订本)中提到"没(没有)"与"不"的区别时说道,"没有"主要用于对客观事实的描述,且大多指过去和现在,不能指将来,"不"主要用于主观意愿的表达,这包括主观判断、主观态度、主观评价、主观推测等,带有说话人自己的主观感情色彩,且可指过去、现在和将来。[①] 例如:

(1)昨天你去他家了吗?

——A. 没去。

——B. *不去。(* 表示不正确或者不符合正常语用习惯的回答,下同。)

(2)那你明天打算去吗?

——A. 不去。

——B. *没去。

以上两个例子中,例(1)用"没"进行否定,是对说话者"昨天没去他家"的客观描述;例(2)用"不"进行否定,是说话者对"明天是否去他家"的主观想法,表示一种主观意愿,而且是指将来,但"没(没有)"一般没有这种用法,这主要是从时态和语态方面对这两个词作出了区分。需要说明的是,与非自主变化动词组合时,"没"和"没有"只是音节韵律上有所区别,一般在语义语法和句法环境配置上并无实质性区别,故本文对"没"和"没有"不作严格区分。

再进一步分析可以发现,"不"一般是否定常见的、经常发生的动作或现象,而"没(没有)"往往是否定不常见的、不经常发生的动作或现象。例如:

(3)这里常年<u>不下雨</u>。

(4)她今天<u>没带钥匙</u>。

例(3)用否定副词"不"形成的否定形式来表示一种经常发生的现象,

---

① 吕叔湘:《现代汉语八百词》(增订本),商务印书馆,1999,第383-384页。

而例(4)则用"没"形成的否定形式来表示一种不常见、不常发生的动作行为。

否定副词"没（没有）"与非自主变化动词的组合一般不受条件限制，相对而言，否定副词"不"与非自主变化动词在某些情况下也可以进行搭配，这些搭配虽然受一定条件限制，但使用频率很高，心理现实性强，甚至如前文所统计，在用例频率上高于"没（没有）"与非自主变化动词的组合，这种超常情况颇为耐人寻味，值得关注。

"不"与非自主变化动词的超常组合既有其语义语法条件，也有句法语境条件。就语义语法条件而言，非自主变化动词在语义语法上：表示将来可能发生的动作；表示某种负面结果；可作结果补语；可看作形容词；表示规则、规律。以上是零句法语境条件下的情形。本文则讨论其非零句法语境条件。"不"与非自主变化动词的搭配可以构成常见的固定结构，具有一定的构式义（独特的语境依赖性和语境义），主体性较为凸显。具体分述如下。

二、框架整体固化："不 +非自主变化动词"作为固定结构

在"不"与非自主变化动词的搭配中，有一类属于本次研究的特殊情况，即"不 +非自主变化动词"构成人们在日常言语交际中经常出现的某种固定搭配，包括一些词组等固定短语。这里所说的固定搭配是指它们在语表形式上具有一定的稳固性，经常同时出现，已经受到人们的普遍认可，从而被频繁使用。

1."不"与非自主变化动词搭配于常见短语

在一些常见的固定搭配中，也经常出现"不"与非自主变化动词搭配的情况，当然，这同样属于情况比较特殊的一类，数量不多，比如"昏迷不醒""念念不忘""永生不忘""过目不忘""大难不死"等，"昏迷不醒"是个联合式短语，其中"昏迷"与"不醒"是并列结构，"不醒"即"没有醒"，再如"念念

不忘"中"不忘"即"没有忘","大难不死"中"不死"即"没有死"。例如:

(1)既要有经验,还要有足够的敏感性,不能对已经出现的东西<u>视而不见</u>。

(2)妹夫,<u>好久不见</u>,到俺家喝两杯去。

(3)可现在马承林去关里几个月了,<u>不见踪影</u>,也不知他去干什么了。

(4)这叫作因小失大,<u>只见树木,不见森林</u>。

(5)风雨无阻,<u>不见不散</u>。

(6)真是<u>伸手不见五指</u>,到处是漆黑一片。

以上例子中的"视而不见""好久不见""不见踪影""只见树木,不见森林""不见不散""伸手不见五指",再如"过目不忘""前事不忘,后事之师""时刻不忘""念念不忘""终生不忘""滴水不漏""天网恢恢,疏而不漏""一字不漏"等,其中,"不见""不忘""不漏"等搭配在这些常见短语中已经得到人们的普遍认同与频繁使用,成为比较稳固的搭配了。

2. "V 不 V"格式

"V 不 V"格式是比较特殊的一种情况,且非自主变化动词中只有一部分动词可以进入这种格式,这种表述形式主要表达了一种还未发生的事情或者还未发生的情况、还未实现的行为,只是说话人对未来结果的一种猜测、询问、推断等不确定的语气。例如:

(1)这样<u>犯法不犯法</u>?

(2)你才不管这些,你根本不在乎我<u>着凉不着凉</u>。

(3)现在化肥便宜,你们家又不缺钱买,干吗抛头露面要淘这臭粪,<u>害羞不害羞</u>?

(4)这种款式<u>流行不流行</u>?

(5)<u>失败不失败</u>我也不好说。

(6)不管什么<u>死亡不死亡</u>,我抬起手想摸着它。

在以上几个例句中,能进入"V不V"格式的非自主变化动词皆不可以表示已经发生的事情或情况,例如,只能说"听见没听见",而不能说"听见不听见",只能说"有没有",而不能说"有不有",因为"听见""有"都表示一种已经实现的行为或结果。

此外,否定副词"不"与非自主变化动词的超常搭配还可以出现在复句中,表示对照,其所在分句充当条件句或者结果句,或者与其他分句并列出现,其前后往往会出现"既不……,也不/又不……",或"即便不……",或"不但不/非但不……,而且/反而……",以及"既不、又不、还要、也、又、而且"等词语,或表示假设,或表示转折,或表示并列。例如:

(1)它<u>不但不</u>产生空气污染物或放射性废料,<u>而且</u>它的副产品是优质的淡化海水。

(2)县食品公司50吨的冷库长期闲置,<u>既不</u>产生效益,<u>还要</u>支付维护费用。

三、套嵌成分插入:"不+非自主变化动词"与语气标记语配套搭配

这里所说的语气标记语包括"怎能""怎么会"等反问标记语,以及"绝""决"等副词、助动词或情态动词的省简形式。

1. "不+非自主变化动词"与反问标记语

在否定副词"不"前边加上"怎能""怎么会""岂能""岂""怎么可能"等表示质疑、反问或疑问语气的词语,或者是在其后加上"才怪呢",表示已经发生的事情、情况或动作行为,或者表示在某种条件的影响下一定会发生或发生的可能性非常大的结果、事件、情况或者某种动作行为。例如:

(1)都五十的人了,像这样怎能<u>不病</u>?

(2)气盛则膨胀智昏,一仰一俯,行诸笔墨,人格失衡,文章岂能<u>不病</u>?

（3）一个人干得比全单位人的还要多；跑上，忙下，还有横向联系，哼，<u>不病</u>才怪呢！

（4）整个部队即失其重心，如此，我们军队怎么能<u>不败</u>、<u>不崩溃</u>呢？

（5）穷人卖了肾或其他器官又引起其他疾病，岂<u>不成为</u>社会负担？

（6）在这样广阔的土地上和强大的抗日军民的包围中，他们怎能<u>不发抖</u>呢！

（7）她一个人站在最前面，恰好迎着风口，吹了半个多时辰，怎会<u>不着凉</u>？

除了以上例句中出现的"不病、不败、不崩溃、不成为、不发抖、不着凉"等词组，在表述反问语气的句子中较频繁出现的词组还有"不倒闭、不倒塌、不产生、不堕落、不感染、不看见、不垮台、不失败、不衰败、不陷入、不滋生"等。

2. "绝不/决不/毫不/永不/从不" +非自主变化动词

"绝不/决不/毫不/永不/从不" + 非自主变化动词，即"不"的前面嵌入表示程度、范围、时间、频度等的副词"绝""决""毫""永""从"等，其中所嵌入的副词在功能上主要起加强语气的作用，在这个意义上，从语用角度我们把它们视为语气标记语。这种常见搭配通常表示一种强烈的、绝对性的否定语气，或多或少包含一些夸张的成分，从而表现出某种坚定的意志或决心、信心，或者表现出一种坚强的精神，或者表示一种坚定的承诺、保证或期望。从语义方面来看，除了"毫不"中的"不"往往相当于"没有"，"绝不、决不、从不、永不"中的"不"往往还相当于"不会、不可能"。例如：

（1）经常就是不到疯狂、成熟、极端状态<u>决不垮台</u>。

（2）万一发生事端，各部务必要采取积极行动，要有<u>决不失败</u>的决心和准备，不可有半点失误。

（3）他们注意针对社会上的拜金主义、个人主义倾向，明确要求在抓生产经营和改革的同时,<u>绝不忽视</u>对职工的思想、道德、文化教育。

(4)<u>绝不虚度</u>,<u>绝不荒废</u>。

(5)一个奋进中的民族<u>从不沉溺</u>于对往事的缅怀。

(6)伊戈尔<u>从不荒废</u>时光。他读很多很多的书,什么都懂。

(7)这种精神是长期积淀的、世代相传的、<u>永不枯竭</u>的民族之魂。

(8)29年如一日,他始终以扎实的行动,实践着雷锋精神,像一颗<u>永不生锈</u>的螺丝钉,在人武战线的平凡岗位上闪光。

以上例句中的非自主变化动词"垮台、失败、忽视、荒废、沉溺、枯竭、生锈"等跟在"绝不、决不、从不、毫不、永不"等词后面时,整个搭配表达了一个整体的意思,表现出一种坚定的意志、决心或信心,或是一种值得赞扬的主观精神,再或是一种可信度很高的承诺与保证,充满着浓厚的主观感情色彩,往往包含着说话者本人的主观态度。

同类型的另一种搭配情况是"无不/无一 X 不/难免/不得不/不能不/不可能不/没有不/未有不/没法不+非自主变化动词",这种常见搭配是为了通过双重否定来实现对某一事实、现象或者某动作行为的强烈的肯定语气,起到加强语气的作用,强调某结果、某动作行为或某件事等,表示一种主观色彩极浓的强调,这种双重否定加上某种结果、动作或事件的搭配通常强调的是必须要做某事或必须要达到某种结果。例如:

(1)江河冲出堤岸,一路咆哮,所经城镇、乡村,<u>无不遭受</u>巨大灾害。

(2)凡是唯才是举、任人唯贤的人,事业上<u>无不取得</u>成功的。

(3)醒秋心里纷乱,晚上乱梦如云,自从到法国以来,<u>无一夜不梦见</u>她的母亲。

(4)<u>难免不感染</u>上孤独症。

(5)"孤独的老人"的事实,表现了金钱世界的残酷无情,使人<u>不得不产生</u>一种面对现实的思考和人生的感慨。

(6)运气好的话,一天下来收入高达一万法郎。这<u>不能不成为</u>诱惑。

（7）我当时不太同意小帅的处理方式，我想人在那个状态下是<u>不可能不爆发</u>的，而且当时已经憋到不行了，特别需要爆发。

（8）这样的民族、这样的军队，是毫无希望的，是<u>没有不衰落和不垮台</u>的。

（9）黩武穷兵的政策，虽可以收效一时，到头<u>未有不失败</u>的。

（10）我一听见教育就多吃十片迷叶，不然，便<u>没法不呕吐</u>！

当说话人想要强调某件事、某种情况或者某行为动作时，有时会采用双重否定的方式，而非自主变化动词往往可以与这些双重否定结构搭配。

3. "不"+助动词或情态动词的省简形式+非自主变化动词

在具体语境中，"不"加非自主动词中的变化动词表示的是一种人的主观意愿或思想感情倾向。这里的"不"往往是"不"加助动词或情态动词的省略或者简化，例如"不愿、不想、不要、不能、不会"，等等。比如有些语境中"不忘"是对"不能（不要）忘记"的简化。例如在"人谁不死，但要死得其所"中，"不死"其实是"不会死"的简化。再如"无论遇到什么苦难都不能死，我不仅不死，还要好好活着"中的"不死"是"不能死"或者"不要死"的简化。又如"时刻不忘"及"外出疗伤，不忘带上复读机，强化英语学习"中的"不忘"其实是"不要忘记"的简化。还如"你早不病，晚不病，偏偏在这时候病"也可以理解为它表达的是一种人的主观意愿或者思想感情倾向，表达了说话人对所发生事情、结果或是行为动作的不满、不情愿等主观上的不愿意。这种情形下的助动词或情态动态也可视为语气标记语。

从词的概念意义来看，在非自主变化动词中，凡是可以通过人为控制、主观努力来创造某种条件，使得其可以间接造成或者促使结果向着另一面转化或改变的动词均可以与否定副词"不"进行搭配，这一类非自主变化动词有很多，例如"沉溺、倒塌、犯规、犯罪、害羞、失败"等，其共性就在于人们可以通过对自身进行约束、强迫性管理等，从而通过改变过程来改变最终结果。整个搭配在句中同整个交际环境相联系之后,往往会体现出一种情感色彩意义,体现出说话人对所指对象或有关现象的主观态度、愿望以及各种感情倾向,或是褒义,或是贬义,或显示了肯定、喜爱、赞扬的主观态度,或显示了否定、厌恶、贬斥的主观态度,整个搭配体现出的这种情感色彩倾向或与该动词本身一致,或者相反。例如:

(1)他注重感情,却<u>不滥用</u>感情;他珍惜感情,却<u>不沉溺</u>感情;他善待感情,却不玩弄感情。

(2)抵抗住压力使东西<u>不倒塌</u>。

(3)他对工作非常热心,既<u>不偷懒</u>,也<u>不犯规</u>。

(4)我当时开放、爽快,见了游客<u>不害羞</u>,所以打定主意做游客的生意。

(5)乱下手谕,主观武断,焉<u>能不败</u>。

综上所述,否定副词"不"与非自主变化动词的上述超常组合的固化模式,并不违反语言的使用习惯与搭配原则,这些搭配或者带有较为强烈的主观色彩、主体性,包含这些搭配的语句往往带有较为强烈的语气,这些搭配往往呈现某种客观规律,在所指上往往游移于主观与客观两端,尤以主观化主体性为主,多为非常态(也是一种"超常")。否定副词"不"与非自主变化动词超常组合的固化模式,带有一定的构式特征。这些组合的存在有其必要的语用价值,有利于人们在日常交际过程中更加适合语境、更为恰当得体地表达、更好地达到话语交际目的。

原载于《宁夏大学学报》2018 年第 5 期,发表时署名张春泉、牛欣桐,后附录于《文学话语的设问辞格:历时视角的个案分析》,西南师范大学出版社,2021

下 编

典型学术话语系统的术语修辞个案分析

《墨经·小取》和《荀子·正名》的术语实践

　　先秦时期,汉语语境下有一定的术语(尤指哲学文化学术术语)思想和实践。我们此前初步探讨了《公孙龙子》和《荀子》的术语学思想,[①]也初步考察了《孙子兵法》的术语实践。[②] 这里,我们探讨先秦另两个语篇《墨经·小取》和《荀子·正名》的术语实践。《墨经·小取》和《荀子·正名》是先秦诸子文献中科学性尤强的两篇,其术语实践在先秦具有一定的代表性。

　　语篇中术语的存在形态可概括为术语点、术语链、术语面、术语体。这里从术语点的界定、术语链的衔接、术语面的延展、术语体的交织等四个方面看《墨经·小取》和《荀子·正名》的术语实践。术语点,语篇中的一种基本术语形态,是指语篇中的某一单句、复句、句群或语段只有某个单一术语分布,或所分布的术语之间在外延上是全异或全同关系,术语之间无直接关联,此种形态下我们重点关注其界定。术语链(线),是指语篇中的某一单句、复句、句群或语段里邻近分布的术语之间为交叉关系(此处所言的"交叉关系"不包括种属关系)。术语面,是指语篇中邻近分布的术语之间为整体与部分的关系。术语体,是指语篇中邻近分布的术语之间为属种或种属的逻辑关系。

---

①　张春泉:《〈公孙龙子〉的术语学思想——兼析〈荀子〉与〈公孙龙子〉术语学思想的"共相"》,《长沙理工大学学报》(社会科学版)2011 年第 4 期,第 12-15 页。

②　张春泉:《试析〈孙子兵法〉中的动态术语语义场》,《湖北师范学院学报》(哲学社会科学版)2013 年第 2 期,第 26-29 页。

《墨经·小取》和《荀子·正名》较少见到术语体的交织。术语体的术语,有这样的特征:铺排在一起使用的术语之间有逻辑上的种属关系。术语使用在语义逻辑上的"体",不同于术语使用形式上的排比。

本文《墨经·小取》语例主要出自吴毓江撰、孙启治点校的《墨子校注》,①参以吴毓江著、西南师范大学汉语言文献研究所整理点校的《墨子校注》,②孙诒让的《墨子间诂》,③谭家健、孙中原的《墨子今注今译》。④《荀子·正名》语例主要出自王先谦撰、沈啸寰和王星贤整理的《荀子集解》,⑤参以张觉的《荀子译注》。⑥

一、术语点的界定

《荀子·正名》在术语理论上有精到的见解,其关于术语功用的认识尤其值得重视,虽然还不甚系统。例如,《荀子·正名》指出,"如是则志无不喻之患,事无困废之祸,此所为有名也"。《荀子》中"名"的内涵十分丰富,古往今来论者见仁见智,但有一点应该是明确的,"术语"是"名"的一个重要的种概念。作为属概念的"名"所具有的性质,其种概念"术语"也一定有。

《荀子》还注意到了术语制定的规约性。《荀子·正名》有言:"知异实者之异名也,故使异实者莫不异名也,不可乱也。犹使异实者莫不同名也。此事之所以稽实定数也,此制名之枢要也。后王之成名,不可不察也。""稽实定数"乃"制名之枢要"。这里的名实关系之内涵较为复杂,可以有多维诠

① 吴毓江:《墨子校注》,孙启治点校,中华书局,2006。
② 吴毓江:《墨子校注》,西南师范大学汉语言文献研究所整理点校,西南师范大学出版社,1992。
③ 孙诒让:《墨子闲诂》,孙以楷点校,中华书局,1986。
④ 谭家健、孙中原:《墨子今注今译》,商务印书馆,2009。
⑤ 王先谦撰,沈啸寰、王星贤整理:《荀子集解》,中华书局,2012。
⑥ 张觉:《荀子译注》,上海古籍出版社,1995。

释,指称与被指称应是其题中应有之要义。在某种意义上说明了,术语在指称上不可乱。如果乱了,则势必"是非之形不明"。"今圣王没,名守慢,奇辞起,名实乱,是非之形不明;则虽守法之吏、诵数之儒,亦皆乱也。若有王者起,必将有循于旧名,有作于新名。然则所为有名,与所缘以同异,与制名之枢要,不可不察也。"(《荀子·正名》)据王先谦的《荀子集解》:"缘,因也。枢要,大要总名也。物无名则不可分辨,故因而有名也。名不可一贯,故因耳目鼻口而制同异又不可常别,虽万物万殊,有时欲举其大纲,故制为名之枢要。谓若谓之禽,知其二足而羽;谓之兽,知其四足而毛。既为治在正名,则此三者不可不察而知其意也。"①简言之,名实不可乱,名与名之间不可混淆。

"夫物有以同而不率遂同。辞之侔也,有所至而正。其然也,有所以然也。其然也同,其所以然不必同。其取之也,有所以取之。其取之也同,其所以取之不必同。故言多方,殊类异故,则不可偏观也。"(《墨子·小取》)

术语的使用要慎重,不可乱用和滥用。

以上理论思想往往联系的是"一般概念"。例如:

"见侮不辱","圣人不爱己","杀盗非杀人也",此惑于用名以乱名者也。验之所以为有名而观其孰行,则能禁之矣。"山渊平","情欲寡","刍豢不加甘,大钟不加乐",此惑于用实以乱名者也。验之所缘以同异而观其孰调,则能禁之矣。"非而谒楹","有牛马非马也",此惑于用名以乱实者也。验之名约,以其所受悖其所辞,则能禁之矣。(《荀子·正名》)

"言此三者,徒取其名,不究其实,是惑于用名以乱正名也。"②以上用例证的形式明确了"名"与"实"的某种对应关系,诚如《墨经·小取》之"以名举实",同时阐明了"名"作为一般概念的重要功用。

---

① 王先谦撰,沈啸寰、王星贤整理:《荀子集解》,中华书局,2012,第402页。
② 同上书,第407页。

　　表达一般概念的语词中的一个重要部分是术语。术语是普通"名"中的一个特殊的子类，更不可乱，需要统一。如《荀子·正名》所言："故王者之制名，名定而实辨，道行而志通，而慎率民而一焉。"

　　以上与"实"相对之"名"，为"王者之制名"，即通过特定权威创制认定的"名"，主要指术语。《墨经·小取》和《荀子·正名》中的重要术语往往有语篇内的界定。例如：

　　效者，为之法也；所效者，所以为之法也。故中效，则是也；不中效，则非也：此效也。（《墨经·小取》）

　　上例关于"效"的界定，包含一个假言选言推理，"中效"和"不中效"是不相容的选言支，逻辑严密。

　　夫辩者，将以明是非之分，审治乱之纪，明同异之处，察名实之理，处利害，决嫌疑焉。（《墨经·小取》）

　　在某些内涵和外延上类似的，比如《荀子·正名》述及：

　　今圣王没，天下乱，奸言起，君子无埶以临之，无刑以禁之，故辨说也。有兼听之明而无备矜之容；有兼覆之厚而无伐德之色。说行则天下正，说不行则白道而冥穷，是圣人之辨说也。

　　以上两例是对"辩"和"辨说"这两个术语的功用的解释和说明。同样是对相关术语"辩"（"辨说"）的功能的描述，《墨经·小取》相对抽象一些，《荀子·正名》则在其说解中带有一定的叙事性。《墨经·小取》的解释虽相对抽象，但在解释时运用了一组排比，层次清晰，其解释也很明确、严谨。

　　就术语点的界定而言，术语的解释，具有一定的修辞性，我们称之为修辞解释。其主要表现为这种修辞解释不是严格意义上的定义，不同于一般"种差+邻近属概念"的那种实质定义，也不同于语词定义，术语的修辞解释可以使用形象化的、感性的语言，比如辞格等，还表现为某种多解性。

　　以上术语实践似可表明，《荀子·正名》和《墨经·小取》中表达一般概念的日常语词和专门术语往往有一定的"纠葛"：二者无论是语用环境，还是自身形式;无论是生成启用,还是界定解释,都没有那么泾渭分明。这与古希腊亚里士多德时代的术语实践大不相同。比如,从可比的方面说,亚里士多德的《修辞学》《诗论》等同样偏重人文学科研究的著作,对术语的语用环境、自身形式及术语的发生、解释都较为系统和"专门",往往不与一般概念直接混淆。例如,《修辞学》每一章下面首先呈现的内容主要是术语,或者是对术语的定义、说解,抑或是对术语群的辨析。如第一卷第一章的开篇:"修辞术是论辩术的对应物,因为二者都论证那种在一定程度上是人人都能认识的事理,而且都不属于任何一种科学。"①其中三个较为关键的术语("修辞术""论辩术"与"科学")三者为全异关系。第二章开头写道:"修辞术的定义可以这样下:一种能在任何一个问题上找出可能的说服方式的功能。"②第三章开头:"演说按听众的种类分为三种,……即政治演说、诉讼演说和典礼演说。"③

二、术语链的衔接

界定术语点的一个重要目的是有效运用之。《墨经·小取》和《荀子·正名》中常可见术语群的适用,即两个或两个以上术语相邻、相近地并现于语篇。如前所述,术语群的关联,可以形成术语链、术语面、术语体。

术语群之所以存在于《墨经·小取》和《荀子·正名》中,一个很重要的原因是二者均有"类""同""异"的观念,这些概念在《墨经·小取》和《荀子·正名》中有较为清晰的认识。譬如:"此与彼同类,世有彼而不自非也,墨者有此而非之,无也故焉,所谓内胶外闭与?心毋空乎内,胶而不解也,此乃是而不然者也。"(《墨经·小取》)同类的事物,内部也有不同。不同类的事物

---

① 亚理斯多德:《修辞学》,罗念生译,生活·读书·新知三联书店,1991,第 21 页。

② 同上书,第 24 页。

③ 同上书,第 30 页。

尤然:"夫物或乃是而然,或是而不然,或不是而然,或一周而一不周,或一是而一非也,不可常用也。故言多方殊类异故,则不可偏观也,非也。"(《墨经·小取》)《荀子·正名》也有同类和异类的论述:"然则何缘而以同异? 曰:缘天官。凡同类、同情者,其天官之意物也同;故比方之疑似而通。是所以共其约名以相期也。形体、色、理,以目异;声音清浊、调竽、奇声以耳异;甘、苦、咸、淡、辛、酸、奇味以口异;香、臭、芬、郁、腥、臊、洒、酸、奇臭以鼻异;疾、养、沧、热、滑、铍、轻、重以形体异,说、故、喜、怒、哀、乐、爱、恶、欲以心异。心有征知。征知则缘耳而知声可也,缘目而知形可也,然而征知必将待天官之当簿其类,然后可也。五官簿之而不知,心征之而无说,则人莫不然谓之不知,此所缘而以同异也。"以上同类事物内部不同子类的差异形成了不同的语义场,这段论述自身即是以概念群的形式给出佐证。相应相反,"凡语治而待去欲者,无以道欲而困于有欲者也。凡语治而待寡欲者,无以节欲而困于多欲者也。有欲无欲,异类也,生死也,非治乱也。欲之多寡,异类也,情之数也,非治乱也。欲不待可得,而求者从所可。欲不待可得,所受乎天也;求者从所可。所受乎心也。所受乎天之一欲,制于所受乎心之多,固难类所受乎天也"。《荀子·正名》还有言:"正名而期,质请而喻。辨异而不过,推类而不悖。听则合文,辨则尽故。以正道而辨奸,犹引绳以持曲直,是故邪说不能乱,百家无所窜。"这段话王先谦诠释道:"正名而期,谓正其名以会物,使人不惑也。质,物之形质。质请而喻,谓若形质自请其名然,因而喻知其实也。辨异而不过,谓足以别物,则已不过说也。推类而不悖,谓推同类之物,使共其名,不使乖悖也。听则合文,辨则尽故,谓听它人之说则取其合文理者,自辨说则尽其事实也。正道,谓正名之道。"[①]或者可以说,同和不同,以类相从,并在比较中区别,在"群"的差异中存在。

　　《墨经·小取》和《荀子·正名》中的术语链均有离散型和连续型两种。

---

①　王先谦撰,沈啸寰、王星贤整理:《荀子集解》,中华书局,2012,第410页。

1. 离散型衔接

这种情形下,术语所表达的概念之间在外延上为全异关系。例如:

以类取,以类予。(《墨经·小取》)

以术语"类"关联而直接并列的术语"取"和"予"为全异关系,"类""取""予"三个术语不在同一个层面上:类,是事物的存在状态(以类相从);取,是主体对事物的一种处置方法("选择");予,是主体对事物作出判断的一种思维形式。"有所选择之谓'取',有所是可之谓'予'。'取'即是举例,'予'即是判断。"①"此言辩之两基本原则。于个体事物之中,择取其相类者,舍弃其不类者,是之谓'以类取'。于相类事物之中,已知其一部分如此,因而判断其他一部分亦如此,是之谓'以类予'。类之观念在《墨经》中至为重要,明是非、辩同异,其要不外乎明类。"②不妨说,"类""取""予"三个术语在《墨经》中是离散型衔接。又如:

或也者,不尽也。假者,今不然也。(《墨经·小取》)

上例的"或"为"或然法","假"为"假设法",二者所表达的概念在外延上为全异关系。

后王之成名:刑名从商,爵名从周,文名从《礼》。散名之加于万物者,则从诸夏之成俗曲期;远方异俗之乡,则因之而为通。(《荀子·正名》)

上例中的"刑名""爵名""文名""散名"所表达的概念在外延上为全异关系,呈互补之势。

故明君临之以埶,道之以道,申之以命,章之以论,禁之以刑。(《荀子·正名》)

上例中的"埶""道""命""论""刑"所作用的对象全然不同,它们所表

---

① 吴毓江:《墨子校注》,孙启治点校,中华书局,2006,第631页。

② 同上书,第632页。

达的概念也均为全异关系。

　　然后随而命之:同则同之,异则异之,单足以喻则单;单不足以喻则兼,单与兼无所相避则共,虽共,不为害矣。(《荀子·正名》)

　　上例实际为两套术语:"同"和"异";"单""兼""共"。这两套术语内部均呈离散型衔接。前一个"同",是"同类"之意,后一个"同"是"同名"之意;前一个"异",是"异类"之意,后一个"异"是"异名"之意。"单,物之单名也。兼,复名也。"①再如:

　　凡人之取也,所欲未尝粹而来也;其去也,所恶未尝粹而往也。故人无动而可以不与权俱。衡不正,则重县于仰而人以为轻,轻县于俛而人以为重,此人所以惑于轻重也。权不正,则祸托于欲而人以为福,福托于恶而人以为祸,此亦人所以惑于祸福也。道者,古今之正权也,离道而内自择,则不知祸福之所托。(《荀子·正名》)

　　由"取""去",引入"权""衡",先解释"权",然后解释"道"。"粹,全也。凡人意有所取,其欲未尝全来,意有所去,其恶未尝全去,皆所不适意也。权者,称之权,所以知轻重也,能权变适时,故以喻道也。言人之欲恶常难适意,故其所举动而不可不与道俱,不与道俱则惑于欲恶矣。故达道者不戚戚于贫贱,不汲汲于富贵,故能遣夫得丧,欲恶不以介怀而欲自节矣。"②这里的"权"实际用了其引申义而释"道"。

2.连续型衔接

　　这种情形下,术语所表达的概念之间在外延上为交叉关系。例如:

　　辟也者,举也物而以明之也。侔也者,比辞而俱行也。援也者,曰:"子然,我奚独不可以然也?"推也者,以其所不取之同于其所取者,予之也。"是

---

① 王先谦撰,沈啸寰、王星贤整理:《荀子集解》,中华书局,2012,第405页。
② 同上书,第416页。

犹谓"也者,同也。"吾岂谓"也者,异也。(《墨经·小取》)

"辟",简单地说,即比喻。"侔",对比。"援",引用。"推",归纳。四者之间有交叉。上例是分述之,亦可并用该四个术语:

是故辟、侔、援、推之辞,行而异,转而危,远而失,流而离本,则不可不审也,不可常用也。(《墨经·小取》)

类似地:

性者,天之就也;情者,性之质也;欲者,情之应也。以所欲为可得而求之,情之所必不免也;以为可而道之,知所必出也。(《荀子·正名》)

上例中的"性""情""欲""知"四个术语也有明显的"纠结",是为交叉关系,形成连续型术语链的衔接。

实不喻然后命,命不喻然后期,期不喻然后说,说不喻然后辨。故期、命、辨、说也者,用之大文也,而王业之始也。(《荀子·正名》)

上例中,"实",实际事物。"命",命名。"期",约定。"说",解说。"辨",同"辩",辩论。五者为交叉关系,是连续型术语链衔接。

亚里士多德的《修辞学》里面也有一定量的术语链的衔接。例如:"不属于艺术本身的或然式证明分五类,即法律、见证、契约、拷问、誓言。"[1]这里的"法律、见证、契约、拷问、誓言"形成一个术语链,因系分类,故它们之间为全异关系,属于我们所说的离散型衔接。又如:"既然每一种演说都有自己的目的,既然我们已经搜集了政治演说、典礼演说和诉讼演说的或然式证明所依据的意见和命题,并且确定了使我们的演说表现性格的方式,只有通用部目尚待讨论,因为所有的演说者都必须在他们的演说中使用可能、不可能部目,有一些演说者企图证明某一件事将要发生,另一些演说者则企图证明某一件事已经发生。"[2]其中,"政治演说、典礼演说和诉讼演说"也是离散型衔

---

[1]　亚理斯多德:《修辞学》,罗念生译,生活·读书·新知三联书店,1991,第62页。

[2]　同上书,第105页。

接。亚里士多德的《修辞学》中这类离散型衔接其实在总体上是连续的,即其衔接的各分子(子类)总体上常常与某一个相应属概念的外延为全同关系,比如"或然式证明"和"法律、见证、契约、拷问、誓言"的外延之和应为全同关系。或者可以说,亚里士多德的《修辞学》所呈现出来的离散型术语链和连续型术语链有时只是视角的不同,即在宏观上是连续型衔接,在微观上是离散型衔接。这与《墨经·小取》《荀子·正名》均不尽相同,后者术语链的衔接方式究竟是离散还是连续常不难辨析,无宏观和微观视角上的对立统一。

三、术语面的延展

前文已述及,术语面是指一个语篇单位内连续使用的术语在逻辑关系上是整体(部分)与部分(整体)的关系。例如:

以名举实,以辞抒意,以说出故。(《墨经·小取》)

一般说来,"名"是指概念,"辞"是指命题,"说"是指推理。推理是有命题直接组成的,命题是由概念直接构成的。类似地:

名闻而实喻,名之用也。累而成文,名之丽也。用、丽俱得,谓之知名。名也者,所以期累实也。辞也者,兼异实之名以论一意也。(《荀子·正名》)

上例中的"辞"或可解释为命题,也有解释为言语;"名"或可解释为概念,也有解释为名称。无论哪种解释,"辞"和"名"二者的关系是明确的:整体与部分的关系,即辞由名构成。所谓"辞"兼"名"即是。"名之用,本在于易知也。"[1]"辞者,说事之言辞。兼异实之名,谓兼数异实之名,以成言辞。"[2]质言之,"名"构成"辞","辞"是整体,"名"是部分。

---

① 王先谦撰,沈啸寰、王星贤整理:《荀子集解》,中华书局,2012,第 409 页。

② 同上书,第 409-410 页。

辨说也者,不异实名以喻动静之道也。期命也者,辨说之用也。辨说也者,心之象道也。心也者,道之工宰也。道也者,治之经理也。心合于道,说合于心,辞合于说,正名而期,质请而喻。辨异而不过,推类而不悖,听则合文,辨则尽故。以正道而辨奸,犹引绳以持曲直;是故邪说不能乱,百家无所窜。(《荀子·正名》)

上例中形成术语链的"说"和"辞"亦为整体和部分的关系。似乎可以说,这里的"说"和"辞"与《墨经·小取》"以辞抒意,以说出故"中的"说"和"辞"在语义内涵上大致相当,至少二者在对应关系上相似。

君子之言,涉然而精,俛然而类,差差然而齐。彼正其名,当其辞,以务白其志义者也。彼名辞也者,志义之使也,足以相通则舍之矣;苟之,奸也。外是者谓之切,是君子之所弃,而愚者拾以为己宝。故愚者之言,芴然而粗,啧然而不类,諧諧然而沸。彼诱其名,眩其辞,而无深于其志义者也。故穷藉而无极,甚劳而无功,贪而无名。故知者之言也,虑之易知也,行之易安也,持之易立也;成则必得其所好而不遇其所恶焉。而愚者反是。《诗》曰:"为鬼为蜮,则不可得;有靦面目,视人罔极。作此好歌,以极反侧。"此之谓也。(《荀子·正名》)

上例中的"言""辞""名"三个术语,"言"由"辞"构成,"辞"由"名"构成。

在亚里士多德的《修辞学》的术语实践中,也有术语面的延展情形。例如:"语言是由名词和动词组成的。"[1]其中术语"语言"是整体,"名词"和"动词"是部分。再如:"环形句由子句组成,或由简单的形式构成。由子句组成的环形句是一种完全句,可以分段,可以一口气读完,不能像上述环形句那样分开,而应当把它当作一个整体。子句是环形句的两部分之一。简单的

---

① 亚理斯多德:《修辞学》,罗念生译,生活·读书·新知三联书店,1991,第151页。

环形句,指由一个子句构成的环形句。子句和环形句不应当削短,也不应当拖长。"①其中,"环形句"和"子句"即为整体与部分的关系,二者多次并用,形成术语面的拓展。

四、术语体的交织

具有种属关系的术语,在特定语篇单位里可形成术语体。《墨经·小取》未见典型的术语体交织的情形。《荀子·正名》有较为典型的用例。例如:

故万物虽众,有时而欲遍举之,故谓之物。物也者,大共名也。推而共之,共则有共,至于无共然后止。有时而欲遍举之,故谓之鸟兽。鸟兽也者,大别名也。推而别之,别则有别,至于无别然后止。(《荀子·正名》)

上例中,术语"大共名"和"大别名"所表达的概念在外延上为属种关系,"大共名"为属概念,"大别名"为种概念。二者既不是线性衔接,也不是同一个平面上的延展,而是形成术语体的交织。

名无固宜,约之以命,约定俗成谓之宜,异于约则谓之不宜。名无固实,约之以命实,约定俗成谓之实名。名有固善,径易而不拂,谓之善名。物有同状而异所者,有异状而同所者,可别也。状同而为异所者,虽可合,谓之二实。状变而实无别而为异者,谓之化;有化而无别,谓之一实。(《荀子·正名》)

上例中的"名"所表达的概念是属概念,"实名"和"善名"所表达的概念为种概念。"名"和"实名""善名"不在同一个层面上,"名"包含"实名"和"善名"等。相对于以上两例,下例则有所不同:

散名之在人者,生之所以然者谓之性。性之和所生,精合感应,不事而自然谓之性。性之好、恶、喜、怒、乐谓之情。情然而心为之择谓之虑。心虑

---

① 亚理斯多德:《修辞学》,罗念生译,生活·读书·新知三联书店,1991,第 171 页。

而能为之动谓之伪。虑积焉、能习焉而后成谓之伪。正利而为谓之事。正义而为谓之行。所以知之在人者谓之知。知有所合谓之智。智所以能之在人者谓之能。能有所合谓之能。性伤谓之病。节遇谓之命。是散名之在人者也,是后王之成名也。(《荀子·正名》)

上例中的"散名"与"性""情""虑""伪""事""行""知""智""能""命",不在同一个语层上,前者可以看作元语言,后者为对象语言。或曰"散名"为语言学术语,而"性"等皆为心理学术语,是"散名之在人者",这不妨说也是一种特殊的术语体的交织。饶有意味的是亚里士多德的《修辞学》里有一段话语在语义上与上述话语有些类似:"欲念,有的是无理性的,有的是有理性的。'无理性的欲念',指没有经过思考而发生的欲念。所谓'自然的欲念'就属于这一类,例如来自肉体的欲念,饥渴所引起的饮食欲、对每一种饮食的欲念,品尝欲;性欲、一般的触觉欲;以及与嗅觉、听觉、视觉有关的欲念。'有理性的欲念',指被劝诱而发生的欲念;有许多东西,只要有人告诉我们是使人愉快的,或者有人劝诱我们,使我们相信是使人愉快的,我们就想观看,想获得。"①显然,亚理斯多德的《修辞学》在种属关系的划分(不是"分解",分解对应的是整体与部分的关系)上相对更为缜密,比如采用二分法,"无理性"和"有理性"等,因此其术语体的交织更为严密完备。

此外,不难发现,《墨经·小取》虽未见典型的术语体的交织,但日常语词的层层交织不乏其例。例如:

白马,马也;乘白马,乘马也。骊马,马也,乘骊马,乘马也。获,人也;爱获,爱人也。臧,人也;爱臧,爱人也。此乃是而然者也。(《墨经·小取》)

上例中的"白马"和"马"所表达的概念为种属关系;"获"和"人"为种属关系;"臧"和"人"也为种属关系。它们均为日常语词而非术语的语义逻辑关系。或者可以说,日常语词所表达概念的属种关系可以形成较为严密的

① 亚理斯多德:《修辞学》,罗念生译,生活·读书·新知三联书店,1991,第49页。

逻辑实践,而术语所表达概念的种属关系则可形成较为严密的学术演绎体系。而后者在亚里士多德的《修辞学》里则较为常见。

仍然以亚里士多德《修辞学》为例,《修辞学》中可见较多术语体的交织的情形。例如,亚里士多德《修辞学》第一卷第二章,开篇界定"修辞术"之后,紧接着指出,"有的或然式证明不属于艺术本身,有的或然式证明属于艺术本身"①。这里后者所提及的"或然式证明"和"艺术"这两个术语在逻辑上为种属关系。接下来,作者又谈道,"由演说提供的或然式证明分三种。"②又进一步进行属种关系的拓展。作者还断定,"所以修辞术实际上是论辩术的分枝,也是论理学的分枝,伦理学应当称为政治学"③。这里所说的"分枝"标志的是属种关系。

当然,时代相近的亚里士多德的《修辞学》和《墨经》《荀子》的术语实践并非无共同之处,比如术语链的衔接、术语面的延展则有更多的相似之处。

最后需要说明的是,虽然在基本哲学义理上《墨经》和《荀子》有很大的不同,但这并不妨碍二者都很重视术语并在术语实践上有共同之处。从总体上看,就对单独的术语的界定而言,《墨经·小取》的界定比《荀子·正名》更严密一些;就对术语群的处理而言,《墨经·小取》未见典型的术语体交织的情况,而《荀子·正名》则有此种情形。在某种意义上似乎可以说,相对于《荀子》和亚里士多德的学术思想,《墨经》术语点、链、面的严密实践和术语体的阙如是其学术思想和逻辑实践既早熟而又缺乏后劲的一个内因。

原载于《学术交流》2018 年第 10 期

---

① ②　亚理里斯多德:《修辞学》,罗念生译,生活·读书·新知三联书店,1991,第 24 页。
③　同上书,第 25 页。

基于科学传播的术语修辞

——梁启超、王国维、陈寅恪、赵元任的术语修辞举隅

近现代以降,人文社会科学各分支学科逐步建立,人文社会科学的学术话语特色逐渐彰显,其术语修辞机制渐趋成熟,代表性论著(话语作品)不断涌现。

1902 年问世的马建忠《艺学统纂》,"乃平日随手记录之作,为类十有四,为卷八十八,凡所甄录,具有条理,其非他人捃拾陈言以赝鼎冀乱真者可知也。方今兴学毓材,屡见明诏,此书一出,吾知学子当奉为鸿宝,即是而为实学之先导,其宝爱当不止如宋元士夫之珍王深宁《困学纪闻》也。"①该著崇尚实学,分门别类,体系严整,恰当有效地使用了大量百科术语。

1894 年问世的陈虬《利济教经》,"蕲为明体达用之学。……苟名义未谙,而欲遽求了慧,是行不以径,出不以户,无所往而不迷矣! 因次为韵语三十六章,句约三言,举凡古今中西学业规制以及世间一切人事,皆标举指要,事繁语赅,以期急就。"②与《艺学统纂》类似,陈虬《利济教经》系百科教科书,仿三字经,适当地运用术语修辞,便于初学者乐于学习,"颇益学子"③。

邵作舟《公理凡》作于 1890(光绪庚寅)年,"所以求宇宙一切事物之公

---

① 薛玉琴、徐子超、陆烨:《中国近代思想家文库·马建忠、邵作舟、陈虬卷》,中国人民大学出版社,2015,第 175 页。

②③ 同上书,第 486 页。

理者也。"①"其书皆言事物公理,理之所难显者则以数形之笔之,所难达者则以图详之,有数学方式,有物理方式,有化学方式。"②亦有一定量的术语和有效的术语修辞。

以上论著的综合性比较强,近现代以来也有相对专门的分科之作。社会科学方面如李大钊《战争与人口》(上)、严复《政治讲义》、马建忠《法律探原》、费孝通《乡土中国》《生育制度》等。

人文学科如谭嗣同《仁学》、陈望道《美学概论》、朱光潜《文艺心理学》、赵元任《语言问题》、傅斯年《历史语言研究所工作之旨趣》、梁启超《中国历史研究法》等。

还有一些论文、杂文、演讲也有部分话语语篇属于人文社会科学,如胡先骕《胡先骕文存》(上卷)、章太炎《章太炎演讲集》、梁启超《梁启超演讲集》、蔡元培《蔡元培讲演集》、胡适《中国文艺复兴:胡适演讲集》(一)、胡适《为什么读书:胡适演讲集》(三)、老舍《老舍讲演集》、鲁迅《坟》、钱穆《湖上闲思录》、金克木《书读完了》、钱锺书《写在人生边上》《人生边上的边上》等。

此外,亦有一些日常日记和书信有时也会涉及学术内容,并建构有相应的学术话语。如竺可桢《竺可桢日记》、王国维的《王国维未刊来往书信集》等。

以上论著的学术话语均各有特色,都十分重视术语修辞;在这些语篇中,术语修辞的重要动因之一是科学传播。最后,我们以尤具代表性的清华国学院的四大导师梁启超、王国维、陈寅恪、赵元任的较为典型的学术话语语篇为例,讨论基于科学传播的术语修辞。"1925 年 4 月,学界泰斗梁启超、王国维与甫从美国哈佛大学归来的语言学家赵元任,以

---

① 薛玉琴、徐子超、陆烨:《中国近代思想家文库·马建忠、邵作舟、陈虬卷》,中国人民大学出版社,2015,第 277 页。

② 同上书,第 278 页。

及尚在德国学习的陈寅恪被正式聘为教授;上述四人,便是人们通常所说的清华国学研究院四大导师。"①清华国学研究院及其四大导师在学界的影响巨大。"清华学校成立研究院,聘请王国维、梁启超、赵元任、陈寅恪为导师,号称'国学研究院'。国学院建立的时间虽然不长,但名师荟萃、人才辈出,且正值五四以后新文化运动深入发展之际,因而在二十世纪中国学术发展史上产生了相当影响。"②梁启超、王国维、陈寅恪和赵元任都博古通今、学贯中西,都具有跨学科学术背景和多方面的学术造诣,都较为重视术语及其运用,都有一定量的学术论著(语篇)行世,都很重视科学传播。

前文已述及,科学传播是术语修辞的重要动因、"题旨",术语修辞是科学传播的重要机制、途径。曾任清华大学国学研究院导师的梁启超、王国维、陈寅恪、赵元任的学术话语影响深远,代表性强,其术语修辞值得研究。我们以梁启超《梁启超演讲集》、王国维《国学丛刊序》、陈寅恪《吾国学术之现状及清华之职责》、赵元任《语言问题》这些尤具特色的学术论著(话语)作为主要观测点,管窥基于科学传播的学术话语术语修辞。《梁启超演讲集》和《语言问题》均为演讲集,后者相较于前者而言更为系统,主题更为集中;《国学丛刊序》是"序",整体而言,可看作元语言,是对对象语言(被介绍说明的"国学丛刊")的某种概括性解说,具有一定的推介作用;《吾国学术之现状及清华之职责》兼具学术综述和演讲的性质。

一、语词中的术语修辞:术语自身修辞

语词中的术语修辞,包括术语的命名及其自身内部的修辞构造、术语的

---

① 邵盈午:《重新解读清华国学研究院的当代意义》,《文化学刊》2009 年第 5 期,第 135 页。

② 袁桔红、贾宇:《清华国学研究院与二十世纪中国学术 纪念清华学校研究院成立八十周年讨论纪要》,《博览群书》2005 年第 8 期,第 4 页。

有效翻译等。词语中的术语修辞,可以说是术语修辞的底层,其他层级的术语"建筑"在它的上面。之所以是底层,是因为它往往是术语之所以为术语的机制。

有时,在语篇中提出一个新术语,包括对其所表达的概念的内涵和外延的解释,都可看作语词中的术语修辞。例如:

(1)这些都是美国"图书馆学"里头多年的重大问题,经许多讨论,许多试验,得有最良成绩。[①] (《梁启超演讲集》,第 159 页)

上例是对当时较新的术语"图书馆学"的某种说述。

(2)学问无国界,图书馆学怎么会有"中国的"呢? 不错,图书馆学的原则是世界共通的,中国诚不能有所立异,但中国书籍的历史甚长,书籍的性质极复杂,和近世欧美书籍有许多不相同之点,我们应用现代图书馆学的原则去整理它,也要很费心裁,决不是一件容易的事。从事整理的人,须要对于中国的目录学(广义的)和现代的图书馆学,都有充分智识,且能神明变化之,庶几有功。这种学问,非经许多专门家继续研究不可。研究的结果,一定能在图书馆学里头成为一门独立学科无疑。所以我们可以叫它作"中国的图书馆学"。(《梁启超演讲集》,第 161 页)

上例是对"图书馆学"及"中国的图书馆学"的解释,重在说明"中国的图书馆学"的外延。在解释过程中,运用了设问、对照等修辞格。

(3)中国从前虽没有"图书馆学"这个名词,但这种学问却是渊源发达得很早。(《梁启超演讲集》,第 161 页)

上例是对中国的"图书馆学"的名实关系之简要说明。直接提及"名词",这里的名词即术语。

(4)我很相信,中国现代青年,对于外国图书馆学得有根柢之后,回头再把

[①] 本部分主要取例于《梁启超演讲集》,天津古籍出版社,2005。出自该书的所有例句只标注书名和页码。

中国这种目录学(或用章学诚所定名词叫它作校雠学)加以深造的研究,重新改造,一定能建设出一种"中国的图书馆学"来。(《梁启超演讲集》,第162页)

上例是对"中国的图书馆学"如何建设的说述。

(5)图书馆学里头主要的条理,自然是在分类和编目。(《梁启超演讲集》,第162页)

上例说的是"图书馆学"的"条理"。

(6)我用信号学这个名词,也不相当于英文里头那一个特别的学问的名词。因为跟好几门学问都有点儿关系。本来我想说是符号学,不过符号学这东西比较讲静不讲动的,一个符号摆在那儿代表一个什么东西。可是预备的这些问题里头,也包括信息从一个地方传达到一个别的地方的问题在内。其实这一些问题还牵连到从这一个符号影响到各种有生物跟无生物的各种动作、机器的控制那一些问题。[①]

上例是对"信号学"这个术语的解释,通过与"符号学"的对比揭示其内涵,同时还用"有生物""无生物""机器"等其他术语来作解说。

(7)历史统计学,是用统计学的法则,拿数目字来整理史料推论史迹。这个名称,是我和我几位朋友们杜撰的。严格地说,应该名为"史学上之统计的研究法"。因贪省便,姑用今名。[②]

上例是对"历史统计学"这个新术语的理性意义、命名主体、语形等的说解。

以上诸例均含有术语,都是在特定语篇中对术语的解说,需要特别说明的是,这里是语篇中的术语解释,而不是词典(含专科词典和语文词典)中的术语解释。语篇中的术语解释是动态的,它首先是、最终也是对术语的某种运用。这种情形下的术语既是对象语言,同时也是元语言。作为对象语言,它被解释;作为元语言,它用来说解语篇中的其他特定的对象语言。

---

① 赵元任:《语言问题》,商务印书馆,1980,第191页。
② 梁启超:《历史统计学》,1922年11月,《梁启超演讲集》,天津古籍出版社,2005,第126页。

二、语句中的术语修辞：语境、语形、语义

或者可以说，语句中的术语修辞是比词语中的术语修辞高一个层级的修辞形态。相对于词语中的术语修辞，语句中的术语修辞更注重语境协调。

（一）语境协调

这里所说的语境，包括文本语境和认知语境（尤指学科专业领域）。其中往往分布有若干"术语对"或"术语链"。术语对，是指在一个语句中成对出现两个术语。术语链，是指在语段中出现一系列术语，其术语间存在一定的逻辑关系。例如：

（1）我现在拿一个自然科学的比喻来解释下一般语言学跟历史的语言学吧。自然科学里的数、理、化是一般性的、没有时代性的，但是数、理、化应用在事实上真有的物体、物质上，无论是古是今，都成为历史性的科学了。照这样看法，天文是历史性的科学，因为是讲太阳、九大行星、恒星、星云等等的事实上的记载。地理、地文也是历史性的科学；地质更是历史性的科学了。①

上例中，"一般语言学"和"历史的语言学"是一个术语对，是语言学本领域的术语，二者与"自然科学"和"比喻"这两个术语直接联系；紧接着，"自然科学""数""理""化""物质""物体""天文""太阳、九大行星、恒星、星云""地理""地文"等语言学之外的术语，组成术语系列，较为清晰地勾勒了"历史性的科学"的外延。

（2）近两年来"学问饥饿"的声浪，弥漫于青年社会。须知凡有病的人，断不会觉得饥饿，我们青年觉得学问饥饿，便可证明他那"学问的胃口"消化

---

① 赵元任：《语言问题》，商务印书馆，1980，第5-6页。

力甚强,消化力既强,营养力自然也大。①

上例中的"消化力""营养力"作为一个术语对,与"学问的胃口"消化力这一隐喻共同形成了"学问"饥饿的语境。

(3)好一固然是求学的主要法门,但容易发生一种毛病,这毛病我替它起个名叫作"显微镜生活"。镜里头的事物看得纤悉周备,镜以外却完全不见,这样子做学问,也常常会判断错误。②

上例中的科学术语"显微镜"与"生活"直接组合,建构出"显微镜生活"这个隐喻,通过语境,体现了"显微镜生活"的不足。

以上诸例都跨学科使用了术语,这里的学科专业领域或可看作一种认知语境,在认知语境里进行科学传播,在科学传播过程中营造认知语境。

(二)语形凸显

从一定意义上说,文本语境也是一种"语形",只是语境为整体观照,未及凸显。这里所说的"语形凸显",凸显的是语符形式的某些局部特征。较为典型的是辞格形式和风格特征。

1. 辞格形式

基于科学传播的术语修辞,也会用到比喻等叙事类修辞常用的辞格。例如:

(1)或疑如此则党员失其自由,岂非等于机械而丧失人格。曰,等于机械则诚有之,丧失人格则非也。③

上例使用了比喻(暗喻),其中"党员"是本体,"机械""人格"等术语是

① 梁启超:《辛亥革命之意义与十年双十节之乐观》,1921 年 10 月,《梁启超演讲集》,天津古籍出版社,2005,第 37 页。
② 梁启超:《治国学的两条大路》,1923 年 1 月,《梁启超演讲集》,天津古籍出版社,2005,第 202 页。
③ 梁启超:《共和党之地位与其态度》,1913 年 4 月,《梁启超演讲集》,天津古籍出版社,2005,第 21 页。

喻体。

（2）国民而不愿为国之机械,则国无与立,党员而不愿为党之机械,则党无由成。①

上例中的"机械"这一术语也是作喻体。

（3）当君主政治或贵族政治的时代,国民的政治意识很微薄而且很蒙昧,因为人类的本能那一部分久阁不用,他便会像铁生锈的样子,把原有的功能丧失掉。这种道理稍为学过生理学心理学的人,谅来都明白。②

上例中的"铁生锈"作动喻。同时,还跨领域使用了"生理学""心理学"这个"术语对"。

（4）趣味比方电,越摩擦越出。③

上例把"电"这个术语作为喻体。

（5）生物学出世之后,才知道几十万年以前生物界的活动,总像登山一般,一层一层的往上爬,人类大概是最高一层,然而爬了几万年,也不过爬得几级,每爬一级,总比从前得的好处更多。令我们得着人生新趣味,像一盏明灯引着我们向希望路上行。这种发明,又是生物学家一件惊人事业。④

上例中含有术语"生物界"的"生物界的活动"是本体,"登山"是喻体。

以上诸例均使用了比喻,且术语是比喻的一个构成要素。

（6）可是另有一种现象——这种现象比较近年来才有语言学家特别注意到——就是在同一个地理区域,就是没有祖孙关系的语言,里头的几个不同族的语言,也会有些共同点跟相似点,这些共同跟相似点跟其他的地区不

---

① 梁启超:《梁启超演讲集》,天津古籍出版社,2005,第 21 页
② 《对于北京国民裁兵运动大会的感想》,1921 年 10 月,《梁启超演讲集》,天津古籍出版社,2005,第 27 页。
③ 梁启超:《学问之趣味》,1922 年 8 月,《梁启超演讲集》,天津古籍出版社,2005,第 188 页。
④ 梁启超:《生物学在学术界之位置》,1922 年 8 月,《梁启超演讲集》,天津古籍出版社,2005,第 191 页。

共同、不相似。这种现象可以跟生物界里头，生物演进的所谓平行演进（parallel evolution）来比拟。比方说鱼有推进形状的尾巴，可是鲸虽然是哺乳类的动物，可是它也跟鱼似的（它跟鱼是很远很远的远房亲戚咯！）也有同样的尾巴，反而不跟牛、羊、狗、马同样。鸟有翅膀；哺乳类的蝙蝠也有翅膀。人有手，拿手拿东西；象拿鼻子拿东西。这些个功用相当，可是它的器官并不相当。有时候它的形状象，而在生物的进化史上，它们的构造并不相当。在进化史上，构造里头相当的叫 homologous organs；功用相当的，有时候甚至于形状是相当的，而本来不是相当的，那么叫作 analogous（相似的）。[①]

上例使用了多重对照：首先，语言学的现象（"祖孙关系的语言"）和生物学的现象（"生物演进的所谓平行演进"）形成对照；其次，"鱼"和"鲸"对照，"鸟"和"蝙蝠"对照，"人的手"与"象的鼻"对照，"功用"与"形状"对照；最后，还有"鲸"与"牛、羊、狗、马"等哺乳类动物对照。

（7）比方我们看见一两只蝴蝶，算得什么呢？一旦到了动物学者的手里，成千成万的蝴蝶标本聚拢起来，综合一番，分析一番，便成绝大学问。我们做史学的人对于史料之搜集整理，也是如此。统计学的作用，是要"观其大较"。[②]

上例中的"我们"（普通人）与"动物学者"对照。此外，还使用了"综合""分析"这一"术语对"，解释术语"统计学"的作用。

以上两例均使用了对照，通过对照，语形得到一定凸显，在语形凸显中术语的功用得到较为充分的体现，科学知识得以有效传播。

此外，包含术语的设问之有效使用也有助于科学传播。这里关于"设问"的界定主要依据陈望道和郑远汉两位先生的观点。陈望道《修辞学发凡》："胸中早有定见，话中故意设问的，名叫设问。这种设问，共分两类：

---

① 赵元任：《语言问题》，商务印书馆，1980，第 63-64 页。

② 梁启超：《历史统计学》，1922 年 11 月，《梁启超演讲集》，天津古籍出版社，2005，第 126 页。

(一)是为提醒下文而问的,我们称为提问,这种设问必定有答案在它的下文;(二)是为激发本意而问的,我们称为激问,这种设问必定有答案在它的反面。"①这一界定显然从宽,实际上包括一般所说的设问和反诘,在书面表达形式上既可缀以问号,亦可是感叹号(惊叹号)。类似地,郑远汉指出:"用疑问句的句式而不表疑问的,这种修辞方法有的修辞著作称做'设问',有的称做'问语'。又分为两类,一为'提问',一为'激问'。现在多数修辞著作称'提问'这一类为'设问'。'激问'这一类为'反问'(反诘),看作两种辞格。为了论述问题的方便,我们下面统一这样称呼:总提,称'设问';分提,则分别称'提问''激问'等。不是辞格的一般疑问句,就叫'疑问'或'疑问句'。"②相对而言,"设问"是演讲体中较为常见的一种辞格。例如:

(8)一般人总以为研究科学,必要先有一个极大的化验室,各种仪器具备,才能着手。化验室仪器,为研究科学最利便的工具,自无待言,但以为这种设备没有完成以前,就绝对的不能研究科学,那可大错了。须知仪器是科学的产物,科学不是仪器的产物,若说没有仪器便没有科学,试想欧洲没有仪器以前,科学怎么会跳出来?即如达温奇的时代,可有什么仪器呀?何以他能成为科学家不祧之祖?须知科学最人能事,不外善用你的五官和脑筋,五官脑筋,便是最复杂最灵妙的仪器。老实说一句,科学根本精神,全在养成观察力。③

上例连续使用了三个设问,均为无疑而问。设问里含有"仪器""科学""科学家"等术语。

(9)再如用科学的方法讲,尤为妙极。试问人生是什么?是否可以某部当几何之一角、三角之一边?是否可以用化学的公式来化分、化合?或是用

---

① 陈望道:《修辞学发凡》,上海教育出版社,1997,第140页。
② 郑远汉:《辞格辨异》,湖北人民出版社,1982,第74页。
③ 梁启超:《美术与科学》,1922年4月,《梁启超演讲集》,天津古籍出版社,2005,第184页。

几种原质来造成？再如达尔文之用生物进化说来讲人生,征考详博,科学亦莫能摇动,总算是壁垒坚固,但是果真要问他人之所以异于禽兽者安在,人既自猿进化而来,为什么人自人而猿终为猿？恐怕他也不能给我们以很有理由的解答。①

上例也是多个设问连用。设问中含有"几何""角""边""化学""公式""化分""化合""原质""进化"等多个术语,值得一提的是,这些术语分属于数学、化学、生物学等多个学科领域,且在当时具有一定的前沿性。

以上设问辞格的适用(适当使用),启发思考;多问组合,思路清晰,且载以术语,语符形式得以凸显,便于科学传播。

以上是某一种辞格有效使用的情形,在术语使用过程中,也有辞格综合运用的情形。例如:

(10)生物学不过自然科学中之一种,但他所衔的职务,不仅在他本身,还不仅自然科学。他直接产生一位极体面极强壮的儿子,名叫社会学。他把生物界生存的共通法则——如遗传,如适应,如蜕变,如竞争,如淘汰,如互助,如进化,等等,都类推到人类生活上去,如何如何的发展个性,如何如何的保存团体,件件都发见出"逼近必然性"的法则,于是人类社会怎样的组织,怎样的变化,历历然有线路可寻。社会学所以能应运而生,可以说全部都建设在生物学基础之上。不惟直接产生社会学而已,凡有关于人事之诸学科,如法律学,如经济学,如政治学,如宗教学,如历史学,都受了他的刺戟,一齐把研究方向挪转。试看近五十年来这些学问,那一种不和所谓达尔文主义者发生交涉？无论是宗法他或驳难他,总不能把他搁在一边不管。他比方一只大蜘蛛,伸着八根长腿到处爬动,爬得各门学科都发痒。他产生了这位儿子(社会学),这位儿子把他同类的学问(政治学、经济学、历史学……等等)合成一个联邦国,叫作社会科学,取得和自然科学对抗的资格。

---

① 梁启超:《治国学的两条大路》,1923 年 1 月,《梁启超演讲集》,天津古籍出版社,2005,第 204 页。

他以自然科学一部门的身份，伸手干涉到社会科学的全部，好像欧洲岛上小小一个英伦王遥领亚洲的印度皇帝。学界奇异的现象，莫过于此了。[①]

上例综合运用了拟人、反复、对照、设问、比喻等。"极体面极强壮的儿子，名叫社会学"是拟人，"社会学"这个术语顿时活灵活现！"如适应，如蜕变，如竞争，如淘汰，如互助，如进化"中的"如"反复呈现，后接"遗传""适应""进化"等术语，铺排开来。类似地又"如法律学，如经济学，如政治学，如宗教学，如历史学"，在演讲体中，这种重复是必要的，至少具有提示和凸显作用，加强了表达效果。此外，"如何如何"自身复迭，又间隔反复出现。"哪一种不和所谓达尔文主义者发生交涉？"是设问（反诘），其中含有"达尔文主义者"。"他比方一只大蜘蛛，伸着八根长腿到处爬动，爬得各门学科都发痒。"是比喻，十分生动形象。"他以自然科学一部门的身份，伸手干涉到社会科学的全部，好像欧洲岛上小小一个英伦王遥领亚洲的印度皇帝。"则可看作某种对照。

（11）多年以来，语言学家用替换（alternation）这个观念，一样可以描写事实，这就好比老年人喜欢说："我从前小时候，我也没有摩登的医药，也没有摩登的交通、电报、飞机这些东西，也没有摩登的医药卫生设备，我也长得这么大了。也有办法解决各种问题。"所以分这四层也就是一种理论的方法上的方便，不是绝对必要的。[②]

上例中"老年人喜欢说"的内容和"语言学家用替换（alternation）这个观念一样可以描写事实"形成对照；老年人说的里面，3 个"也没有"形成某种排比，排比内含有"医药""交通""卫生设备"等多个术语。对照的核心术语是"替换（alternation）"。

---

① 梁启超：《生物学在学术界之位置》，1922 年 8 月，《梁启超演讲集》，天津古籍出版社，2005，第 191-192 页。

② 赵元任：《语言问题》，商务印书馆，1980，第 49 页。

(12)譬如集三四人于此,各有其目的,欲集合此三四人之个人目的而成一三四人之总目的,人多知其不可,况以一团体之大,又谁能集合无数人之目的,而以算学上加减乘除之法得其总目的乎?①

上例中的"集三四人"与"集合无数人"形成对照,最后以含有"算学"等术语的反诘收尾。

2. 风格特征

演讲体,往往带有一定的口语色彩。具有一定的生动形式,西学东渐的近现代留学海外的学贯中西的演讲者有时还会自觉或不自觉地使用语码转换。例如:

(1)在传达方面跟控制方面,有好些情形虽然是工程里头的死东西,可是同样的作用,有好多地方,很象生物的机构似的。所以从这个方面研究机器里头的控制,跟有机生物里头特别是动物的神经系统的控制,产生出一系列的研究。领头的最注意的就是 Norbert Wiener。Wiener 的父亲 Leo 是个出名的语言学家,可是他自己对于语言也很好。他说那我就不搞语言学,搞生理吧,结果他数学也好。他在清华大学呆过一年。回到美国见了中国人就说中国话。在 1948 他写了一本书叫 Cybernetics。这个希腊字跟从拉丁来的 governer"控制者"是同源的字,意思是"舵",控制汽车的舵轮儿或者是船上的舵。所以他的书的附加的第二个题目叫 or Control and Communication in Animal and Machine(动物跟机器里的控制法跟交通法)。现在有好些高速度的计算机(computers),不但可以做计算,可以做一大些别的事情,有人管它叫电脑。可以在工厂里头控制一大些向来由人管的事情。现在照着有些这种设置,里头不但你可以放问题进去它可以算出来,并且你给它一种象训令似的,它可以做一种事,做到半当中有了困难机器会碰到钉子,它会学,象

---

① 梁启超:《莅民主党欢迎会演说辞》,1912 年 10 月,《梁启超演讲集》,天津古籍出版社,2005,第 5 页。

动物似的。那么有的比较小规模的机器,比方用电或用电池,它电池亏了,它那个动作就变了,跑到灌电的地方去灌电,灌足了电再回来做它的工作。这个就等于象动物饿了去觅食似的。这一类的机器还会下棋,下棋的本事比平均的人的下棋也许还高一点儿,可是对于好的棋手还是下不过。这是无足怪的,因为一架计算机里的真空管是以千万计,而人脑子里神经细胞的总数是百亿计的。①

　　上例使用了系列术语,同时也有"吧"等口语化的语气词,亦有"碰到钉子"等惯用语。还运用了多种辞格,如"像动物饿了去觅食似的"等比喻,机器下棋和人下棋以及计算机的真空管和人脑的神经细胞的对照。出现了"Control and Communication in the Animal and Machine"等语码转换。

　　(2)即新学盛兴,乃有矿学医学,然读矿学书,只知读熟,不能应用,其无用与熟读经史文学等,有如烧纸成灰而吞之。无论文学之纸灰,矿学之纸灰,其为无用一也。欧洲二百年前,实用学问未能发达,亦是为纸的学问所误。如学几何,只能熟习其程式,而不能应用于事物,其无用与吾国之文学等耳。自实用教育发明,欧洲教育经一次之大改革后,科学乃大进步。吾国始而八股,继而策论,继而各种教科书,形式上非无改革,然皆为纸的学问,不过天地玄黄,变作某种教科书之天地日月耳,又何裨于实用乎?②

　　上例中比喻、设问等多种含有术语的辞格综合运用,诙谐幽默,字里行间带有一定的讽刺性。

　　(3)人类既不是上帝特地制来充当消化面包的机器,自然该各人因自己的地位和才力,认定一件事去做。凡可以名为一件事的,其性质都是可敬,当大总统是一件事,拉黄包车也是一件事。事的名称,从俗人眼里看来有高

---

① 赵元任:《语言问题》,商务印书馆,1980,第 195-196 页。
② 梁启超:《莅教育部演词》,1917 年 3 月,《梁启超演讲集》,天津古籍出版社,2005,第 61 页。

下;事的性质,从学理上解剖起来,并没有高下。①

上例运用了"消化""机器""解剖"等术语,以对照等方式将术语有效地配置起来。如"当大总统"和"拉黄包车"形成对照,"事的名称"和"事的性质"也形成对照。这些表达,较为充分地激活了术语的认识语义(附加义),让通常中性的术语具有一定的趣味性,整体诙谐、幽默的风格跃然纸上。

(4)我是个主张趣味主义的人,倘若用化学化分"梁启超"这件东西,把里头所含一种原素名叫"趣味"的抽出来,只怕所剩下仅有个○了。②

上例活用"化学成分",意趣盎然,也在一定程度上体现了演讲者的个人风格。

梁启超等演讲中的术语修辞俨然自成风格。章太炎的《章太炎先生自定年谱》有言:"时新学初兴,为政论者辄以算术物理与政事并为一谈。余每立异,谓技与政非一术,卓如辈本未涉此,而好援其术语以附政论,余以为科举新样耳。"③章太炎先生的评论可备一说。

(三)语义通变

术语在特定语境中使用,一般基本义保存了"底层遗留"(术语的基本义),临境可产生新的语义(尤指附加义),这种情形即语义通变。例如:

(1)拿西洋的文明来扩充我的文明,又拿我的文明去补助西洋的文明,叫他化合起来成一种新文明。④

上例连用多个"文明",语义有"新"有旧,正如这里的"化合"既有化学意义上的意义,又有新的社会意义,至少含有[结合+][有效+][创新+]等义素。

---

① 梁启超:《敬业与乐业》,1922 年 8 月,《梁启超演讲集》,天津古籍出版社,2005,第 156 页。
② 梁启超:《学问之趣味》,1922 年 8 月,《梁启超演讲集》,天津古籍出版社,2005,第 186 页。
③ 章太炎:《章太炎先生自定年谱》,章氏国学讲习会校印,上海书店影印出版,1986,第 6 页。
④ 梁启超:《饮冰室合集·专集》,第 23 页,第 55 页,转引自梁启超《梁启超演讲集》,天津古籍出版社,2005,《序言》第 2 页。

（2）从前这些地方，离中央文化圈很远，一经接触之后，再加以若干年之酝酿醇化，便产出一种新化学作用。美国近年之勃兴，就是这种道理。①

上例中的"化学作用"，前加"新"进行限制和提示，语义上有通变。一方面保留了化学上与"物理作用"相对待的增加新的物质意义上的化学作用；另一方面又成功转域于社会领域，贵其"新"。

（3）他们觉得人类的道德越古越好，到了现在，总不免要每况愈下的，或者说道德和科学及物质文明是成反比例的，科学越发达，物质文明越进步，道德就要堕落和退步的。②

上例中的"反比例"，一方面保留了数学上的意义，另一方面用于此语境，又未必需要那么精确，未必可能用数量关系精确表达，它于此重在表达"道德和科学及物质文明"的某种反变关系。

三、语篇中的术语修辞：一种术语群落

语篇，包括一般所说的相对完整的语段和绝对完整的语篇。与语句中的术语修辞相似，语篇中的术语修辞也是对术语的直接或间接运用，只是语篇中的术语修辞更强调整体性，更易于凸显语体交叉渗透，更易于形成一种术语群落，进而可构建特定的术语生态。这里以王国维《国学丛刊序》和陈寅恪《吾国学术之现状及清华之职责》为例进行探讨。

不妨先看王国维《国学丛刊序》。在传统学术中，序跋很重要也颇具中国特色。一篇序或跋，其实往往是学术论文。如吴文祺、张世禄《中国历代语言学论文选注》③所收 36 篇论文，其中"序"即有 24 篇，含 2 篇后序（叙）。从总体上看，"序"可以是叙事语体和科学语体的交叉渗透，在语体交叉渗透

---

① 梁启超：《历史统计学》，1922 年 11 月，《梁启超演讲集》，天津古籍出版社，2005，第 129 页。
② 梁启超：《教育应用的道德公准》，1922 年于南京金陵大学讲演，《梁启超演讲集》，天津古籍出版社，2005，第 83 页。
③ 吴文祺、张世禄：《中国历代语言学论文选注》，上海教育出版社，1986。

中形成生态和谐的术语群落。例如：

（1）学之义广矣。古人所谓"学"，兼知行言之。今专以知言，则学有三大类：曰科学也，史学也，文学也。凡记述事物而求其原因，定其理法者，谓之科学；求事物变迁之迹，而明其因果者谓之史学；至出入二者间，而兼有玩物适情之效者，谓之文学。然各科学有各科学之沿革。而史学又有史学之科学，（如刘知幾《史通》之类。）若夫文学，则有文学之学（如《文心雕龙》之类）焉，有文学之史（如各史"文苑传"）焉。而科学史学之杰作，亦即文学之杰作。故三者非斠然有疆界，而学术之蕃变，书籍之浩瀚，得以此三者括之焉。凡事物必尽其真，而道理必求其是，此科学之所有事也；而欲求知识之真与道理之是者，不可不知事物道理之所以存在之由、与其变迁之故，此史学之所有事也；若夫知识、道理之不能表以议论，而但可表以情感者，与夫不能求诸实地，而但可求诸想像者，此则文学之所有事也。古今东西之为学，均不能出此三者，惟一国之民，性质有所毗，境遇有所限，故或长于此学，而短于彼学；承学之子，资力有偏颇，岁月有涯涘，故不能不主此学而从彼学。且于一学之中，又择其一部而从事焉。此不独治一学当如是，自学问之性质言之，亦固宜然。然为一学，无不有待于一切他学，亦无不有造于一切他学，故是丹而非素，主入而奴出，昔之学者或有之，今日之真知学、真为学者，可信其无是也。①

上例是一段较为完整的语段，作于 1911 年，被收入《观堂别集》卷四。该语段有效运用了"科学""史学""文学"等系列术语。作者对"科学""史学""文学"这组本段的核心术语做了一定的解释，用传统训诂学术语"谓之"标记。该语段还夹用了用典，援引了"是丹而非素"这个典故。该典故出自南朝梁江淹的《杂体诗序》："至于世之诸贤，各滞所速，莫不论甘则忌辛，

---

① 王国维：《国学丛刊序》，王国维著、洪治纲编《王国维经典文存》，上海大学出版社，2003，第258-259页。

好丹则非素。"此外,"主入而奴出"出自唐韩愈的《原道》:"不入于老,则入于佛。入于彼,必出于此;入者主之,出者奴之。"此外,还用了"惟一国之民,性质有所毗,境遇有所限,故或长于此学而短于彼学。承学之子,资力有偏颇,岁月有涯涘,故不能不主此学,而从彼学"等对照。这些表述具有一定的文学性。学术体与文学叙事体无痕交叉渗透。

（2）夫然,故吾所谓学无新旧、无中西、无有用无用之说,可得而详焉。何以言学无新旧也? 夫天下之事物,自科学上观之,与自史学上观之,其立论各不同。自科学上观之,则事物必尽其真,而道理必求其是。凡吾智之不能通,而吾心之所不能安者,虽圣贤言之,有所不信焉;虽圣贤行之,有所不慊焉。何则? 圣贤所以别真伪也,真伪非由圣贤出也;所以明是非也,是非非由圣贤立也。自史学上观之,则不独事理之真与是者,足资研究而已,即今日所视为不真之学说,不是之制度风俗,必有所以成立之由,与其所以适于一时之故。其因存于邃古,而其果及于方来,故材料之足资参考者,虽至纤悉,不敢弃焉。故物理学之历史,谬说居其半焉;哲学之历史,空想居其半焉;制度风俗之历史,弁髦居其半焉;而史学家弗弃也。此二学之异也。然治科学者,必有待于史学上之材料,而治史学者,亦不可无科学上之知识。今之君子,非一切蔑古,即一切尚古。蔑古者出于科学上之见地,而不知有史学;尚古者出于史学上之见地,而不知有科学。即为调停之说者,亦未能知取舍之所以然。此所以有古今新旧之说也。①

以上语段也运用了"科学""史学""物理学""哲学"等系列术语,俨然一种术语群落。也成功运用了"故吾所谓学无新旧,无中西,无有用、无用之说,可得而详焉"等对照。似乎可以说,直接或间接关联了相应术语的对照使用,是术语修辞和谐的一种重要体现。

（3）顾新旧中西之争,世之通人率知其不然,惟有用无用之论,则比前二

---

① 王国维:《国学丛刊序》,王国维、洪治纲《王国维经典文存》,上海大学出版社,2003,第259页。

说为有力。余谓凡学皆无用也,皆有用也。欧洲近世农工商业之进步,固由于物理化学之兴,然物理化学高深普遍之部,与蒸气电信有何关系乎? 动植物之学,所关于树艺畜牧者几何? 天文之学,所关于航海授时者几何? 心理社会之学,其得应用于政治教育者亦尠。以科学而犹若是,而况于史学、文学乎? 然自他面言之,则一切艺术,悉由一切学问出,古人所谓"不学无术",非虚语也。夫天下之事物,非由全不足以知曲,非致曲不足以知全。虽一物之解释,一事之决断,非深知宇宙人生之真相者,不能为也。而欲知宇宙人生者,虽宇宙中之一现象,历史上之一事实,亦未始无所贡献。故深湛幽渺之思,学者有所不避焉;迂远繁琐之讥,学者有所不辞焉。事物无大小,无远近,苟思之得其真,纪之得其实,极其会归,皆有裨于人类之生存福祉。己不竟其绪,他人当能竟之;今不获其用,后世当能用之,此非苟且玩愒之徒所与知也! 学问之所以为古今、中西所崇敬者,实由于此。凡生民之先觉,政治教育之指导,利用厚生之渊源,胥由此出,非徒一国之名誉与光辉而已。世之君子可谓知有用之用,而不知无用之用者矣。①

上例成功运用了系列术语"农""工""商""物理""化学""蒸气""电信""动植物""天文""航海""授时""心理""社会""政治""教育""史学""文学"等,分属自然科学、工程技术和人文社会科学等多个学科领域。这些术语分布于文言语词、文言句式为主的篇章,形成一种特有的"生态"。这也是王国维与梁启超等不同的个人风格体现之一。

(4)二十年以前之清华,不待予言。请略陈吾国之现状,及清华今后之责任。吾国大学之职责,在求本国学术之独立,此今日之公论也。若将此意以观全国学术现状,则自然科学,凡近年新发明之学理,新出版之图籍,吾国学人能知其概要,举其名目,已复不易。虽地质生物气象等学,可称尚有相当贡献,实乃地域材料关系所使然。古人所谓"慰情聊胜无"者,要不可遽以

---

① 王国维:《国学丛刊序》,王国维、洪治纲《王国维经典文存》,上海大学出版社,2003,第260-261页。

此而自足。西洋文学哲学艺术历史等，苟输入传达，不失其真，即为难能可贵，遑问其有所创获。社会科学则本国政治社会财政经济之情况，非乞灵于外人之调查统计，几无以为研求讨论之资。教育学则与政治相通，子夏曰"仕而优则学，学而优则仕"，今日中国多数教育学者庶几近之。至于本国史学文学思想艺术史等，疑若可以几于独立者，察其实际，亦复不然。近年中国古代及近现代史料发现虽多，而具有统系与不涉傅会之整理，犹待今后之努力。今日全国大学未必有人焉，能授本国通史，或一代专史，而胜任愉快者。东洲邻国以三十年来学术锐进之故，其关于吾国历史之著作，非复国人所能追步。昔元裕之、危太朴、钱受之、万季野诸人，其品格之隆汙，学术之歧异，不可以一概论；然其心意中有一共同观念，即国可亡，而史不可灭。今日国难幸存，而国史已失其正统，若起先民于地下，其感慨如何？今日与支那语同系诸语言，犹无精密之调查研究，故难以测定国语之地位，及辨别其源流，治国语学者又多无暇为历史之探讨，及方言之调查，论其现状，似尚注重宣传方面。国文则全国大学所研究者，皆不求通解及剖析吾民族所承受文化之内容，为一种人文主义之教育，虽有贤者，势不能不以创造文学为旨归。殊不知外国大学之治其国文者，趋向固有异于是也。近年国内本国思想史之著作，几近为先秦及两汉诸子之论文，殆皆师法昔贤"非三代两汉之书不敢观者。"何国人之好古，一至于斯也。关于本国艺术史材料，其佳者多遭毁损，或流散于东西诸国，或秘藏于权豪之家，国人闻见尚且不能，更何从得而研究？其仅存于公家博物馆者，则高其入览券之价，实等于半公开，又因经费不充，展列匪易，以致艺术珍品不分时代，不别宗派，纷然杂陈，恍惚置身于厂甸之商肆，安能供研究者之参考？但此缺点，经费稍裕，犹易改良。独至通国无一精善之印刷工厂，则难保有国宝，而乏传真之工具，何以普及国人，资其研究？故本国艺术史学若俟其发达，犹邈不可期。最后则图书馆事业，虽历年会议，建议之案至多，而所收之书仍少，今日国中几无论为何种专门研究，皆苦图书馆所藏之材料不足；盖今世治学以世界为范围，重在知彼,绝非闭户造车之比。况中西目录版本之学问,既不易讲求,购置搜罗之经费精神复多所制限。近年以来,奇书珍本虽多发见,其入于外国人手者固非国人之得所窥,其幸而见收于本国私家者,类皆视为奇货,秘不示人,或且待善价而沽之异国,彼辈既不能利用,或无暇利用,不唯孤负此种新材料,直为中国学术独立之罪人而已。夫吾国学术之现状如此,全国大学皆有责焉,而清华为全国所最属望,以谓大可有为之大学,故其职责尤独重,因于其二十周年纪念时,直质不讳,拈出此重公案,实系吾民族精神上生死一大事者,与清华及全国学术有关诸君试一参究之。以为如何?①

上例是一个完整语篇,全篇共 1284 个字符(含标点符号)。与王国维的《国学丛刊序》类似,全篇文言与白话兼容,辞格与术语配套使用。就文言语词而言,全篇使用了多个文言语词,有实词和虚词,如"予""吾""也""苟""此"等。就文言句式而言,多为短句;无典型的欧化句式。全篇的话语在整体上具有一定的主体性,如反诘句。有些术语带有一定的时代特征,如"西洋文学",现一般称"西方文学";"图籍"现一般称"书籍";还有"国语"等。术语并列铺排,术语所属学科专业领域亦较为广泛,兼涉人文社会科学、自然科学等。

"言之无文,行而不远。"(《左转·襄公二十五年》)术语修辞在一定意义上能使相对枯燥的术语"文"起来,因而从这个意义上说,术语修辞有助于科学传播。另外,需要说明的是,术语自身的修辞,术语修辞的语境、语义、语形,术语修辞的语体交叉渗透,术语群落等,在语词、语句、语篇(含语段)中实际都可能存在,即以语词形式呈现的术语修辞,也会有语境、语义、语形方面的特征,也可能体现语体交叉渗透,也可以形成术语群落。语句、语篇(含语段)亦然。我们分别述说,一方面是为了表述的方便,也是重点突出某

---

① 陈寅恪:《吾国学术之现状及清华之职责》,原载于一九三一年五月国立清华大学二十周年纪念特刊,后被收入《陈寅恪集金明馆丛稿二编》,生活·读书新知三联书店,2015,第361-363页。

种功能;另一方面这些在整体上也可看作某种互文见义。清华国学研究院的四大导师王国维、梁启超、陈寅恪、赵元任的学术影响深远,学术话语代表性强,特色鲜明。这些特色鲜明的学术话语是科学传播的重要载体,科学传播是学术话语建构的重要动因。如上所述,基于科学传播的学术话语建构,常常伴随着术语修辞的有效运作。

《修辞学发凡》的术语修辞实践

术语修辞是中国特色哲学社会科学话语体系建设的重要机制。术语修辞,简单地说,是术语的有效生成或适用(适当使用)。概括地说,术语修辞,包括消极术语修辞和积极术语修辞。消极术语修辞,指术语的合常规适用;也指术语的一般生成(常规造语)。积极术语修辞,指术语的超常规适用;亦指术语的临时生成或其他形式与方式的修辞造语。术语修辞是利用语言文字的一切可能性有效生成、建构、调整、传播术语。① 文学话语建构需要术语修辞,学术话语建构同样也需要术语修辞。近现代以来,不少学术大家积极地建构中国特色学术话语体系,中国现代修辞学的奠基者陈望道即属此列。修辞学家陈望道的《修辞学发凡》的术语修辞实践即为范例。学界对陈望道《修辞学发凡》的研究主要集中在修辞学史方面,较少关注《修辞学发凡》的学术话语实践。

在我们看来,陈望道不仅有卓越的术语学思想,②还有丰富的术语修辞实践,《修辞学发凡》即可作为其术语修辞实践的代表作。《修辞学发凡》首次出版于1932年,由大江书铺出版,其后有多个版本。我们以上海教育出版社1997年版、上海人民出版社1976年版、大江书铺1932年版为主要语料

---

① 张春泉:《认知与审美交响的术语修辞:钱锺书〈围城〉中的科技术语管窥》,《西南大学学报》(社会科学版)2020年第1期,第150页。

② 张春泉:《陈望道的术语学思想》,《当代修辞学》2021年第4期,第4-12页。

来源,探究《修辞学发凡》术语修辞的基本动因、运作机制、领域生态、风格要素。

一、认知与审美：术语修辞的基本动因

术语是表征和传播科学知识的基本单元。一般认为,我国第一部系统的术语学著作是 1987 年问世的《现代术语学引论》。[①] 饶有意味的是,虽然未及系统研究术语学,《修辞学发凡》早已直接论及"术语"。"这种由于辞的经历或背景而来的风味,细分起来简直和语言的种类一样的繁多。如语言上有术语、俚语、方言、古语……等种种,辞的背景情味也就随着而有术语的、俚语的、方言的、古语的等多种不同的情趣。见用术语时,对于那语的背景就会有专门人物或专门知识等联想;看了或者会有庄严深奥等感杂然并呈,形成以其语为烧点的一团情趣。使其语所要表现的思想,因此更其不悬空,不单弱。"[②]这里关于术语功用的描述"不悬空",十分贴切。

《修辞学发凡》术语修辞的基本动因(或曰理据)是认知和审美。认识人自身、社会和自然界,获取各类信息,都是认知。认知主要是理性活动,人除了理性活动,还有感性活动。审美就是诉诸感性的常常以认知为基础的让人感动、让人感兴趣的活动。修辞的美是言语活动的美,是言语活动的"尽职"。"我们以为,文章在传达意思的职务上能够尽职就是'美'。能够尽职的属性,就是美质。这个美质,也并不一定要显现在文章上,如显现在言语上也未始不可能;单就显现在文章上的而说,就是'文章底美质'。"[③]正是这个意义上的美质,"我们可以将彼分别为三:第一要别人看了就明白,第二要别人看了会感动,第三要别人看了有兴趣。"[④]陈望道先生说的"美"包

---

① 冯志伟:《现代术语学引论》,语文出版社,1997。

② 陈望道:《修辞学发凡》,上海教育出版社,1997,第 231-232 页。

③④ 陈望道:《作文法讲义》,载《陈望道学术著作五种》,复旦大学出版社,2005,第 55 页。

括"文章"的"美"和"言语"的"美",一定意义上还可以包括术语修辞的审美。认知和审美促使术语修辞的发生。例如,陈望道先生关于"文法"这个术语的定名即较为充分地考虑到了认知和审美因素。"文法"定名、正名后多次使用于《修辞学发凡》。例如:"文法组织,无论是词的组织,还是句的组织,都是比之某些词汇较难变动的,但在汉语文中也已经有了不少的变动,改进。"①修辞学著作中使用"文法"首先可看作一种术语的跨领域传播,尽管"文法"和"修辞"是十分相邻相近的领域。

再就"文法"本身而言,《修辞学发凡》中使用的术语"文法"的定名,无疑是一种修辞活动,是一种术语修辞。陈望道先生曾经谈到"文法"这个术语的定名理据(修辞动因,也是定名的心路历程)。术语修辞的动因与效果是统一的,可以通过术语解释统一起来。在一定意义上,术语解释也是一种术语修辞。陈望道先生内省式地谈到了自己为何使用"文法",而不用"语法"等。"'文法'一词修辞的功能也比较强,可以作种种的譬喻用法用,'语法'却没有这种能力。……此外我们还可以说某人研究音乐文法,某人学习戏剧文法,以及某校擅长排球文法,某校擅长足球文法等等。"②以上是陈望道先生主张采用"文法"这个术语作为文法学科的定名或正名诸理由的第三条,这条理由直接与修辞相关,是基于修辞功能上的考量。文中共四条理由,第四条理由是:"作为语言的组成部分共有三个要素:语音、词汇、文法。用'文法'这个名称和语音、词汇配合,也比用'语法'的名称更为整齐些匀称些。如果采用'语法'一个名称,那与语音词汇配合起来就有一个'语'字重复。"③其中,"整齐"和"匀称"主要是就审美而言的;"如果采用'语法'一个名称,那与语音词汇配合起来就有一个'语'字重复"似乎兼有认知和审美

---

① 陈望道:《修辞学发凡》,上海教育出版社,1997,第37-38页。
② 陈望道等:《"文法""语法"名义的演变和我们对文法学科定名的建议》,载复旦大学语言研究室编《陈望道语文论集》,上海教育出版社,1997,第597页。
③ 同上书,第598页。

上的考虑。可见,第四条理由也是与认知和审美直接相关的。此外,第一条理由:"'文法'这个术语的历史比较长,流行也比较广,早已有约定俗成之势。采用这个术语为文法学科的定名或正名,最为人民大众所喜闻乐见,也最便于说明文法学科的历史发展。"①不难理解,"喜闻乐见"和"便于说明"是着眼于审美和认知的。再看第二条理由:"'文法'这个名称的含义也比较明确、简括。《释名·释言语》:'文者会集众采以成锦绣,会集众字以成辞义,如文绣然也。''文'字的本身就有语文组织的意义,'语'字本身没有组织的意义。"②这一条从语源上的形象观照文法"组织",有一定的说服力。虽然"文法"在今天因为种种原因还是为"语法"所替代,但陈望道先生关于"文法"的定名、正名却很好地阐明了术语修辞的认知和审美理据。

需要说明的是,作为修辞动因,认知和审美也是相关的。事实上,认知与审美常常可以通过术语修辞融通起来。《修辞学发凡》有言:"平淡和绚烂的区分,同修辞的手法最有关系。因为前者就是最注意消极手法的语文,而后者就是最注意积极手法的语文。我们前面所谓记述的境界和表现的境界,便是假定有这两种体式的纯粹境界说的。但纯粹的境界实际上是少见的。例如最尚平淡的科学的语文,现在也常有所谓肺管肺叶,所谓车手车肩等等,用了好些隐喻。而最尚绚烂的诗词,又不见得句句都用辞藻。"③其中的"肺管肺叶""车手车肩"等术语的修辞造语,具有鲜明的形象性,更便于接受者认知,正说明了术语修辞的存在及其在认知和审美上的融通。

二、规范与变异:术语修辞的运作机制

规范与变异不是泾渭分明的,二者互有关联,二者之间在某种程度上的

---

① ② 陈望道等:《"文法""语法"名义的演变和我们对文法学科定名的建议》,载复旦大学语言研究室编《陈望道语文论集》,上海教育出版社,1997,第597页。
③ 陈望道:《修辞学发凡》,上海教育出版社,1997,第270页。

对应关系类似于认知与审美的关系。就变异而言,有个体变异和社会变异。这里所说的变异以规范为基础,乃有序变异,是一种分析扬弃,是语词的调整适用。规范是对无序变异的规范。术语定名、正名、解释往往伴随着规范与变异的互动。

或可说术语几乎与生俱来地需要规范,但在领域交叉和融通之后,可能发生变异,具体可体现为语体义和指称义及其他义素的变异。"语言单位发生义素变异,扩大了其组合功能……语言单位之间由于义位组合等条件的限制,在构建言语结构体时,往往会有这样或那样的功能上的特殊性,诸如能与什么组合、不能与什么组合、与什么组合好、与什么组合不好等等,义素变异后的语言单位从某种程度上克服了这种不足,使原来'不能'的组合形式变为'可能',于是富有创造性的言语表达方式便产生了。"①用陈望道先生的话说,规范是"零度",与之相对的变异是"零度以下"。就意义而言,"语言文字的固有意义,原是概念的、抽象的,倘若只要传达概念的抽象的意义,此外全任情境来补衬,那大抵只要平实地运用它就是,偶然有概念上不大明白分明的,也只要消极地加以限定或说明,便可以奏效。故那努力,完全是消极的。只是零度对于零度以下的努力。"②这里的"零度"颇为耐人寻味,它自身即是从其他领域(譬如数学)借用而来的。王希杰先生在谈及"词语附加意义的偏离"时似有对照性的表述:"修辞学的任务就是词语附加意义的负偏离的零度化,或者是正偏离化。"③

在一定意义上,"规范"与消极术语修辞相对应。例如:

(1)析字是构成所谓廋辞的重要方法。廋辞一名,始见于《国语》;《晋语》(五)记范文子有一次退朝很晚,他的父亲范武子问他"何暮也?"他说:

---

① 冯广艺:《汉语修辞论》,华中师范大学出版社,2003,第110-111页。

② 陈望道:《修辞学发凡》,上海教育出版社,1997,第70页。

③ 王希杰:《修辞学导论》,浙江教育出版社,2000,第122页。

"有秦客廋辞于朝;大夫莫之能对也,吾知三焉。"他的父亲听了大怒,说:"大夫非不能也,让父兄也。尔童子而三掩人于朝,吾不在晋国,亡无日矣",竟把他大打了一顿。即此便是关于廋辞的最初记载。韦解:"廋,隐也;谓以隐伏谲诡之言问于朝也。"这条解释就是说:廋辞便是隐语,便是隐伏谲诡的话。但秦客当时的话,已不可考,我们无从确知它的内容。只从后世修辞情形倒推起来,我们大致可以推定它不外乎析字。这种廋辞,有时也称隐语。如《汉书·东方朔传》郭舍人说:"臣愿复问朔隐语,不知亦当榜。"又称廋语。如宋孙觌诗:"廋语尚传黄娟妇,多情好在紫髯翁。"现今许多人都把廋语隐语与所谓谜语混同。但是"谜也者,回互其辞,使昏迷也"(见《文心雕龙·谐讔》篇),重在斗知,而廋语隐语却重在斗趣或暗示,中间略有分别;我们或许可以说谜语是从廋语"化"出来的,但不能把廋语谜语混看作为一件东西。① (《修辞学发凡》,第 158-159 页)

以上是关于术语"析字"的定名,其与"廋辞""隐语""廋语""谜语"等术语的辨析,是规范的视角。

变异,则与积极术语修辞在一定意义上相对应。积极术语修辞尤能体现异质性存在。例如:

(2)可以说,语言是我们用来进行宣传的工具,或武器。我们倘若用武器来做譬喻,便也可说修辞是放射力、爆炸力的制造,即普通所谓有力性动人性的调整,无论如何,不能说是同立言的意旨无关的。(《修辞学发凡》,第11 页)

上例使用了作为喻体的术语"放射力""爆炸力"。

(3)学问越是社会实践直接所要求的,越能给人生命,使亲近它的人得到了实际的学力。对于那种学力的浅深和广狭,也就像对于社会实践经验的浅深和广狭一样,将要无可隐藏地反映在写说上。(《修辞学发凡》,第41 页)

---

① 　本部分主要取例于陈望道:《修辞学发凡》,上海教育出版社,1997。出自该书的例句只标注书名和页码。

上例的"生命"也是作为喻体。以上例证是共时层面的变异。

（4）这类转类用法，一向叫作实字虚用，虚字实用。有时也简称虚实。一向所谓虚实，或实字虚用，虚字实用，多不过是名词和动词的转类。……以上所谓实字虚用，虚字实用，都把名词叫作实字，把动词叫作虚字；所谓实字虚用，虚字实用，都是名词用作动词，动词用作名词，也都是名词和动词的转类。实际转类并不限于名词和动词。又转类，也不止是文言中可以用，语体文及口头语上也是可以用的。（《修辞学发凡》，第 192-193 页）

上例是关于"转类"历时变异的描述。

（5）本格第一类错综，以前称为"互文"或"互辞"。如刘知几著《史通》……又如顾炎武《日知录》卷二十四《互辞》……第二类的错综，名称和议论更多，其议论大都为卫护错综辞格而发。如沈括（存中）所谓"相错成文"……陈善所谓"错综其语"……严有翼所谓"蹉对"……此外如陈绎曾《文说》所谓"拗语"之类，内容也是大同小异，无非议论侧重错综，例证偏乎对偶，我们可以不必多引了。第三第四类的错综，在我国书中我还不曾发见谁曾谈到过它们。（《修辞学发凡》，第 214-216 页）

上例是关于"错综"历时变异的描述。

（6）陈骙在《文则》卷上丙节里也曾说到隐喻。但他所谓隐喻，适当我们下文说的借喻，同此刻说的隐喻不同。（《修辞学发凡》，第 78 页）

上例是关于"隐喻"与"借喻"历时变异的描述。

（7）俞樾在《古书疑义举例》里，曾经批评过从前注释家对这一组对代的误解。……他的所谓"以大名代小名"，就是我们所谓用全体代部分；他的所谓"以小名代大名"，就是我们所谓用部分代全体。（《修辞学发凡》，第 86-87 页）

上例是关于"大名"和"全体"以及"小名"和"部分"历时变异的描述。

以上是不同修辞主体（术语的创立者）使用术语的历时变异，是一定意义上以规范为旨归的历时变异。这种变异也是必然的。诚如陈望道先生所言："我又以为一切科学都不能不是时代的,至少也要受时代所要求所注重,及所鄙弃所忽视的影响。何况修辞学,它的成事成例原本是日在进展的。成事成例的自身既已进展,则归纳成事成例而成的修辞学说,自然也不能不随着进展。"①还须注意的是,《修辞学发凡》关于术语历时变异的描述是对相关学术史的"讲述",这种讲述似乎可看作一种元话语修辞。

除了语义,术语修辞的规范与变异的运作还可以直接表现在语形上。除了共时变异、多主体历时变异,术语语形同样也还有同一修辞主体的历时变异。前文已述及,《修辞学发凡》首次出版后,不断修订,有多个版本行世。后出版本修订了一些术语的名称,术语的语形发生了变化,同一作者同名著作这种历时版本的"改笔"也是一种修辞。这里用初版(1932 年版)和 1976 年版(陈望道先生在世时的最后一版)的某些术语做简单对比:首版"铺张",1976 年版改为"夸张";"微婉"后改为"婉转";"讳饰"后改为"避讳";"精警"后改为"警策";"周折"后改为"折绕";"转品"后改为"转类";"辞的声调"后改为"辞的音调";"语文的体类"后改为"文体或辞体"。

三、适应与和谐：术语修辞的领域生态

一般而言,术语终究是特定学科专业领域的术语,在特定情形下,术语会跨领域使用和传播。在"本色当行"的领域生成或建构术语时,术语需适应特定的题旨情境(含认知语境等)。在跨领域传播术语时,和谐则应是术语修辞的重要领域生态。有意思的是,我们所提出的"术语修辞"这个术语本身即跨术语学和修辞学两个领域,这个术语自身就是专业方向领域交叉的结果,其交叉是可能的。术语,是用来说明科学规律的;修辞,也可用来说明规律,从这个意义上说"术语"和"修辞"的交叉融合是必然的,也是契合

---

① 陈望道:《修辞学发凡》,上海教育出版社,1997,第 283 页。

的、和谐的。这正类似于我们对应提出的"认知与审美""规范与变异""适应与和谐"三对概念,每对概念内部的两个概念在术语修辞意义上可以契合。就术语的领域生态而言,在陈望道先生《修辞学发凡》中,已然形成了适应与和谐的领域生态。这种领域生态在一定意义上是术语跨语域使用和传播的结果,是语域交叉融合的体现。

领域交叉和融通,是积极术语修辞(或曰典型术语修辞)的重要领域特质。即不同学科领域的术语在语篇中和谐运用。例如:

(1)最明显的,如佛教输入,文学输入,以及自然科学、社会科学的输入时期,都曾有过这样的现象。(《修辞学发凡》,第40页)

上例中的"佛教""文学""自然科学""社会科学"等术语在跨学科领域和谐共用。

(2)而一度试用有效的,又并不能永久保存作为永久灵验的处方笺,所以也决不能借为獭祭的方便。(《修辞学发凡》,第18页)

上例使用了"处方"这个医学术语,语言学与医学领域有了交叉。

(3)表情的态势虽然似乎多是反射作用,未经反省的,但刺激旁人的功用却颇大。(《修辞学发凡》,第22页)

上例恰当地使用了"反射作用"这个药学术语。

(4)至于所谓四法六法等等刻板定数,在东方是有一个公用绰号,叫作"杓子定规",而学诚却也替它起了一个绰号,叫作"井底天文"。(《修辞学发凡》,第243页)

上例使用了"天文"这个天文学术语。

(5)语言中的声音也是一种音。凡是略略翻过物理学的,大约都知道音是由于物体的振动而成。这振动从空气中或从别种物体中传达到我们的耳朵,刺激了我们的听神经,我们就发生了音的感觉。我们知道音有音别、音色等音质。音质是由于许多振动复合所成的色彩。又有强有弱,有高有低。强弱是由于振幅的大小,高低是由于振动的快慢。又有长有短。长短是由

于振动延续的久暂。(《修辞学发凡》,第 29 页)

上例较为密集地使用了"振动""听神经""感觉""音色""音质""振幅"等物理学、生理学术语。

(6)故同单表意义的图影,单表意义的数学记号等类标记不同,也同单表声音的音标不同。(《修辞学发凡》,第 31 页)

上例使用了"数学""音标"等数学和语言学术语。

(7)意义也有具体抽象的区别。这同心理学或逻辑学上所谓概念观念相当。平常出没在我们知觉、记忆、想象中间的,常是事物的观念。(《修辞学发凡》,第 32 页)

上例中的"概念""知觉""记忆""想象"等逻辑学、心理学术语恰当适用于《修辞学发凡》中。

需要说明的是,领域生态的交叉并不是要取消"学术界限",事实上陈望道先生是反对学术界限不清的。如陈望道先生曾指出并评论道:"这样内容杂乱的情况,直到一八九八年马建忠的《马氏文通》出版,才被改进了一点。《马氏文通》是一部严格讲述文法的书,同修辞学本来没有多大关系,但因影响很大,从《马氏文通》出版以后,便有一些学术界限不清的人,从故纸堆里搬出以前那些修辞古说来附和或混充文法,成了一个拿修辞论的材料混充文法的时期。"[①]"内容杂乱""附和""混充"恰恰是"和谐"的反面。

四、简括与平易：术语修辞的风格要素

一定领域生态中的术语,在较大篇幅的语篇(学术专著)或篇幅相对较小的系列语篇里可以形成特定的话语风格。术语修辞的风格要素包括但不限于简括和平易,它还可能有诸如新奇、疏放等要素。就《修辞学发凡》而言,其术语修辞的主要风格要素似乎是简括与平易。平易,在一定意义上是一种和谐。

---

① 陈望道:《修辞学发凡》,上海教育出版社,1997,第 278 页。

"就象选词,我们现在是以平易做标准。"①如果说术语修辞有一定的标准,则"标准"也是效果。因为通常情况下达到标准了,效果也就生成了。

或者可以说,风格是持久的效果。术语定名一般不宜草率,往往颇费踌躇,从这个意义上说定名似乎又能体现术语修辞风格。譬如,关于辞格的定名,也是一种"选词",《修辞学发凡》坚持定名的简括与平易。"这种分类,或许也有不大自然的地方,但实际,经过十几次的修改。对于名称,也很慎重,大抵都曾经过仔细的考量,又曾经过精密的调查,凡是本国原来有名称可用的都用原来的名称,不另立新名。"②关于辞格的定名之谨慎,陈望道后来还有相关说明:"许多学生不会写文章,问我文章怎么做,许多翻译文章翻得很生硬,于是逼着我研究修辞。我是从调查修辞格入手的,调查每一格最早的形式是什么。格前面的'说明'不知修改了多少次,就这样搞了十几年。"③

再如《修辞学发凡》关于"修辞学"这个核心术语的说解也是简括和平易的。"修辞学原是'勒托列克'(Rhetoric)的对译语,是'五四'以后才从西方东方盛行传入的。"④类似地,"明喻""借喻"的定名也是基于简括与平易。"日本人所著的修辞书中,历来都是根据这一条,把我们所谓明喻叫做直喻,中国也有人用这个名称,但我以为还不如明喻这一个名称显明。"⑤这里所说的"这一条",是指"唐彪以前,曾由宋人陈骙称它为'直喻'"⑥。此外,"'借喻'这名,系沿用元人范德机的定名(见《木天禁语》'借喻'条)。此外所有的名称,如'隐语'(见元人陈绎曾所著《文说》论'造语法'条),如'譬况'

①　陈望道:《修辞学发凡》,上海教育出版社,1997,第244页。
②　同上书,第71页。
③　陈望道:《修辞学中的几个问题》,载复旦大学语言研究室编《陈望道语文论集》,上海教育出版社,1997,第620页。
④　陈望道:《修辞学发凡》,上海教育出版社,1997,第15页。
⑤　同上书,第77页。
⑥　同上书,第76页。

（见明人杨慎所著《丹铅总录》卷十三'订讹'类'譬况'条，又卷十八'诗话'类'双鲤'条），如'暗比'（见清人唐彪所著《读书作文谱》卷八《暗比》条）等，或太浮泛，或同别的譬喻名称不很连贯，都觉得不大适用。"此外，有意思的是，《修辞学发凡》中诸多示意图里的语言文字也主要是术语，这大概也是出于简明的考虑。

需要指出的是，术语修辞可以形成风格，有其风格要素，而风格是相对特殊（与"普遍"相对而言）的，表现的是差异性，但这决不是说术语修辞没有共同性可言，不是说术语修辞学没有办法归纳和演绎术语修辞的共同规律。毕竟，风格的形成和表现受规律支配。再者，"术语修辞学"在一定意义上是"修辞学"这个"属概念"的一个"种概念"。"修辞学的任务就是探求修辞现象的规律，缩小所谓'只可意会，不可言传'的境地。过去有一个人说某首词好，我问他好在那里，这位老先生是专讲究读的，他说有几种读法，那里该重读，那里该轻读。再问他，他还是叫你读。他认为可以意会，不可以言传，只能以心传心。我们则主张科学，凡是可以意会的一定可以言传。研究修辞，就是要缩小和消灭'可以意会，不可言传'的境域。"①修辞学探求规律，术语修辞风格有其规律，探究术语修辞风格，也是不断走近科学。

陈望道《修辞学发凡》的术语修辞实践表明，术语修辞的话语符号建构有其认知和审美动因。在此基础上，往往形成种种适应与和谐的领域生态。领域生态的适应与和谐，常常诉诸规范和变异的运作。运作的结果符号化并成熟稳定后形成特定的言语风格，陈望道《修辞学发凡》的术语修辞风格要素主要为简括与平易。陈望道的术语修辞实践契合于其修辞学和术语学思想，并可作为后世术语修辞的典范。

原载于《四川文理学院学报》2022 年第 4 期

---

① 　陈望道：《谈谈修辞学的研究》，载复旦大学语言研究室编《陈望道语文论集》，上海教育出版社，1997，第 601 页。

《语法修辞讲话》的术语辩证法

  吕叔湘、朱德熙《语法修辞讲话》是语言学著作中名家写的发行量最大的著作之一,该著可谓顶天立地,既是著名语言学家写的具有很高学术价值的著作,又具有极强的可及性,即在一般读者中具有很强的可接受度、很大的影响。"一时许多地方都选作教材,成为 50 年代初最畅销的热门语法书。"①之所以如此,一个很重要的原因是该著中术语辩证法的成功运用。在我们看来,《语法修辞讲话》中的术语辩证法值得关注。

  事实上,"辩证法"也是一个可及性很强的术语。据方朝晖《"辩证法"一词考》:"'对立的统一'等等,是现代意义上的'辩证法',准确点说,是从黑格尔等人以来逐渐形成的辩证法概念。"②显然,我们这里所说的"辩证法"自身也是一个术语,术语辩证法注重对立统一,比如创新和利旧,等等。《语法修辞讲话》中的术语辩证法是吕叔湘、朱德熙术语思想和实践的某种总体体现,表现在术语的生成、辨析、运用等方面。

一、术语的生成:"创新"与"利旧"

  术语生成后即为新术语,《语法修辞讲话》主张新术语在数量上要适度,不可盲目"创新",要将"创新"和"利旧"统一起来。

---

① 邵敬敏:《汉语语法学史稿》(修订本),商务印书馆,2006,第 168 页。
② 方朝晖:《"辩证法"一词考》,《哲学研究》2002 年第 1 期,第 31 页。

　　《语法修辞讲话》指出:"现在,堆砌的是所谓'新名词'。新鲜事物应该用新鲜词语来表达,没有理由反对用'新名词'。"①这里所说的"新名词"主要是指新术语,《语法修辞讲话》并不反对新术语的创立。"可是如果为'新名词'而'新名词',不管用得上用不上,不负责任地往上砌,那就非反对不可了。"②显然,《语法修辞讲话》不是全盘否定新术语,而是适当适度而为之,这种态度是实事求是的。作者还进一步指出:"所以要反对,不但因为它会使作者真正的意思隐晦不显(参看第二段'故作高深'节——原作者注),也不但因为它空泛罗嗦,浪费读者的时间;更重要的是因为它除了发生这些直接的影响外,还给我们的语言以重大的损害,因为这些很有用的新词语,由于用得太滥,也必然会失去原有的准确性,变得毫无内容。"③简言之,不能以辞害意,毕竟内容决定形式。

　　《语法修辞讲话》不仅对于术语自身的态度是实事求是的,关于语法的某些涉及术语的核心问题的处理也是实事求是的。譬如,该著明确地表示汉语的词应该怎样分类的问题。"在这里,我们只提出在这个讲话里所用的词类的名称,以及大概的内容。"④不难理解,"词类的名称"也涉及术语问题。

　　《语法修辞讲话》不盲目追求术语的创新,同时积极"开发"利用"现成的名词",这种情形与《语法修辞讲话》之前的吕叔湘《中国文法要略》和其后的《汉语语法分析问题》等论著中是基本一致的。例如,《中国文法要略》指出,关于"文法"和"语法"的术语使用,"没有一个双方通用的名称也不方便"⑤。"没有一个双方通用的名称也不方便"表明了术语的使用是必要的,有意义的。《中国文法要略》中"现成的名词"说的是"利旧",即对旧有的术

---

① ②　吕叔湘、朱德熙:《语法修辞讲话》,中国青年出版社,1979,第 199 页。

③　同上书,第 199-200 页。

④　同上书,第 9 页。

⑤　吕叔湘:《中国文法要略》,商务印书馆,1982,第 5 页。

语的再利用。

关于术语的创新和利旧，《语法修辞讲话》的作者之一吕叔湘先生还有更为辩证的意见："本文所用的术语，绝大多数都是现在通行的或者曾经有人用过的，关于术语，创新和利旧各有利弊。……本文不是为了提出一个新的语法体系，所以还是尽量利用旧的术语。"①只是使用旧有的术语有一个局限，因为会或多或少改变原来的意义，这样可能会给接受者造成一定的理解上的困难，或有可能导致某种混淆。显然，以上看法富于真知灼见，辩证公允，体现了作者实事求是的科学精神。

二、术语的辨析："是"与"不是"

《语法修辞讲话》较为注重对相关、相近术语的辨析，辨析十分精准。例如，作者关于"语法"和"文法"的讨论，作者先替读者考虑其接受情况，然后给出结论，二者"是一个东西"②。"一个东西"是相对于作者分析该相应术语时提及的"两个东西"而言的，这里所说的"两个东西"和"一个东西"，或可曰是辩证统一的。作者进一步分析后得出结论："与其管它叫'文法'，就不如管它叫'语法'了。"③"语法"和"文法"这两个术语的分分合合，既有对立又有统一，"是"与"不是"在此意义上有其统一之时，统一于人们的相关认知域。

《语法修辞讲话》在辨析术语时，特别值得一提的是，常常专门指出某某术语"不是"什么。例如，作者对全书的核心术语"语法"的界定即为显例。作者明确指出："第一，语法不是文字学，……第二，语法不是修辞学，……第三，语法不是逻辑，虽然实际上离不开逻辑。"④上例关于语法不是文字学、修

---

① 吕叔湘：《汉语语法分析问题》，商务印书馆，1979，第 9 页。

②③ 吕叔湘、朱德熙：《语法修辞讲话》，中国青年出版社，1979，第 3 页。

④ 同上书，第 4 页。

辞学、逻辑的辨析十分精彩,廓清了相邻相近领域的相关术语的"界限"。此外,作者在后文还对"语法不是逻辑"做了进一步的阐述:"'语法不是逻辑。'这句话有两层意思。第一,就是我们在那一段里说明的,尽管一个句子的结构是正确的,要是事理上讲不过去,这句话还是不通。……'语法不是逻辑'的第二层意思是:有些话虽然用严格的逻辑眼光来分析有点说不过去,但是大家都这样说,都懂得它的意思,听的人和说的人中间毫无隔阂,毫无误会。站在语法的立场,就不能不承认它是正确的。"①尤其难能可贵的是,作者还补充说明了"逻辑"的内涵,"是指一般人心目中的'道理'"②。我们知道,"逻辑"的内涵和外延比较复杂,也是一般人觉得比较高深的学问,而作者没有"掉书袋",在此关于"逻辑"的这一说述十分接地气,非常便于理解,这样,关于语法和逻辑的关系的述说,作者自然辨析得十分符合逻辑、符合辩证法:"这两层意思放在一起看,似乎是冲突的。……实际上这两层意思并不冲突。"③之所以如此,实际使用的语用修辞实践可以证明。

《语法修辞讲话》关于"句子""词""短语"等基本术语的辨析也很辩证公允。作者科学地指出了"周密"和"有用"的辩证关系。周密和实用得协调统一起来。在界定"词"时,作者指出,"词"和"字"得有效区分开来。再者,"短语"和"句子"需要区分,而区分的标准不可仅仅着眼于能指形式的长短,短语未必就比句子短,短语不短,辩证全面。类似地,《语法修辞讲话》关于"简单句"与"复合句"的辨析,也是辩证的,作者正确地、全面地指出,简单句未必短,复合句未必就长,复合句在能指形式上未必比简单句长,简单句在能指形式上也未必比复合句短。

除了语法单位这些基本术语的辨析,《语法修辞讲话》关于词类名称(术语)的辨析也很辩证,例如,作者指出:"大多数副动词有些语法书里称为'介

①② 吕叔湘、朱德熙:《语法修辞讲话》,中国青年出版社,1979,第179页。
③ 同上书,第180页。

词'，我们认为这两类词的界限很不容易划清，不如还是把它们归在动词这个大类的底下。"①当然，这里需要明确的是，《语法修辞讲话》中作者关于"副动词"和"介词"的辨析，也是作者语法观的某种呈现，质言之，这些术语是理解作者语法观及相应语法体系的关键词之一，所以也是我们研读《语法修辞讲话》的重点之一。如果说关于"副动词"和"介词"的辨析是"点"，那么作者关于词类"不能一概而论"的说法则是某种"面"，作者指出，"总之，不能一概而论。倘若一个词在句子里的地位一变，所属的类也就跟着一变，那么几乎所有的词都要属于两类或三类，多的要跨上四五类……"②以上观点在视域上点面结合，看法客观辩证，即"不能一概而论"。

术语辨析是为了更恰当地使用术语，更精准地理解术语的意义，而不是纯粹名称问题的纠缠。这一点吕叔湘在《汉语语法分析问题》里讲得很清楚："摆问题自然摆的是实质性问题，纯粹名称问题不去纠缠……"③作者以"量词""单位词""单位名词"及"短语""词组""结构"等术语为例，做了精彩的、全面的、深入的、科学的辨析。作者关于以上重要术语的辨析全面、允当、精准，大大方便了读者的学术阅读，也在一定程度上有助于语法学的普及传播和发展。

三、术语的运用：必须与不必

或者可以说，术语的生成是微观视角，术语的辨析是中观视角，术语的运用则是一定意义上的宏观视角。《语法修辞讲话》关于术语的使用似乎可以概括为一句话：非必须不使用。

《语法修辞讲话》指出："要讲语法，就离不开一些术语。术语是一般人

---

① 吕叔湘、朱德熙：《语法修辞讲话》，中国青年出版社，1979，第9页。
② 同上书，第11页。
③ 吕叔湘：《汉语语法分析问题》，商务印书馆，1979，第9页。

最讨厌的,可是事实上少它不了。……要是一个术语也不用,有许多事情要说得很罗嗦,有许多事情简直说不明白。"①这就是说,"少它不了"的术语在包括语法学在内的各学科领域被广泛使用。只是在使用时须慎重,以免"一般人""讨厌"。作者旁征博引,但没有堆砌术语,而是用很接地气的日常用语"讨厌""生毛病""罗嗦"等深入浅出地说明术语使用的原则。由此也可看出,作者使用学术语言的高超和文风的扎实。

在使用术语时,须慎重,尽量"不立异"。"不立异"的一个表现即不轻易修改、改动。《语法修辞讲话》指出:"第一讲里的语法概要有不少地方跟现在通行的体系不一致,为了避免牵动第二讲以后的用语,没有修改。"②这里所说的"用语"实际是指术语。类似地,在吕叔湘《中国文法要略》里,吕叔湘说道:"这本书讲的是汉语语法,却以'中国文法'命名,这也是当时通例,现在也不去更改,免得误会是另外一本书。"③同时也不急于从众,《语法修辞讲话》有言:"里面用的术语以及它们的意义也许跟他原来所了解的有点不同。并不是我们故意要立异……我们不得不在这里头有所取舍。"④正因为如此,"所以我们要请求读者耐烦点,把这数目并不很多的术语记住,并且把它们的意思弄清楚"⑤。毕竟,在读者那里,这些术语或许有些生疏,但潜心读下去未必难懂。

稳健使用术语,但又不拘泥于术语,这似乎也是一种辩证的方法,也是术语使用者严谨的治学态度的表现。这在吕叔湘和朱德熙两位先生的其他代表性论著中时有体现。例如,吕叔湘《中国文法要略》修订本序中曾提及汉语的语法结构时的说述即表明了作者严谨的治学态度。需特别说明的

---

①　吕叔湘、朱德熙:《语法修辞讲话》,中国青年出版社,1979,第 2 页。

②　同上书,《再版前言》,第 2 页。

③　吕叔湘:《中国文法要略》,商务印书馆,1982,第 12 页。

④　吕叔湘、朱德熙:《语法修辞讲话》,中国青年出版社,1979,《引言》第 3 页。

⑤　同上书,第 3 页。

是,这里作者有一个注:"因此,在我写《语法学习》以及和朱德熙同志合写《语法修辞讲话》的时候,在许多还没有定论的场合,宁可迁就点通行的说法。要说是彼愈于此,那倒也不一定。因为有些读者来信问我为什么要有这样的改变,在这里说明一下。"①此处"通行的说法"直接涉及术语(通行的术语)。显然,之所以"宁可迁就"是为读者计,是考虑到读者的接受情况,也必将有利于读者的接受,事实上也提高了包括术语在内的学术话语的可接受度。

朱德熙《从作文和说话的关系谈到学习语法》说得更显豁:"不论哪一门科学,都有一套专门术语。但术语只是科学分析的工具,并不就是科学本身。……离开了规律,术语本身就没有多大意义了。"②使用术语不是目的,术语是为表征科学规律服务的,使用术语还要讲究效果,不可舍本逐末或本末倒置。朱德熙《从作文和说话的关系谈到学习语法》还指出:"仅仅抱住一些干巴巴的术语和条文不放,那是不会有什么实际效果的。"③上述话语是《从作文和说话的关系谈到学习语法》一文的结尾,由此亦可见这一论断的特殊意义。

吕叔湘、朱德熙《语法修辞讲话》是语言学名著,值得我们全方位、多角度、深层次地研究。我们此前从《语法修辞讲话》讨论过语法、修辞和逻辑的关系,④如果说语法学、修辞学、逻辑学可以有一定的交集,则术语可看作这个交集里的一个要素。以上分析表明,《语法修辞讲话》虽然未及专门(专章专节)地讲述术语问题,但是其关于术语的点评式的看法,可给学界以重要

---

① 吕叔湘:《中国文法要略》,商务印书馆,1982,第 9 页。
② 朱德熙:《从作文和说话的关系谈到学习语法》,载《朱德熙文集》(第四卷),商务印书馆,1999,第 305-306 页。
③ 同上书,第 307 页。
④ 张春泉:《从〈语法修辞讲话〉看修辞、逻辑和语法的关系》,《湖北师范学院学报》(哲学社会科学版) 2011 年第 5 期,第 20-21 页。

启示。公允地看待术语、全面地处理术语、恰当地使用术语、有效地传播术语、科学地理解术语即为术语辩证法的重要内涵。运用此法,可辩证生成、辨析和使用术语。术语的创新和利旧、术语辨析的"是"和"不是"、术语使用的"必须"和"不必"都统一于术语的有效理解和接受。术语是学术话语的基本单元,是沟通作者和读者的重要工具。如吕叔湘所言:"语法书可以有两种写法:或者从听和读的人的角度出发,……或者从说和写的人的角度出发,……这两种写法各有短长,相辅相成,很难说哪一种写法准比另一种写法好。"①显然,吕叔湘的这一观点也是辩证的,无论哪一种写法,都需要使用术语,都需要有可接受性,术语的辩证使用都必不可少。

原载于《四川文理学院学报》2021 年第 6 期

---

① 吕叔湘:《中国文法要略》,商务印书馆,1982,《重印题记》第 5 页。

王希杰《汉语修辞学》的术语修辞分析

　　王希杰《汉语修辞学》是 20 世纪 80 年代以来的一部十分重要的修辞学理论著作。《汉语修辞学》初版问世以后,与时俱进,精益求精,不断修订,迄今已出版至第三版。这里所说的《汉语修辞学》包括《汉语修辞学》1983 年版(以下简称"1983 年版")①、《汉语修辞学》(修订本)2004 年版(以下简称"2004 年版")②、《汉语修辞学》(第三版)2014 年版(以下简称"第三版")③。

　　学界对《汉语修辞学》给予了高度评价,可谓好评如潮。"王希杰不但成果丰硕,而且在中国修辞学理论的建设上有着重要的贡献。"④"王希杰在1983 年出版的《汉语修辞学》中就一针见血地指出:'在给修辞和修辞学下定义的时候,我们应当分清三个不同的概念:修辞活动、修辞和修辞学。'"⑤这已显示出王希杰对术语的关注。"更重要的是,王希杰还能不断提出新的问题,新的可能性。"⑥"对王希杰修辞学研究的方法,我们曾做过多次评论,关于《汉语修辞学》,我们认为其方法是'以归纳法为基底,以辩证法为总纲'……"⑦"此书体系新颖,有理论深度,在方法论上有所突破。正如吕叔

---

① 王希杰:《汉语修辞学》,北京出版社,1983。
② 王希杰:《汉语修辞学》(修订本),商务印书馆,2004。
③ 王希杰:《汉语修辞学》(第三版),商务印书馆,2014。
④ 宗廷虎主编:《20 世纪中国修辞学》(下卷),中国人民大学出版社,2008,第 524 页。
⑤ 同上书,第 527 页。
⑥ 同上书,第 528 页。
⑦ 同上书,第 529 页。

湘在《序》中所说的'翻开这本书就有一个好印象'。"①

本文主要着眼于《汉语修辞学》的三个历时版本,着意于《汉语修辞学》的术语修辞观、典型术语修辞、非典型术语修辞,以期进一步探究王希杰的修辞学理论和实践。

一、《汉语修辞学》的术语修辞观

虽然王希杰《汉语修辞学》未系统地提出其术语修辞观,但是在讨论相应具体问题时,《汉语修辞学》已阐明了自己对术语及其特定用法的某些认识,颇具学术价值。

王希杰《汉语修辞学》较为科学地界定了术语,并谈到了术语的某些重要性质。《汉语修辞学》指出:"术语,是专门用于政治、经济、文化及各种科学技术方面的行话。这是因为社会科学、自然科学技术也可以看成是一种社会的分工,也是一种行业。单义性和体系性是术语的两个显著的特点。"②在王希杰先生看来:"一切术语也都是行话。行话不仅能为社会上某一部分人的特殊需要服务,也能够为共同语的丰富和发展提供材料。"③这一看法是十分辩证的。类似地,王希杰还认为:"定义帮助人们最方便地把握对象。定义非常重要,但是也不必、不可过分拘泥于定义。定义可以是多种多样的,可以分别从不同角度与侧面来认识对象。为了特定的研究目标,可以强调研究对象的某个方面。"④

王希杰还谈到科学术语的单义性,并把这一性质特点运用到了修辞学核心术语辨析。"单义性是术语最重要的特征。如果一个术语有两种意义、两种解释,那么对于科学技术的交流和传播,对于科学技术的发展,都将是不利的。因此,人们力求保持术语的单义性。术语的词义总是和概念最为

---

①　袁晖、宗廷虎主编《汉语修辞学史》(修订本),山西人民出版社,1995,第445页。
②③　王希杰:《汉语修辞学》(第三版),商务印书馆,2014,第129页。
④　同上书,第8页。

一致的,反映客观事物的各种特征,特别是本质特征。它没有感情色彩,不必借助于上下文来理解。"①正因为如此,"科学术语要求单义性,所以应当区分'修辞'和'修辞学'。"②王希杰的这一看法有一个发展过程,在《汉语修辞学》初版中,作者写道:"同'语法''词汇'等术语一样,'修辞'也有两种用法:一是指客观存在着的那个东西;一是指人们对它的认识或描述,即关于它的知识、学说。前者是客观存在物;后者总是带有主观色彩的。同'语法''词汇'等术语不同的是,汉语中的'修辞'一词还可以作为动词用。如明人顾炎武说:'从语录入门者,多不善于修辞。'(顾炎武《日知录》十九——原注)鲁迅也说:'正如作文的人,因为不能修辞,于是不能达意。'(鲁迅《致李华》,《鲁迅书信集》下册746页——原注)'语法''词汇'等术语却不能这样用。"③第三版作为后出版本,其相关论述相对更抽象。

王希杰《汉语修辞学》还谈到了术语的体系性。"术语的体系性是说每一种社会科学、自然科学或工程技术本身,就是一个体系,每一个术语只有隶属于它所从属的体系,才能获得精确的含义。因此,同一个术语在不同的学科中往往有不同的含义,如'形态''功能'等词在生物学、语言学中的含义是不一样的。"④王希杰结合具体学科实例,讨论术语的体系性,深入浅出,通俗易懂。

《汉语修辞学》还结合语体谈术语,细致而缜密。"术语化:专业性的表现是术语的密集使用上。术语是学科的成果的结晶。准确把握一个学科的术语,这是一门学科专业人员的标志。正确熟练地运用术语,是学术研究的基本功。每一门现代科学都有自己的特殊术语,并形成一个独特的体系。每一门学科都有自己的术语词典(辞典)。大量运用术语,而且又在严格的

---

①④　王希杰:《汉语修辞学》(第三版),商务印书馆,2014,第129页。

②　　同上书,第6页。

③　　王希杰:《汉语修辞学》,北京出版社,1983,第4页。

单义上来使用,这是学术语体的一大特点。同一术语在不同的学科中往往含义大不相同,如'形态''功能''结构'等,在语言学和生物学中就有完全不同的含义。日常用语自然、亲切,科技术语则严密、庄重。如日常用语是'根儿''秆子''叶子',生物学术语则是'根''茎''叶'。前者活泼,后者庄重。大量运用科技术语是构成学术语体庄重风格的一个重要因素。"①以上所谈有观点、有例证、有理论、有应用,有对术语的界定和语义精确性的关注,也有对术语功能的描述,实际已涉及术语修辞问题。

《汉语修辞学》强调科学地使用术语。"作者所提出的社会现象,当然是一种客观存在着的事实,是应当引起社会广泛注意的大问题。……但是把这种现象叫做'修辞学转向',就未必妥当了,这一提法不科学,将导致学术术语的混乱。"②术语的使用有其社会语境,并与社会语境有一定的互动。"社会变体中的一些成分,也是可以被共同语所吸收的。例如'将一军'来自象棋术语,'亮相'来自戏剧用语,'串联'来自物理学术语,'开夜车'本是学生的习惯语(指'深夜读书')现在都已经被吸收到共同语中去了。"③以上材料说明王希杰是非常重视术语的使用的(即我们所说的"术语修辞")。

《汉语修辞学》还指出须得体地使用术语。"同一个科学著作和科普读物在陈述时对准确的要求也是不一样的。对一个普通旅游者讲述古迹时,大量运用历史学和考古学的术语,列举一连串精确的数字,效果是不会好的,因为对方并不要求这种历史学、考古学上的准确。"④得体与否,需要靠效果来检验。

事实上,王希杰《汉语修辞学》也曾明确指出:"术语对于科学的发展是有重要意义的。科学的发展促使了相应术语的产生,而术语则把科学认识

---

① 王希杰:《汉语修辞学》(第三版),商务印书馆,2014,第160页。

② 王希杰:《汉语修辞学》(修订本),商务印书馆,2004,第505-506页。

③ 王希杰:《汉语修辞学》(第三版),商务印书馆,2014,第127页。

④ 同上书,第108页。

的成果用词的形式巩固下来。为了更好地发挥术语在科学发展中的作用,我们应当重视术语的规范化工作。"①除了科学技术本领域,术语还可以有意识地跨领域使用,"在文学作品中,适当运用行话和术语,有利于渲染气氛和塑造人物形象。"②

二、《汉语修辞学》的典型术语修辞

典型术语修辞,是适用(适当使用)语辞(这里尤指"术语"),这里所说的典型术语修辞,或者也可以称之为"积极术语修辞",其更强调术语使用的美学价值、审美效果。例如:

(1)修辞学是有效交际的学问,是准确表达的学问,准确表达是社会化的人的生活和事业的保证。不懂修辞,将产生交际短路现象。不重视修辞,表达失误,是日常生活中的误会和人际冲突产生的原因之一。③ (第三版,第30页)

上例将"交际"与"短路"直接组合,赋予"短路"以修辞意义。类似的还有:

(2)交际短路就出在:中国女子的"哪里"是模糊词语,是婉曲语,而被老外当作一个疑问代词了。④ (修订本,第150页)

上例用"交际短路"和"模糊词语""疑问代词"具体说明问题,清晰明了。

(3)学术语体,全称是"学术科技语体",以前叫作"科学技术语体",简称"科技语体"。《现代汉语词典》(第6版)对"科技"的释义为:"科学技术:

---

①② 王希杰:《汉语修辞学》(第三版),商务印书馆,2014,第129页。

③ 本部分主要取例于王希杰:《汉语修辞学》(第三版),商务印书馆,2014。出自该书的例句只标注版本和页码。

④ 本部分主要取例于王希杰:《汉语修辞学》(修订本),商务印书馆,2014。出自该书的例句只标注版本和页码。

高科技｜科技信息｜科技工作者。""科学"指"反映自然、社会、思维等的客观规律的学科的知识体系",包括自然科学和哲学社会科学(人文科学),"科技"一词经常被理解为<u>自然科学+技术</u>。<u>科技工作者不包括从事哲学社会科学的人。美学家、历史学家是不可能成为科技工作者协会的会员的。</u>因此,我们使用"学术科技语体",简称"学术语体",为的是要涵盖自然科学和哲学社会科学(人文科学),再加上科学技术。(第三版,第158页)

上例自然贴切地使用"+","自然科学+技术"这一直观的表述,便于读者理解,这一用法比当今较为流行的"互联网+"等"……+"可能更早、更便于理解。此外,用"美学家、历史学家是不可能成为科技工作者协会的会员的"解释"科技工作者不包括从事哲学社会科学的人",风趣幽默,有助于读者在审美中认知"学术语体"这个术语。

(4)在学科分化越来越细的今天,别说<u>自然科学</u>和<u>哲学社会科学</u>之间有一座<u>大山</u>,自然科学和哲学社会科学内部的不同学科之间还是大山,甚至在同一学科内,也存在着这样那样的隔阂,彼此较难沟通。(第三版,第159页)

上例以"大山"喻"隔阂",表征"自然科学"和"哲学社会科学"这两个术语之间的差别。

(5)修辞学同语音学、词汇学和语法学的区别在于:后者的研究对象是语言这个符号系统本身的结构规律,前者研究作为交际工具的语言的交际功能问题。打个比方说,研究语言本身规律的语音学、词汇学、语法学等,好比<u>汽车构造学</u>,保证制造出合格的汽车。修辞学是有效运用语言的学问,好比是<u>汽车驾驶学</u>,目的是提高驾驶水平,研究的是好不好的问题,即评价各种形式的表达效果,研究何种形式在此时此地能够取得最佳效果。(第三版,第11页)

上例以"汽车构造学"喻"语音学、词汇学、语法学","汽车构造学"是喻体,"语音学、词汇学、语法学"是本体;用"汽车驾驶学"喻"修辞学","修辞学"是本体,"汽车驾驶学"是喻体。作者用比喻等积极修辞说明这些重要术语之间的差别,作为对"修辞学尤其需要建立整体观。语法学的最大单位是句子,而修辞学总是以一段完整的言语表达作为研究对象的。学习和研究修辞学最重要的就是要建立一个整体观念"(第三版,第34页)等命题的生动解释和说明。

(6)语言是人的<u>软件</u>。没有<u>软件</u>的电脑叫作"<u>裸机</u>",没有<u>语言</u>的人可以叫作"<u>裸人</u>"。(第三版,第44页)

上例用"软件"喻"语言",同时带有一定的拟人性质,随机拈连出"裸机"和"裸人",意趣盎然。

(7)<u>语言</u>是简单的,也是复杂的;是平凡的,也是神奇的;是非常规则的,也是很荒谬的,有时是说不出什么道理来的;是价值连城的,也是一文小钱也不值的;是人际关系的<u>润滑油</u>,也是矛盾冲突的<u>导火线</u>;是人间最美好最宝贵的,也是一把杀人的刀子!(第三版,第465页)

上例先整体上用排比说明"语言"的某些属性,同时排比的每一个小层又用对照,将作者的辩证法不露斧凿之痕地展现出来。随后又用"润滑油""导火线"等做了一个博喻,耐人寻味。

(8)<u>对偶</u>可以说是汉语中的<u>围棋</u>,规则很简单,但是变化无穷。(第三版,第273页)

上例用"围棋"喻"对偶"这个修辞学术语,跨领域对比,有一定的文化意蕴。

三、《汉语修辞学》的非典型术语修辞

《汉语修辞学》的非典型术语修辞主要表现为作者的改笔,改笔是调整语辞(这里尤指术语)。同一作者不同版本的著作之间的差异,在一定意义上显示的是作者的著述历程,之所以修改,是因为要在一定程度上适应认知语境,同时也生成新的认知语境。或者可以说,著作的修订是作者历时调整

语辞的体现,是"由想而移为辞"的具体表征。需要说明的是,根据语体,可以有不同语体的言语作品(话语)的改笔,比如学术科技语体言语作品的改笔、文艺审美语体言语作品的改笔等。在我们看来,不管是哪一种语体的改笔都是修辞,都是利用语言文字的一切可能性,调整适用语辞以适应题旨情境的一种努力,只是有典型与非典型之别。相对而言,学术科技语体言语作品的改笔往往表现为非典型修辞。前文已述及,我们这里所说的典型修辞(话语)大致对应于陈望道等学者的"积极修辞",非典型修辞则大致对应于"消极修辞"。作为非典型修辞的语辞调整在一定意义上是一种变换,有语辞的增加、删减、替换、易位、分合等具体运作方式。

(一)增加

增加,是指关于术语使用的语符形式的增加。例如:

(1)第六章《语音》中的二级标题《二韵母与韵脚》。(第三版)

上例在修订本中为"六韵脚",在1983年版(初版)中为"六韵脚"。第三版增加了"韵母"这个术语。类似地,第三版第二章新增了"四文化的世界和心理的世界"一节。

(2)第二章《交际的矛盾和修辞的原则》中的二级标题《八前提和话题》。(第三版)

上例在修订本和1983年版中均为"七前提"。

(3)第四章《同义手段和语言变体》中的二级标题《三显性的同义手段和潜性的同义手段》。(第三版)

上例在修订本中为"九显性同义手段和潜性同义手段"。在后出的版本(第三版)中,术语"显性的同义手段""潜性的同义手段"均增加了结构助词"的"。初版似无对应内容。

(4)第六章《语音》中的二级标题《三声调与平仄》。(第三版)

在修订本和1983年版中均为"七平仄",第三版增加了"声调"这个术语。类似的还有第十一章《联系》的二级标题《十引用和集句》(第三版),在修订本和初版中均为"引用"。

(5)第六章《语音》中的二级标题《七衬词和叠音词》。(第三版)

在修订本中为"五衬词和重叠",在1983年版中为"五衬词"。从修订本始,增加了一个术语与"衬词"直接组合。

(6)第七章《结构》中的二级标题《二纵式结构和横式结构》。(第三版)

在修订本和1983年版中均为"纵横",第三版的相应术语表述形式做了扩充增加。这一章里的二级标题,对应的变换调整形式还有"整句和散句"由修订本和初版的"整散"增加而成,"长句和短句"由修订本和初版的"长短"增加而成。

(7)第九章《侧重》中的二级标题《七类聚语》。(第三版)

其中的"类聚语"在修订本为"类聚",无"语",1983年版无相应的标题。

(8)第十二章《风格》中的二级标题《藻丽风格》。(第三版)

其中的"藻丽风格"在修订本和初版中均为"藻丽",无"风格"。类似的还有该章的二级标题"平实风格""明快风格""含蓄风格""繁丰风格""简洁风格"在修订本和初版中均无"风格"这一语词形式;"典雅风格""通俗风格"在修订本中均无"风格",在初版中无相应标题。

以上材料均来源于《汉语修辞学》的标题,后同。

(二)删减

删减,即后出的版本关于术语的运用在前面版本的基础上减少了其语符形式。例如:

(1)第五章《语体》(第三版)

章目"语体"在修订本和初版中均为"语体风格"(第十一章),第三版删减了"风格"。

(2)《语法修辞讲话》开创了语法修辞融为一体的新风,重视联系实际,解决实际问题,产生了极大的影响。它的目标不是建立修辞学的理论系统,或讲授修辞学知识,而是以解决实际问题为目的,力求用生动、活泼的语言讲解读者感兴趣的有实用价值的东西。这是它吸引读者的重要原因。(第三版,第3-4页)

《语法修辞讲话》开创了语法修辞融为一体的新风,重视联系实际,解决实际问题,产生过极大的影响。它的目标不是建立修辞学的理论系统,或讲授修辞学知识,而是以解决实际问题为目的,力求用生动、活泼的语言讲解读者感兴趣的有实用价值的东西。这是它吸引读者的重要原因。(修订本,第4页)

《语法修辞讲话》开创了语法修辞融为一体的新风,重视联系实际,解决实际问题,对解放初期的语文学界和报刊编辑产生过极大的影响。它不在系统地讲授修辞知识上面花力气,而力求用生动、活泼的语言讲解读者感兴趣的有实用价值的东西。这是它吸引读者的重要原因。(1983年版,第3页)

上例修订本在1983年版的基础上删减了"对解放初期的语文学界和报刊编辑"等语符形式,第三版在修订本的基础上做了微调,将时态助词"过"改为"了"。删除"对解放初期的语文学界和报刊编辑"后的语符所表达的"影响"范围比删除之前的语符所表达的"影响"范围要大:删除之后或者可以理解为逻辑上的"全称量项",表示所有的领域;删除之前的语符在逻辑上可以表达"特称量项",一般仅表示存在,只存在于"语文学界"和"报刊编辑"这两个术语所表征的领域。简言之,包含术语的语符形式删减了,修辞话语所表达的所指范围扩大了。

(3)1932年出版的陈望道的《修辞学发凡》,则建立起一个比较合理、有一定实用价值的修辞学体系,被认为是现代修辞学的奠基之作。(第三版,第3页)

《修辞学发凡》建立起一个比较合理的、有一定实用价值的修辞学体系,被

认为是现代修辞学的奠基之作,产生了广泛的社会影响。(修订本,第 4 页)

1932 年出版的陈望道的《修辞学发凡》,建立起一个比较合理的、有一定实用价值的修辞学体系,把汉语修辞研究从修辞格这一狭窄的范围中解放出来,放置在一个比较科学的基础上。几十年过去了,《修辞学发凡》依然是学习和研究汉语修辞的人不可不读的重要著作。(初版,第 3 页)

上例,从初版到修订本,再到第三版,内容有一定幅度的修改。应该说,修订本和第三版突出了"现代修辞学的奠基之作"。

(4)从理论上看,修辞学可以帮助我们揭示人类的语言之谜,阐明人类的认识活动,而且具有美学价值。从实用方面看,一方面可以帮助我们提高语言表达能力,即运用于说和写;另一方面提高理解语言的能力,即运用于听和读。而在语文教学中的运用,则是这两者的综合。修辞学的功用,可以从理论和实用两个方面来看。(第三版,第 18 页)

从理论上看,修辞学可以帮助我们揭示人类的语言之谜,阐明人类的认识活动,而且具有美学价值。(修订本,第 15 页)

初版同修订本。在第三版中,把前一个"一是"改成了"一方面",后一个"一是"改成了"另一方面"。无"修辞学的功用,可以从理论和实用两个方面来看"。

(5)优秀作家的草稿和定稿、初刊稿和修订稿是修辞学的研究中常用的方法。(第三版,第 24 页)

对优秀的作家的草稿和定稿、初刊稿和修订稿进行比较,这是修辞研究中常用的方法。鲁迅很重视这种方法。(修订本,第 20 页)

初版同修订本。第三版删减了"鲁迅很重视这种方法"。还删减了"对""进行比较""这也"等。删减后,句式也随之变换了,变换后的表述更简明清晰,"方法"也更具普适性。

(三)替换

替换,即用新的包含术语的语符形式置换旧有的形式。例如:

（1）第五章《语体》中的二级标题《学术语体》。（第三版）

在修订本和初版中均为"科技语体"，替换的动因前文已述及。

（2）第六章《语音》。（第三版）

在修订本和初版中均为"声音"。用"语音"替换"声音"，相应的概念的外延减小了，表述更精确了。

（3）第十二章《风格》中的二级标题里的"言语风格"。（第三版）

在修订本和初版中均为"语言风格"，将"语言"替换为"言语"，应该说更确切了，其与"风格"的直接组合更有理据了。

（4）第六章《语音》中的二级标题《六象声词和联绵词》。（第三版）

在修订本中为"二摹声和联绵"，在初版中为"二摹声"，第三版用"象声词"替换了"摹声"，用更明确的术语"象声词"替代"摹声"，也似乎更规范一些。

（四）分合

分合，即通过含有术语的语符形式的调整变换，使得分说和合述恰如其分。例如：

（1）第二章《交际的矛盾和修辞的原则》中的二级标题《二语言和言语与思维和言语》。（第三版）

在修订本中对应的是"二语言与言语、思维、思想"，在初版中是"二语言是思想的表达形式"。

（2）第九章《侧重》中的二级标题《六问语》。（第三版）

在修订本和初版中均为"五设问和六反问"。

（3）第十二章《风格》（第三版）、第五章《语体》。（第三版）

在修订本和初版中也是两章，即第十一章《语体风格》和第十二章《表现风格》，第三版把它们拆分整合为新的两章。

（4）第四章《同义手段和语言变体》中的二级标题《四同义手段的选

择》。(第三版)

在修订本中为"三修辞活动就是同义手段的选择活动",在初版中为"一语言变体的选择就是同义手段的选择"。这是一种较为特殊的"分合",是语言单位的变换,由含有术语的句子变换为含有术语的短语,初版中二级标题是语句,修改本和第三版中将其修改为含有术语的短语。一般而言,短语相较于句子,在逻辑上受到的限制相对较少,因而作为标题其可表达的外延更丰富,在以理论阐述为主的话语(著作)中,这符合"标题"应能涵括篇章内容的题中应有之要义。类似的情形另如初版第二章《交际的矛盾和修辞的原则》中的《二语言是思维的表达形式》,在修订本中改为《语言与言语、思维、思想》,初版中《三语言是事物的假定记号》,修订本改为了《语言世界和物理世界》。

(五)易位

易位,即变换术语的位置,以增强表达效果的一种语辞调整变换手段。例如:

第四章 同义手段和语言变体。(第三版)

修订本对应的是第三章《语言变体和同义手段》,初版对应的是第三章《语言的变体和同义手段的选择》。

最后,需要指出的是,除了《汉语修辞学》,王希杰还有多部修辞学理论著作,都具有十分重要的学术价值。比如稍后于《汉语修辞学》出版的《修辞学新论》,陈光磊教授即给予了高度评价:"汉语修辞学的研究,进入 90 年代以来很重视基本理论和方法论的探讨。在这方面,王希杰《修辞学新论》(北京语言学院出版社,1993)的出版,可以说是最为引人注目。"[1]在同篇文章中,陈光磊还谈道:"还有一点值得注意的是,王希杰在《修辞学新论》中提出

---

[1] 陈光磊:《1993 年中国修辞学研究综述》,载陈光磊《修辞论稿》,北京语言文化大学出版社,2001,第 254 页。

的 0 度修辞说,或许可以说是对陈望道以 0 点修辞作为划分修辞两大分野的基点这一理论的肯定和发展。从这样的角度去作理论思考,会有助于修辞两大分野问题讨论的深入。"①陈光磊进一步指出:"书中关于'修辞学学'的观点,关于修辞与哲学的阐释,关于修辞学的走向等问题的论述,也都具思辨色彩,显示出一种理论上锐意进取的探索精神。这是一本'观点新、方法新、语料新'(胡裕树在本书序言中的评价语)的修辞学理论著作。"②王希杰关于"修辞学学"等术语的提出的确十分有新意,且本色当行。相应地,王希杰对相关学者的修辞学史研究也给予了高度评价,并在《修辞学史家宗廷虎对修辞学的贡献》中指出了"修辞学史"和"修辞学学"之间的关系:"修辞学史我以为是属于修辞学学的一个重要部分。……修辞学学不但有其共时和历时之分,也可以有理论、评论和鉴赏之分。修辞学学既然是对修辞学说的一种理论研究,那么,也只有当修辞学说繁荣到一定阶段的时候才有可能诞生修辞学学。"③王希杰建构的修辞学新术语、术语修辞及整体学术思想,已进入了修辞学史,彪炳学术史册。

---

① 　陈光磊:《1993 年中国修辞学研究综述》,载陈光磊《修辞论稿》,北京语言文化大学出版社,2001,第257 页。
② 　同上书,第 254 页。
③ 　王希杰:《修辞学史家宗廷虎对修辞学的贡献》,《松辽学刊》(社会科学版)1991 年第 1 期,第 50 页。

杨树达《中国修辞学》的
学术话语及其中国特色

杨树达《中国修辞学》首次出版于 1933 年,后数次再版重印,1955 年更名为《汉文文言修辞学》,在学界影响甚巨。《中国修辞学》在学术话语建构方面尤具中国特色,具体表现为对象语言(语料)丰富,元语言(多以"树达按"标记的关于对象语言的解说)简明;全书(篇)体系性强,核心概念范畴辩证地支撑整个学术框架,严谨而辩证;全书多以术语入篇章标题;元语言多用文言语词,以文言语词解说文言语句等。整体而言,《中国修辞学》具有很强的民族性,在学界独树一帜。

杨树达《中国修辞学》学术话语的中国特色及其影响的形成不是偶然的,与作者坚实的国学功底,与作者在训诂学、文字学、语法学等多方面的成就相关,正如秦旭卿所言:"杨树达先生是我国著名的语言文字学家。他的成就是多方面的,但人们一般只注意他在文字学、语法学和训诂学方面的成就,而不大注意他在修辞学方面的成就。其实他的许多著作都是冶语法、修辞、文字、训诂于一炉,很能得古人语言文字技巧的精髓。"[①]秦旭卿的这一评价具有一定的代表性,既反映了学界关于杨树达及其《中国修辞学》研究的基本动态,也体现了《中国修辞学》与杨树达其他方面成就的重要关联。此

---

① 秦旭卿:《简论杨树达先生的〈汉文文言修辞学〉》,载中国修辞学会编《修辞学论文集》(第一集),福建人民出版社,1983,第 105 页。

外,《中国修辞学》学术话语的中国特色也与作者的基本语言文字运用观直接相关。

一、"所以表现其感觉与思想者也"：杨树达的语用观

杨树达的基本语言文字观和《中国修辞学》学术话语都体现出一定的中国特色。前者是后者的基础,后者也是前者的某种具体体现。杨树达的基本语言文字运用观主要见于《中国修辞学·自序》和另一经典名著《高等国文法》。杨树达先生重视"言语"的功用,注重对"知言""美辞"的研究,关注言文关系、"史""用"关系、文法与修辞关系等。

杨树达阐明了"言语"的功能,明确地指出:"人为万物之灵,有锐敏之感觉,有致密之思想。言语者,所以表现其感觉与思想者也。"①这一论断是《高等国文法》正文的开篇语。在杨树达《高等国文法》里,"言语"与语言文字运用直接相关。这从《高等国文法》开篇论及"言语"之处,要么用"所以"(含"被用来"之意),要么用"之功用"直接与"言语"衔接即可以看出。据初步考察,在《高等国文法》开篇《绪言》里,"语言"与"文字"衔接,即"语言"只分布于有"文字"这一术语之语境里,"语言"和"文字"这两个术语配套使用。另据杨树达《词诠》:所,"被动助动词,见也,被也。"②"所以表现",显然是被主体(人)用来表现。杨树达的这一言语观,特别强调了语言的主体性,这一观点与吕叔湘的意见是契合的。吕叔湘曾有言:"语言是什么? 说是'工具'。什么工具? 说是'人们交流思想的工具'。可是打开任何一本讲语言的书来看,都只看见'工具','人们'没有了。语音啊,语法啊,词汇啊,条分缕析,讲的挺多,可都讲的是这种工具的部件和结构,没有讲人们怎么

---

① 杨树达:《高等国文法》,商务印书馆,1984,第 1 页。

② 杨树达:《词诠》,中华书局,1954,第 334 页。

使唤这种工具。"①显然,在杨树达关于"言语"的界定里,有"人",还有"感觉"和"思想"。

杨树达还十分重视语言与文字之关系,二者通过"用"关联起来:"文字既是语言之代用,其始起也,固与语言密合而无差也。然而人类有经济思想,则力求文字之简焉;又有美术思想,则又力求之字之工焉。坐此二因,文字之发生,本所以代语言者,竟与语言岐异而不相合。旷观大地文明民族,盖未有绝对文言一致者。盖其智力之弘,决不自甘于粗代语言之初级文字而不求精进也。"②杨树达看似在这里谈到了言文关系,实际上注意到了书面语的重要功用,"求简""求工"是书面语的要义,而学术话语往往是较为典型的书面语,是可以表达"致密之思想"的书面语。无疑,明确杨树达先生的这一看法或学术主张有助于我们理解其包括《中国修辞学》在内的学术话语在文言语词使用上的重要特色。

言文不必一致,在杨树达看来,"用"与"史"还需结合起来看。杨树达深刻地认识到了语言文字的宏观功用。"太古之世,獉獉狉狉,蛮烟,瘴雾,洪水,猛兽,环人类皆是也。其势力之大,之勇,盖几令吾人类有不能安居之势。人居其间,穴居野处,无爪牙以争食,无毛羽以蔽寒,以渺渺之身,处多难之境;成育之期,又视他动物为长。于是不得不惨淡经营,共谋自卫之术。此共同之经营,人与猿所以同祖而歧系也。人类之进化也由是,言语之发生也亦由是。"③言语的发生与人类之进化相伴相生,语言在进化过程中体现出力量,体现其强大功能。"此共同之经营为何? 则彼此互相团结以抵御外患是也。故恐惧警告叹息之声,于初民为最多。即今非洲南美诸土蛮言语之中,感叹之声独夥者,职此故也。不惟土蛮为然,即开明社会中,当事变陡

---

① 吕叔湘:《语言作为一种社会现象——陈原〈语言与社会生活〉读后》,载《吕叔湘文集》(第四卷),商务印书馆,2004,第366-367页。

② 杨树达:《高等国文法》,商务印书馆,1984,第1页。

③ 同上书,第1-2页。

至,出其不意,感情难制之时,亦仍但用感叹词以鸣其不平之感焉。"①杨树达认为言语变迁之原因有三:摹仿,比照,惰性。"而惰性又似为其总因。摹仿与比照,亦惰性之表现耳。"②"好逸恶劳,避繁趋简,人类之惰性影响于语言者至巨。"③"惰性"具有一定的主体性,正如语言文字所表现的思想和感觉一样具有特定的主体性,这大概也是杨树达学术话语"求简"的重要动因之一。

语言在进化、使用中有了"文法"与"修辞"之别。"吾国旧时所谓文法,其所讲述,有所谓起承转合,谋篇布局之法者,或应为今修辞学之所研究,有所谓神韵气味者,则神秘之谈也。"④杨树达这里关于文法和修辞学关系的描述,应该说是符合历史实际和言语事实的。"杨氏对语法修辞之学有先后之分。他是先治语法,后攻修辞的,所以他以为'治文法者乃不能不因',而于修辞之专讲辞格者则认为'削己足而适人履'。他是把语法与修辞一科绝对分开的。"⑤十分有意思的是,杨树达先生在其修辞学专著《中国修辞学》里关于"修辞"的界定是述而不作,只是列举古往今来人们对"修辞"的解释,而在主体并非修辞学研究的《高等国文法》里却谈及修辞学的研究对象。杨树达《高等国文法》首次出版于 1930 年,儿乎与《中国修辞学》同时问世。不仅宏观比较文法与修辞,杨树达先生还把"比较"放到了方法论意义上考量。"科学之发生,最初必由于比较,前既言之矣。比较而后,各取其相同者为一类,而后大类分;大类之中又细别其同异而后小类立;复有异者,仍细分之。"⑥杨树达的以上论述,科学性和民族性十分鲜明,这也得到了郭绍虞先

---

① 杨树达:《高等国文法》,商务印书馆,1984,第 2 页。
② 同上书,第 6 页。
③ 同上书,第 5-6 页。
④ 同上书,第 11 页。
⑤ 郭绍虞:《修辞剖析》,载中国修辞学会华东分会编《修辞学研究》(第一辑),华东师范大学出版社,1983,第 4 页。
⑥ 杨树达:《高等国文法》,商务印书馆,1984,第 20 页。

生的认可:"我们作这样的探索,正是要在科学性中再加一些民族性,也就可以更推进一步,发挥一些更大的学术作用。所以首先要说明推重杨著,不是使修辞学倒退一步,而是推进了一步,从原有的基础上,再加以发展,其实用意义一定会更高一些。"①这一点,倪宝元先生也有引述,他在倪宝元《汉语修辞新篇章——从名家改笔中学习修辞》序篇《引论》的第一章《修辞和修改》第一节《古今名家论修辞》中,"二、现代名家论修辞"的开篇就援引了杨树达《中国修辞学·自序》中的一段话:"语言之构造,无中外大都一致……则我不能独有,其贬己媚人,不已甚乎!"②不难看出,这里仍然凸显的是民族特色。

通过比较,可以有效地考察语言文字及其运用的民族特色。杨树达《中国修辞学》的《自序》有言:

"余恒谓:语言之构造,无中外大都一致,故其词品不能尽与他族殊异,治文法者乃不能不因。若夫修辞之事,乃欲冀文辞之美,与治文法惟求达者殊科。族姓不同,则其所以求美之术自异。况在华夏,历古以尚文为治,而谓其修辞之术与欧洲为一源,不亦诬乎? 昧者顾取彼族之所为一一袭之,彼之所有,则我必具,彼之所缺,则我不能独有,其贬己媚人,不已甚乎! 吾今不欲谓吾书足以尽吾国修辞之全,第欲令世之治此学者,知此事为一族文化之彰表,义当沈浸于旧闻而以钩稽之法出之,无为削己足而适人屦,庶足令后生之士有自尊其族姓之心,而他媚之狂或少戢云尔。"③

这里杨树达先生说明了《中国修辞学》的撰写缘由,强调了文法和修辞的区别,用极富"表现其感觉与思想"的话语集中阐明了修辞的民族性。对此郭绍虞曾高度评价:"我很佩服杨氏这种'自尊其族姓之心',反对仅以辞

---

① 郭绍虞:《修辞剖析》,载中国修辞学会华东分会编《修辞学研究》(第一辑),华东师范大学出版社,1983,第5-6页。

② 倪宝元:《汉语修辞新篇章——从名家改笔中学习修辞》,商务印书馆,1992,第5页。

③ 杨树达:《杨树达讲文言修辞》,凤凰出版社,2009,第3页。

格为主的修辞之学,可说在修辞学方面另辟了一条途径。这条途径似乎走的人尚不甚多。因为一般人对杨氏之《中国修辞学》可能不很理解。由于此书体例有些象杨氏的《论语疏证》,并不重在发挥自己的意见。"①当然,"并不重在发挥自己的意见"并不是说论者自己没有学术主张,而是尊重已有的研究,尊重学统,不替古人立言,不替圣贤立言,且言之有物,言之有据,言简意赅,实事求是。

事实上,杨树达先生的语用修辞观与具体的话语实践结合紧密,都十分注重中国特色,尤能体现中国特色。前文已提及,杨树达重视汉语文辞之美,重视充分挖掘和利用汉语某些独特的话语资源,这从《中国修辞学》各级标题的拟定即可看出。

二、言简意赅:从标题看杨树达《中国修辞学》的整体语篇特征

学术话语体系中的各级标题,亦即纲目,也是整体框架格局的关键要素,在话语体系中具有举足轻重的地位。据初步统计,《中国修辞学》全书各级标题共计 160 例,其中一级标题 18 例,二级标题 50 例,三级标题 60 例,四级标题 20 例,五级标题 12 例(表 1)。《中国修辞学》语篇中的标题话语形式总体呈中间大、两头小的分布态势。在所有标题中,单音节形式共 2 例,双音节形式共 88 例,三音节形式共 22 例,四音节形式共 25 例,五音节形式共 11 例,六音节形式共 9 例,七音节形式 0 例,八音节形式共 3 例。显然,双音节形式占比最高,达 55%。其次是四音节形式,占 15.6%。再次是三音节形式,占 13.8%。在各级标题中,词语形式(含术语)共 95 例,短语形式共 65 例。以短语的形式呈现的术语,因其结构相对固定,其构成成分不可变

① 郭绍虞:《修辞剖析》,载中国修辞学会华东分会编《修辞学研究》(第一辑),华东师范大学出版社,1983,第 3 页。

换,是具有词的功能的固定短语,故笔者把它归入"词语形式"。需要特别说明的是,有关词语形式和短语形式的统计,不同的统计者所做的统计可能会有不同的结果,其中一个很重要的原因是术语的断定,即《中国修辞学》标题中有些"术语"究竟是不是术语可能还存疑。之所以如此,是因为《中国修辞学》在可信材料的基础上创建了一定量的术语。因为是创新,所以理解上不同的接受者会有一些分歧。

表1 杨树达《中国修辞学》语篇中的标题话语形式简表(数量单位:例)

话语形式观测点		一级标题	二级标题	三级标题	四级标题	五级标题	小计
音节形式	单音节	0	2	0	0	0	2
	双音节	16	24	30	11	7	88
	三音节	0	0	17	2	3	22
	四音节	1	18	1	4	1	25
	五音节	1	3	7	0	0	11
	六音节	0	3	4	1	1	9
	七音节	0	0	0	0	0	0
	八音节	0	0	1	2	0	3
句法结构形式	词语形式(含作为术语的固定短语)	15	27	30	13	10	95
	短语形式	3	23	30	7	2	65

第一级标题,即全篇最大的一级标题,用"章"标目,用"第……章"标序:释名、修辞之重要、修辞举例、变化、改窜、嫌疑、参互、双关、曲指、夸张、存真、代用、合叙、连及、自释、错综、颠倒、省略。

第一级标题实为第一级语篇单位。《中国修辞学》第一级语篇单位较多,共18个,即全书18章,而全书的篇幅不算太大,共17.1万字,这是全篇在语篇结构上的一个重要特色。《中国修辞学》篇章(第一级语篇单位)的框架性安排,其格局模式大概类似于被郑远汉先生称为"我国第一部修辞理论著作"的刘勰《文心雕龙》①。《文心雕龙》体大思精,但篇幅不大,共约3.8万字,全篇共分50章(含《序志》),在不大的篇幅内分章较多,其章的标题均为二音节形式,简短而整齐。当然,相对于《文心雕龙》而言,在话语形式上,《中国修辞学》是散体而不是骈文形式;在体系建构上,《中国修辞学》更科学、更专门化。一个很显著的表现是,《中国修辞学》标题的层级比《文心雕龙》多。前者是复合的立体系统,后者是单一层级的"平面"型体系。

第二级标题,用数词标序:修辞、修、辞、修辞之益、不修辞之害、改易、增益、删削、颠倒、能动的变化、被动的变化、避复、避嫌、避讳、避熟、鸣谦、别白、混淆、不别白而可知、互备、举隅、举隅反例、义的双关、音的双关、释名之曲、述事之曲、语气、语辞、以大代小、以小代大、以前代后、以后称前、以事代人、以私名代公名、以质代物、私名连及、公名连及、事名连及、物名连及、释人、释地、释事、名称、组织、上下文之关系、词的颠倒、句的颠倒、省字、省词、省句。

在以上标题中,两个单音节形式之外,构成成分以偏正结构为主,共24例,接近全部二级标题的50%。其次是动宾结构,共13例。偏正结构便于对其所表达的概念进行限制,从而使其更加严密,使其所表达的外延更加精准。动宾结构尤能凸显修辞的过程性,这也与我们此前所述及的杨树达之语言文字运用观契合。

第三级标题,用天干标序:事不明、物不显、犯人忌、改字、改句、增字、增句、删字、删句、名词、代名词、动词、状词、副词、介词、避复、避嫌、避讳、表

---

① 郑远汉:《我国第一部修辞理论著作——〈文心雕龙〉》,《华中师院学报》(哲学社会科学版)1982年第4期,第31页。

异、避实、谐音、人称、地名、正朔、年号、官名、篇名、通常的、避忌的、戛止、嗫嚅、謇吃、正例、反例、姓与名错举、姓与字错举、姓与国错举、二字之称上下错举、名词与其状词、主辞与述辞、动词与其宾辞、介词与其宾辞、趁韵、非趁韵、主语与述语、因句与果句、杂例、姓省称、名省称、字省称、姓字连省称、官省称、谥省称、译名省称、地省称、承上省、探下省、承上探下两省、承上省、语急省。

需要注意的是,二级标题和三级标题有几处雷同,如"避复、避嫌、避讳"。三级标题有"的"字短语,如"通常的、避忌的"。

第四级标题,用地支标序:私名、公名、自称、对称、他称、协韵、调声、先姓后名、先名后姓、先姓后字、先字后姓、先上一字后下一字、先下一字后上一字、句末韵、句中韵、名词、动词、外动及其宾辞。

有的标题带有回环性质,实为关键词(信息)的排列组合。如"先姓后名、先名后姓""先姓后字、先字后姓"。如此,尽量穷尽可能的情形。有 8 个音节的标题,如"先上一字后下一字"。且相邻标题亦形成回环,如"先上一字后下一字、先下一字后上一字"。当有五级标题时,第四级标题就改用方位名词"上""下"标序,第五级标题再用地支,这种情形可能还与避免相邻相近纲目雷同有关。

第五级标题,这一级标题在全书不多见。用"天、地、人、物"标序和地支标序(此时第四级用"上、下"标序)各 1 处:人名、国名、氏名、地名、主辞、宾辞、领位辞、加辞、先目后凡、内动词、外动词、外动词与宾语。用"天、地、人、物"标序也极富中国特色。

从宽泛意义上说,以上所列举的标题几乎都包含术语或自身就是一个术语。有些术语是杨树达借用于日常语言的,如"戛止、嗫嚅、謇吃"等,这自身即体现出一定的术语修辞素养,更彰显其特色。以术语入标题是学术话语的较为常见的情形,杨树达《中国修辞学》尤为突出:总共 18 个一级标题(章目)全都包含术语,其中 15 个标题直接由术语承担,占 83%;二级标题共

50 个,也是每个标题都包含术语,其中 47 个标题直接由术语承担,占 94%。标题纲目中所包含的术语无疑表达的是全书的核心概念范畴。尤其难能可贵的是,标题纲目中的术语所表达的概念往往对立而统一,体现出一定的辩证性。如前文已述及之回环式表述,还有相邻相近分布的呈矛盾或反对关系的,如"正例、反例""公名、私名""自称、对称、他称"等。诚如易蒲、李金苓所言:"崇古并能发扬民族特点的是杨树达于 1933 年出版的《中国修辞学》,该书体例上受俞樾的《古书疑义举例》的影响很大。不同之处,是把修辞学作为一门科学来论证,有其优点。该书比较注重民族形式,从汉语特有的声韵、语调及语法特点出发,总结出许多规律。分析问题也有不少创造,如运用了辩证的观点等。"①此外。增订本《中国修辞学·自序》明确述及了"辩证法":"二十余年前,余草《中国修辞学》一书,在京教授数通后,弃置不顾者久矣。今年夏间,老友徐特立君返湘,从湖南大学书库借读此书,谬以为有合于辩证法,呕称其美,客座漫谈,公会宣讲,誉之不容口,余方诧为不虞之誉也。"②辩证法贯穿于《中国修辞学》的标题制定、框架体系建构等方面。

　　总体上看,从话语体系中占有重要地位的标题可管窥《中国修辞学》学术话语十分简明的这一特点,往往话语符号形式简短,言简意赅。元语言简明扼要,对象语言则丰赡翔实(全书大量引用各类文言作品作为例证,是为对象语言)。《中国修辞学》还特别注重标题之间的呼应,这里尤指话语形式上的呼应。有前后相邻的同级标题之间的回文,前文已述及;此外,还有对照等。标题在逻辑上互补,呈反对关系或矛盾关系,可由此体现出全书学术话语建构的某种系统性。

---

① 易蒲、李金苓:《汉语修辞学史纲》,吉林教育出版社,1989,第 553 页。
② 杨树达:《杨树达讲文言修辞》,凤凰出版社,2009,第 5 页。

三、文言语词作为元语言：杨树达《中国修辞学》的语词运用特征

《中国修辞学》有效使用按语和文言语气词及相关句式（句式是句子通过语词运用体现出的某种局部特征），较为充分地体现了全篇崇古求雅的风格特征。就按语而言，以"树达按"的形式给出，"树达按"可作为元语言的一个标志，是较为显豁的话语特殊"标记"，它标记的是元语言，是对对象语言的解说。由于《中国修辞学》常常以文言解说文言，故"树达按"的话语形式便于读者认知。作者往往先援引对象语言原文，然后加以分析，形成按语。《中国修辞学》援引的文献主要有《诗经》《易经》《论语》《庄子》《孟子》《左传》《公羊传》《周礼》《礼记》《仪礼》《史记》《吕氏春秋》《汉书》《后汉书》《论衡》《说文解字》《二十四史》《佩文韵府》《五代史卷补》《梦溪笔谈》《诸子语类》《史通》《说苑》等，均为我们通常所说的"文言文"。以文言解说文言，在现代社会语境下，应该是一种值得关注的"新"。"一九三三年，杨树达先生出版了《中国修辞学》（现在改名为《汉文文言修辞学》）。杨氏博览群书，从我国古籍中收集了非常丰富的修辞材料，加以分类排比，揭示出我国古代修辞的真实面貌。汉语修辞的主要内容，在这本书里可以说基本概括了。杨氏是全面地占有了我国古代修辞材料科学地进行研究的开路人。《中国修辞学》这本书是研究我国古代修辞的一部重要的书。它在我国修辞研究史上占有很重要的地位。"[1]"因而他继《续补》之后，写出了具有民族形式和科学内容的《中国修辞学》，这就使得古汉语修辞学成为一门独立的科学，摆脱作为经学附庸的地位，最终和传统的语文学（小学）分道扬镳了。"[2]这里的《续补》是指《古书疑义举例续补》。该书强调尽可能详尽地占有语

---

[1]　周秉钧：《古汉语纲要》，湖南教育出版社，1981，第 493 页。

[2]　秦旭卿：《再论杨树达先生的〈中国修辞学〉》，载湖南师范大学学报编《杨树达诞辰百周年纪念集》，湖南教育出版社，1985，第 181 页。

料(对象语言),显然是"实事求是"的态度,是对朴学传统的继承。"他的《中国修辞学》也用这种方法,完全从古籍中论到古人修辞的例,而稍加说明。这也可说是'辟一新途径,树一新模楷'。这就因杨氏学有根柢,所以可以特负独行,不作贬己媚人之态。可惜有时又走到另一极端,觉得自己的意见太少,恐学者不易领会,所以一般讲修辞学者又很少提及此书。"①

具体而言,《中国修辞学》往往以文言语气词标记判断句,形成特定格式的句式,表达相应的命题。该书常用的文言语气词有"也""矣""耳"等,偶见"哉""欤",或单用或连用或套用(配套使用),形成特定的判断句式,特色鲜明。

1. "……也"句式

据杨树达《词诠》:也,"(四)语末助词。表决定,句意于此结束。"②"(六)语末助词。与'矣'用同。"③例如:

(1)王维《老将行》云:今日垂杨生左肘。树达按:《庄子·至乐篇》云:"俄尔柳生其生肘。"变柳为杨,以叶音也。④(《杨树达讲文言修辞》,第56页)

这里是讲"谐音"中的"调声","……也"句式单用。

(2)又《华山畿》云:别后常相思,顿书千丈阙,题碑无罢时。又《读曲歌》云:打坏木栖床,谁能坐相思?三更书石阙,忆子夜题碑。树达按:题碑谓啼悲也。《读曲歌》崇文局刻本作啼碑,义不可通,误。今正作题,始与书

---

① 郭绍虞:《修辞剖析》,载中国修辞学会华东分会编《修辞学研究》(第一辑),华东师范大学出版社,1983,第3页。

② 杨树达:《词诠》,中华书局,1954,第374页。

③ 同上书,第375页。

④ 本部分主要取例于杨树达:《杨树达讲文言修辞》,凤凰出版社,2009年。出自该书的所有例句均只给出书名和页码。该书的书名既没有用《中国修辞学》,也没有用《汉文文言修辞》,但内容完备。我们同时参以上海古籍出版社1983年版的杨树达《中国修辞学》。

石阙相应。(《杨树达讲文言修辞》,第 87 页)

上例讲"双关"中"音的双关"。

(3)《汉书》卷六十《杜延年传》云:左将军上官桀父子与盖主燕王谋为逆乱,假稻田使者燕仓知其谋,以告大司农杨敞。又卷六十三《燕王旦传》云:会盖主舍人父燕仓知其谋,告之,由是发觉。树达按:同一燕仓,一叙其官名,一叙其亲属关系,亦互文也。(《杨树达讲文言修辞》,第 79 页)

上例讲"参互"中的"举隅"。

(4)《左传》昭公九年云:文武成康之建母弟以蕃屏周,亦其废队是为,岂如弁髦而因以敝之! 树达按:此文因武王而连及文王,又似因成王而连及康王也。(《杨树达讲文言修辞》,第 115 页)

上例讲"连及"中的"私名连及"。

以上数例是"……也"句式的独用。

(5)《书·洪范》云:水曰润下,火曰炎上,木曰曲直,金曰从革,土爰稼穑。树达按:《正义》云:润下炎上曲直从革,即是水火木金,体有本性;其稼穑以人事为名,非是土之本性。生物是土之本性,其稼穑非土本性也。爰亦曰也,变曰言爰,以见此异也。(《杨树达讲文言修辞》,第 53 页)

上例讲"被动的变化"中的"表异"。三个"……也"句式连用。

(6)《礼记》二十一《杂记下篇》云:升正枢,诸侯,执绋五百人。大夫之丧,其升正枢也,执引者三百人。又按此节文仅二十五字,其变化至多。绋引变文,一也。大夫云"大夫之丧",而诸侯不云"之丧",二也。诸侯先云"升正枢",后言"诸侯",大夫则先云"大夫之丧",后云"升正枢",三也。因叙述先后不同,故大夫云"其升正枢也"而诸侯但云升正枢,四也。"执引"下有"者"字,"执绋"下无之,五也。(《杨树达讲文言修辞》,第 39 页)

上例讲"公名"的变化。五个"……也"连用,形成排比,解说透彻。

(7)《易·坤卦·象传》曰:西南得朋,乃与类行;东北丧朋,乃终有庆。树达按:亡友曾运乾云:此言与同类行则无庆,不与同类行则有庆也。义与今之电学排同引异相似。而上二句但言其事,不言其吉否;下二句言其吉否,不言其事,所谓互文以见义也。(《杨树达讲文言修辞》,第 76 页)

上例讲"参互"中的"互备",特别引用了"电学排同引异"。"所谓互文以见义也"是较为典型的训诂式解说,"所谓"和"也"中间有且只有一个术语(准术语)。

此外,"也"还可以与"故""所以"直接配合使用。形成"故……也""所以……也"格式。例如:

(8)敲字响,推字哑,故敲字优也。又按:《文房小说》本《隋唐嘉话》无此条。(《杨树达讲文言修辞》,第 21 页)

上例讲"改易"中的"改字"。"故……也"句式表示原因。

(9)富弼时以赵济之劾被黜,"能"字则涉及朝廷,"敢"字第关赵济,此其所以异也。(《杨树达讲文言修辞》,第 23 页)

上例讲"改易"中的"改字"。

(10)文,巧,远鄙倍,言辞当求美也。(《杨树达讲文言修辞》,第 9 页)

上例是对"辞"的释名。"言……也"句式作解释。类似地:

(11)不费辞,言当求简也。(《杨树达讲文言修辞》,第 10 页)

上例是对"辞"的释名。

(12)达谓明白晓畅,辞能达意也。(《杨树达讲文言修辞》,第 10 页)

上例也是对"辞"的释名。"谓……也"也表解释,有些类似于某种训诂条例。另如:

(13)五福见《尚书·洪范篇》,考终命为五福之一,谓善终也。时代愈后,忌讳愈多,古人以为福者,后人不免以为忌,此可知修辞之不易矣。(《杨树达讲文言修辞》,第 19 页)

上例讲"不修辞之害"的"丙犯人忌"。

2. "……矣"句式

据杨树达《词诠》:"矣,(一)语末助词。助词或句,表感叹。"[1]"(三)语末助词。助句,表已然之事实。"[2]"(四)语末助词。助句,表已然之境。"[3]"(五)语末助词。助句,表理论上或事实上必然之结果。"[4]"(六)语末助词。助句,表言者语意之坚确。"[5]例如:

(1)乞火于曹相国固双关之词,即隐居不嫁亦然。洪亮吉《四史发伏》卷五云:"《尔雅》:'嫁,往也。'《方言》:'自家而出谓之嫁。'此与《列子》'嫁于卫'意同。"则失原文修词之意矣。(《杨树达讲文言修辞》,第87页)

上例讲"双关"中"义的双关"。"……矣""则……矣"句式均有。

(2)"白玉堂中","水晶宫里",词太熟烂滑脱,改为"堂深""宫冷",典重多矣。"戴"字板滞,更字则轻松矣。(《杨树达讲文言修辞》,第25页)

上例讲"改易"中的"改字"。"则"与"矣"搭配。

(3)观仲任此文,可知形容夸饰之因由矣。(《杨树达讲文言修辞》,第93页)

上例讲"夸张"。"……矣"是句式单用。

(4)《朱子语类》云,欧阳永叔作《昼锦堂记》云:"仕宦至将相,富贵归故乡,此人情之所荣,今昔之所同也。"后增二字作"仕宦而至将相,富贵而归故乡"。增二而字,则"仕宦""富贵"语意加重,全文意思加多矣。(《杨树达讲文言修辞》,第30页)

上例讲"增益"中的"增字"。此例也是"则……矣"格式。

(5)按以实用言之,章说诚是矣。然作《左氏传》者意在求美,后人之误解与否,非所计及,其求美之意之切,亦可推见矣。(《杨树达讲文言修辞》,第37页)

---

①② 杨树达:《词诠》,中华书局,1954,第359页。

③④⑤ 同上书,第360页。

上例讲"能动的变化"中的"名词的变化"。"亦"与"矣"搭配使用。

（6）仲夏为大火之次，既可省称星火，然则鹑火亦可省称。然若省火称鹑，乃与鹑首鹑尾相混；省鹑称火，又与仲夏之星火复重。然则星鸟之文，不惟如崔说避二字之复叠，不称星星，又以避仲夏星火之文，不称星火。古人属辞之精，信可谓惨淡经营矣。（《杨树达讲文言修辞》，第 48 页）

上例讲"被动的变化"中的"避复"。"可谓"与"矣"搭配使用。

可以看出，"矣"似乎于《中国修辞学》中单用的情形不多见。

3. "……耳"句式

据杨树达《词诠》："耳，（一）语末助词。表限止。与'而已'同。"①"（二）语末助词。表决定。"②例如：

（1）文自可云"中山无闻，临淮早丧"，较为明白，而必合言之者，殆因上文六句分指沛献王辅、楚王英、阜陵王延、广陵王荆、济南王康、琅邪王京，故此二句特合言之，较有变化，免于板滞耳。（《杨树达讲文言修辞》，第 114 页）

上例讲"合叙"。

（2）《穀梁传》庄公十二年传云："及其大夫仇牧，以尊及卑也。"此二及字非与字之义，乃连及之义，因弑君而连及其臣耳。刘说似未然。（《杨树达讲文言修辞》，第 21 页）

上例讲"改易"中的"改字"。以上两例"……耳"句式单用。

（3）"白也无"有欲人须白之意，非事理也，故改之耳。（《杨树达讲文言修辞》，第 22 页）

---

① 杨树达：《词诠》，中华书局，1954，第 468 页。

② 同上书，第 469 页。

上例讲"改易"中的"改字"。"耳"与"故"搭配,形成"故……耳"句式。

也有"……也"与"……耳"句式并用的情形。例如:

(4)《诗·商颂·玄鸟篇》云:天命玄鸟,降而生商,宅殷土芒芒。树达按:阎若璩《古文尚书疏证》卷四云,既云"降而生商",下自不得云"宅商土芒芒"。易商为殷,文字宜然。按阎说是也。冯景《解春集》驳阎说,此由冯不知古人修辞术耳。按此章商芒为韵,故知言殷所以避商,故不入能动的变化而入之此。(《杨树达讲文言修辞》,第48页)

上例讲"被动的变化"中的"避复"。"……也"与"……耳"并用。

(5)《晋书》卷九十二《赵至传》至《与嵇茂齐书》云:昔李叟入秦,及关而叹;梁生适越,登岳长谣。树达按:《日知录》卷二十一云,梁鸿本适吴,而以为越者,吴为越所灭也。今按:顾说是也。此因吴为平音,不谐,故改之耳。(《杨树达讲文言修辞》,第56页)

上例讲"谐音"中的"调声"。"……也"与"故……耳"并用。

(6)《国语·周语上》云:襄王使邵公过及内史过赐晋惠公命,晋侯执玉卑,拜不稽首。内史过归,以告王曰:"晋不亡,其君必无后。"树达按:邵公及内史二人同名为"过",故下文必称"内史过"以别之。《左传》僖公十一年亦记此事,其文云:"天子使召武公内史过赐晋侯命,受玉惰。过归,告王曰:'晋侯其无后乎。'"此于上文既称召武公,不著其名,不虞相混,故径云"过归告王"矣。又按:《左传》《国语》文字别白清晰如此,而《史记·晋世家》记此事,尚误以为召公过讥之,要以二人同名过,致相混耳。(《杨树达讲文言修辞》,第63页)

上例讲"嫌疑"中"别白"的"人称"。两条按语并用,前一条按语以"……矣"结束,后一条按语以"……耳"结束。

(7)《晏子·杂篇下》云:圣人千虑,必有一失;愚人千虑,必有一得。《汉书》卷三十四《韩信传》云,广武君曰:"臣闻'智者千虑,必有一失;愚者千虑;亦有一得。'故曰:'狂夫之言,圣人择焉。'顾恐臣计未足用,愿效愚忠。"树达按:《汉书》文改"必"为"亦"者,盖表广武君谦逊语气耳。《补注》王先谦谓"亦"为"必"之误,是以不狂为狂也。(《杨树达讲文言修辞》,第61页)

上例讲"改窜"中的"鸣谦"。"……者,……耳"句式与"……也"句式并用。

《诗·大雅·公刘篇》云:京师之野,于时处处,于时庐旅,于时言言,于时语语。树达按:庐旅与处处义同,语语与言言义同,诗人自有复语耳。以上下文处处言言语语文例推之,正当言庐庐,而言庐旅者,以庐是平声,故改用上声"旅"字,以与"野""处""语"协韵耳。音韵学家有疑古无上声者,观此诗知古人确有平上之分矣。(《杨树达讲文言修辞》,第55页)

上例讲"谐音"中的"协韵"。"……耳""……者""……耳""……矣"配合使用。

4."……也"与"……矣"连用 例如:

(1)珍宝字属器物言,如刘季斩蛇老妪夜哭等事,乃奇怪,非器物之事也。土说是矣。(《杨树达讲文言修辞》,第21页)

上例讲"改易"中的"改字"。

(2)"共王之子围为长,"此明围之嗣立为合理也。但云"寡大夫围",则无此意矣。(《杨树达讲文言修辞》,第28页)

上例讲"改句"。

(3)《古诗》云:"瓜田不纳履,李下不整冠。"人居斯世,义合远嫌,固矣。即在属文,何莫不然。豫虑有嫌,变文相避,如前章之所陈,尚矣。即不能尔,则务为别白,毋使混淆,亦其次也。两俱不能,则文病矣。(《杨树达讲文言修辞》,第62页)

上例讲"嫌疑"。

(4)刘氏此议非也。夫齐人类逆,事本滑稽,故传文特作烦言,以增兴趣,若如刘氏所改,文词虽省,韵味索然矣。魏伯子《论文》云:"如刘说,简则简矣,于神情特不生动。"是也。(《杨树达讲文言修辞》,第28页)

上例讲"改句"。

(5)古人缀文,最忌複沓。刘勰之论练字也,戒同字相犯,是其事也。欲逃斯病,恒务变文。《左氏传》于同一篇中称举同一人者,名字号谥,错杂不恒,几于令人迷惑,斯为极变化之能事者矣。(《杨树达讲文言修辞》,第35页)

上例讲"变化"。

(6)文已云帝乃殂落,则"舜曰"即改为"帝曰",宜可无嫌矣。而必以"舜曰"之称,介于前后解释不同两"帝曰"之间,古人属辞之慎密,真可惊也。(《杨树达讲文言修辞》,第51页)

上例讲"被动的变化"中的"避嫌"。

5. "……欤"句式

《词诠》未直接收"欤",则收有"与"。与,"(一八)语末助词。表疑问,或作欤"[1]。"(一九)语末助词。表感叹,或作欤"[2]。例如:

"攀""痛"意重,"抚""怆"意轻,徽宗避重就轻,盖以哲宗为己兄故欤?(《杨树达讲文言修辞》,第25页)

上例讲"改易"中的"改字"。

6. "……哉"句式

哉,据《词诠》:"(五)语末助词。表反诘"[3]。例如:

---

[1] 杨树达:《词诠》,中华书局,1954,第440页。

[2] 同上书,第441页。

[3] 同上书,第281页。

元王若虚《史记辨惑》卷七云:叔孙通以惠帝作复道,功之立原庙,上乃诏有司立之,则立庙之由已自见矣,而复云"原庙起以复道故,"此句安用哉!《前汉》削之,当矣。(《杨树达讲文言修辞》,第34页)

上例讲"删削"中的"删句"。"安"与"哉"配合,语气较强,紧跟着"……矣",在学术话语中这种表述较为少见,很有特色。

《中国修辞学》的学术话语建构,求简、求雅、崇古,颇具民族性,独具辩证性,尤能彰显中国特色。《中国修辞学》不仅民族性十分鲜明,还具有继承性。杨树达先生在其《中国修辞学·自序》中指出:"往余续补俞氏《古书疑义举例》,以余杭章太炎先生亲奉手于俞君,因介吾友歙县吴承仕检斋就正于先生,先生复书颇称余用心审密。余因念俞君书本兼说修辞校勘二事,欲便扩充,令各成专科之学,其涉校勘者,起草才及半,未能卒业;修辞一篇,则卒卒未暇为也。会余任教于清华大学,校课有修辞一科,当事者以属余。余乃略事搜讨,迄今数载,乃有此篇,盖已四易稿矣。"①这说明《中国修辞学》及其话语系统是渊源有自的。郑远汉先生在讲到俞樾《古书疑义举例》时也指出了《中国修辞学》的学术渊源:"杨树达有见地,他认为(《古书疑义举例》——引者补)是修辞学著作,并且以它为蓝本,加以充实,写成《汉文义言修辞学》(原名《中国修辞学》)。"②

最后,着眼于辩证法,我们不难理解,陈望道的"新古今中外派"的表述与杨树达的观点也是不矛盾的。"在二十至三十年代,我国修辞学分为两大流派:一派从唐钺的《修辞格》开始,以辞格为中心,具有模仿性质;一派是杨树达的《中国修辞学》,具有中国气派。杨氏此书并不重在发挥自己的意见,而全从古籍中搜集到古人修辞的例句,分类排比,稍加按语。"③事实上,正如

①　杨树达:《杨树达讲文言修辞》,凤凰出版社,2009,第3页。
②　郑远汉:《关于修辞学的对象和任务》,载《修辞风格研究》,商务印书馆,2004,第13页。
③　秦旭卿:《再论杨树达先生的〈中国修辞学〉》,载湖南师范大学学报编《杨树达诞辰百周年纪念集》,湖南教育出版社,1985,第181页。

陈望道先生所言:"修辞有杨树达的《汉文文言修辞学》,在座的郑权中先生的《修辞学》等等,亦有我的《修辞学发凡》。这些著作现在还都'鸡兔同笼',和平共处。"①(该文原载于《学术月刊》1958 年第 6 期。系 1957 年 12 月 4 日对复旦大学中文系学生所作的学术讲演)陈望道先生十分幽默地、辩证公允地肯定了《中国修辞学》的重要价值,特别指出了前述在研究旨趣和话语建构形式等方面有较大区别的"两大流派"的"鸡兔同笼"。此外,杨树达《中国修辞学》的中国特色,与"语文现代化"并不矛盾。毕竟,"'语文现代化'指的是语言文字应用的现代化,也就是人们的语文生活现代化,而不是语文本体的现代化。"②从一定意义上讲,百花齐放的修辞学园地也需要全方位、多角度、深层次地研究,互补性、兼容性是历史,也是当前和未来的学术生态态势。在亟待加强中国特色学术话语体系建设的当下,颇具民族性、体系性、辩证性、创新性、继承性的《中国修辞学》学术话语可以提供重要启示。

原载于《北华大学学报》2023 年第 5 期

---

① 陈望道:《怎样研究文法、修辞》,载《陈望道语言学论文集》,商务印书馆,2009,第 308 页。
② 李开拓:《关注语文应用、解决语文问题、服务语文生活——著名学者苏培成教授访谈录》,《北华大学学报》(社会科学版)2021 年第 4 期,第 7 页。

现代汉语修辞学学术话语的术语修辞例析

——以张弓、张炼强、倪宝元、郑远汉的代表性著作为例

20 世纪下半叶是现代汉语修辞学创立与发展并走向繁荣的时期。综合宗廷虎主编的《20 世纪中国修辞学》(上下卷)①、宗廷虎所著的《中国现代修辞学史》②、袁晖的《二十世纪的汉语修辞学》③,我们选取其间较有代表性的学者张弓、张炼强、倪宝元、郑远汉的代表性著作(话语体系),个案分析现代汉语修辞学学术话语的术语修辞。

一、修辞综论性学术话语的术语修辞：以张弓《现代汉语修辞学》为例

张弓《现代汉语修辞学》由天津人民出版社 1963 年 2 月首次出版,1993 年由河北教育出版社再版。据《再版后记》,再版时,"这里谈不上对原著的修订,我们只就原著中的一些例句作了修改。这些例句,有的是因时代关系而今不适才作更换或删减的,有的是为了使其在体裁上更广泛些而才更换的。我们尊重原著的理论体系,对其理论观点和体例安排未作改动,以尽量保持其原貌。"④该著是一部现代汉语修辞学综论性质的著作,是现代汉语修

---

① 宗廷虎主编:《20 世纪中国修辞学》(上下卷),中国人民大学出版社,2008。
② 宗廷虎:《中国现代修辞学史》,浙江教育出版社,1997。
③ 袁晖:《二十世纪的汉语修辞学》,书海出版社,2000。
④ 张弓:《现代汉语修辞学》,河北教育出版社,1993,第 245 页。

辞学创立与深入的标志性著作。①《现代汉语修辞学》的术语观与术语实践，体现了突出的辩证性。

（一）辩证术语观

张弓《现代汉语修辞学》的辩证性体现在对术语语境意义、术语的某些具体用法的认识等方面。张弓先生对术语的辨析极细致精微："政论语体中应用的一些专业词语，不是作推理使用的工具，而只是作为说明政治问题的材料，这一点与科学论文中的运用专门术语略有不同。"②我们理解，这种不同，实际上是对象语言和元语言的不同。张弓先生的术语观与其对科学语体所做的系统、全面、详尽、精细、严密的分析相契合。

就术语的语义而言，张弓指出："科学语体术语虽然在特定某门科学领域中保持单义性，但是就语言词汇总体说，术语也存在同义词。如'词'这个术语在语法专门科学论文里使用，而在通俗科学语体里，可以换用'字眼'这个词。'词组'是专门科学术语，在通俗科学语体中有的换用'半截话'这个名称。"③显然，这一看法是辩证公允的。毕竟，术语是要拿来用的。具体就同义词而言，语体及其所体现出的语境需要特别重视。"术语和通用词交错的同义词，很明显，术语应用于科学语体，通用词应用于一般语体。如'花冠'（术语）'花瓣'（通用词），'氧化钙'（术语）'石灰''白灰'（通用词）。科学语体表示科学概念必须使用专门术语词（有单义性），不宜用通用词。用专门术语可以保证科学概念的准确性。通用词因为会引起歧义的理解，所以不宜用在科学语体中来表示科学概念。"④这表明，在张弓先生看来，术语的语义只有在学术科技语体里才具有心理现实性。"术语"和"通用词"

---

① 宗廷虎主编：《20 世纪中国修辞学》(上卷)，中国人民大学出版社，2008，第 337 页。

② 张弓：《现代汉语修辞学》，河北教育出版社，1993，第 224-225 页。

③ 同上书，第 15 页。

④ 同上书，第 27 页。

并非毫不相干。"各种专用词（如政治词，科学术语词），只有在通用词的衬托下，在它和通用词相对应的情况下才能显出它的特殊性，放出异采。"①这一看法显然是十分辩证周全的。事实上，"通用词"和"术语"还可以互相渗透，进行语域传播。"利用传统通用词构成术语词，一般是将原词的意义加以术语化。"②"术语化"这个术语的提出，自身即十分有意义。

尤其难能可贵的是，张弓《现代汉语修辞学》还注意到了科学术语作喻体的情形，并展开了辩证深入的讨论。"选用科学术语词作喻体材料，这能使比喻内容特别精确、新鲜。"③"精确"是术语的"题中应有之义"，"新鲜"则是因为一般不常用术语作喻体。随着语言和社会的发展，"现时比喻，用科学词作喻体的越来越多，这种手法的妙处是使科学词艺术化，使科学的准确性和形象的艺术性结合起来，这样就能让人家感受到双重的意味。这种发展，显然主要是由于科学词汇的发达和通行。"④"发达"和"通行"的必要条件是术语修辞。张弓先生所举的相关例子在表述上也生动活泼，兴味盎然。"马克思《资本论》是伟大的科学著作，也是伟大的艺术品。把资本人格化，把资本写成像活生生的人一样，能活动、能唱歌、能买物、能打算。"⑤

张弓先生注意到了"术语化"和"科学词艺术化"。"术语词如果活用在艺术性的语言中，大概就构成转移义，含比拟、比喻的意义。很明显的如：军事术语'司令部''歼灭战''迂回战术'等词，在各种语体中常常用于转义，具形象力。"⑥以上分析也十分精准。

此外，在宏观层面，张弓《现代汉语修辞学》还注意到了术语与科学发展的关系，关于这种关系的讨论张弓先生并不是泛泛而谈，而是特别关注术语

---

① 张弓：《现代汉语修辞学》，河北教育出版社，1993，第 190-191 页。

② 同上书，第 203 页。

③④ 同上书，第 82 页。

⑤ 同上书，第 88 页。

⑥ 同上书，第 201 页。

自身的发展。"术语与科学:术语词有重大的科学意义。科学上有了创造发明,就产生了术语,而术语又转而推进着科学,科学会随着术语的新意义的确立而加速前进。术语词对科学发展的关系不可以忽视。"①因此,"科学工作者必须对术语词认真加以研究。科学上有了发现、发明、创造,就应当提出新词,对术语进行革新。"②同时,"科学工作者应当对于不正确地解释术语的现象随时加以纠正,还要在对事物的精密研究过程中,不断促进术语的革新发展。"③

(二)术语的语域传播渗透

在实践上,《现代汉语修辞学》有一定量的由其他学科领域传入的术语,作为关键词,表达核心概念。如"美化""艺术化"等。例如:

(1)修辞学是语言学的一个部门,它和语言学的其他各部门(词汇、语法、语音)密切关联,而又具有一定的独立性。它不是词汇学、语法学的附属物,不是词汇学、语法学所能包括或代替的。④(《现代汉语修辞学》,第13页)

上例运用了语言学内与修辞学相邻相近的其他学科术语"词汇""语法""语音"等。

(2)修辞是为了有效地表达意旨、交流思想而适应现实语境,利用民族语言各因素以美化语言。(《现代汉语修辞学》,第1页)

(3)"言以文远"就是"语言因为美化才能够传远垂久",这就说明语言美化的功能。"情欲信而辞欲巧"是说内容要真实而文辞要"美化","巧"可以当作"美化"。这句话和《易·文言》中的"修辞立其成"意思相近。这说明语言美化与表达态度的关系,说明语言美化与表达的真诚态度的相应关

①②③ 张弓:《现代汉语修辞学》,河北教育出版社,1993,第203页。

④ 本部分主要取例于张弓:《现代汉语修辞学》,河北教育出版社,1993。出自该书的所有例句均只给出书名和页码。

系。(《现代汉语修辞学》,第1-2页)

(4)它不直接说出事物原名字,而把事物换个名字或另换一种说法,这样就有特殊的形象力,具有一种美感性。(《现代汉语修辞学》,第97页)

(5)修辞是调整文章"表"和"里"的关系,使思想感情的表现、客观事物情境的反映能恰如其分,无过无不及,绝不是讲究孤立的形式美。(《现代汉语修辞学》,第2页)

例(2)至例(5)运用了美学术语"美化""美感""形式美"等。

(6)各种修辞方式以及寻常词语的艺术化,往往是以上下文的映衬为条件的,修辞的功能力量也往往在上下文的联系上显示出来。(《现代汉语修辞学》,第5页)

上例用了"艺术化"这个术语。

(7)修辞学,讨论语言的充足条件,我们认为的语言需要美感性艺术手法就是为了圆满地完成交际任务;语法学,只是研究语言的必要条件(语言在交际上的起码条件)。(《现代汉语修辞学》,第19页)

(8)以上概括说明什么是修辞,批驳了对修辞事情的几种不正确的看法——神秘、矫揉造作、片面形式装点,提出了我们认为正确的看法,修辞是有规律的、自然的、内容形式统一的。当然,这所说的"自然"是指态度真诚,表达符合规律。(《现代汉语修辞学》,第2页)

例(7)和例(8)运用了逻辑学术语"充足条件""必要条件""概括"等。

(9)依我们看,修辞联系自然环境,大约有些是有汉语修辞传统"比"和"兴"的意义。(《现代汉语修辞学》,第5页)

上例运用了地理学术语"自然环境"。

(10)其他许多种修辞方式都往往依靠上下文的力量才能显出精神,显示作用。修辞方式往往是跟上下文自然地有机地联系着的。(《现代汉语修辞学》,第7页)

上例运用了化学术语"有机"。

（11）修辞运用种种艺术手法，不是为了个人自我欣赏，而是为了提高语言的表现力、感染力、说服力，使听众读者能对所表现的情意有正确的理解，受强烈的感染，起一定的反应。我们说，修辞原则是注意交际效果，就是注意怎样善于利用民族语言的一切可能性，运用民族语言的材料、方法、方式等项，以达到一定的交际目的。（《现代汉语修辞学》，第 8 页）

上例运用了物理学术语"力"和医学术语"感染"。此外，上例所表述的这一观点与陈望道先生所提出的修辞是利用语言文字的一切可能性相契合的。

（12）总之，修辞是利用语言条件构成鲜明的画图，在画图中渲染种种感情色彩，创造特别气氛，就能对群众发挥感染鼓动作用。（《现代汉语修辞学》，第 103 页）

（13）我们无妨这样说：通用词是无色的，所以具有高度易染性。（《现代汉语修辞学》，第 191 页）

例（12）和例（13）也有效地运用了医学术语"感染"和"易染性"。

（14）本类各辞式的"美"和"力"各有现实的根据，各有实际事物本质的根据。（《现代汉语修辞学》，第 105 页）

上例运用了美学术语"美"和物理学术语"力"。

（三）术语的修辞式解释

张弓《现代汉语修辞学》对术语"修辞"等的解释，自身具有一定的修辞性。

《现代汉语修辞学》在解释术语时有时会用到一些辞格，如对照、比喻等。例如：

（1）现代汉语修辞学的任务首先是研究现代汉语修辞和汉语各因素的关系，研究怎样适应具体语境，活用现代汉语规范化语言各种因素，以充分地恰如其分地表示对现实事物的一定的态度（肯定、否定，拥护、反对，赞扬、

谴责,褒、贬等),恰当地表示对事物的一定评价(美丑、善恶、长短、得失等)。(《现代汉语修辞学》,第 13 页)

上例可看作对"现代汉语修辞学"这个术语的一种解释。其中,"态度"和"评价"并置,对"态度"的解释和对"评价"的解释都是以一个词语系列的形成给出的,不难看出,这些词语之间或词语内部多为对照。这种情形与我们前文所述之张弓先生的辩证术语观具有一定的对应性。

(2)修辞结合实际,选用民族语言的同义形式,这确是最精致的工作,最精微的事情。(《现代汉语修辞学》,第 17 页)

上例关于"同义形式"这个术语的解释,用了带有反复性质的"最精致的工作,最精微的事情"进行强调。

(3)"语体"是修辞学研究的一个重要课题,而且是最新的、最有实际意义的课题。这里所称的语体,不是旧日所称的"文体"(文章体裁——叙事、抒情、论理等文体),而是由语言特点形成的体系,是全民语言体系中的支脉。(《现代汉语修辞学》,第 22 页)

上例用地理学术语中的"支脉"解释"语体"。

(4)以上各例中,这些声音的描拟都成为一段情节里的一个"点"或一条"线"。(《现代汉语修辞学》,第 46 页)

上例用数学术语中的"点"和"线"解释"声音的描拟"。

(5)我们要注意,比喻虽然恰当,但是倘若沿用得久了,陈旧了,就会失掉特殊表达力,就变成平常一般词语。(《现代汉语修辞学》,第 69 页)

上例用物理学术语中的"力"解说"比喻"。

(6)对偶对思想的锻炼、整理有很大的作用。由于要在平行对称的语句中压缩地表现一项经验或一种道理或一段情境,就必须使思想高度集中,使思想缜密化。(《现代汉语修辞学》,第 114 页)

上例用数学术语中的"平行对称"解释"对偶"。类似地:

(7)总体来说,对偶的特点是"对称",而对照的特点就是"对立"。(《现

代汉语修辞学》,第 117 页)

(8)政论、科学论文运用联珠,说理可以准确、谨严、周密。文艺运用这种辞式,写景特别清晰,抒情显得绵密,音律显得流畅。(《现代汉语修辞学》,第 129 页)

上例运用排比的方式解释"联珠","联珠"如我们前面所专门专文讨论的《孟子》和《文心雕龙》中的顶真辞格。"写景特别清晰,抒情显得绵密,音律显得流畅"是排比形式,这种排比形式在构造上与联珠有些类似。

(9)问语式又名"设问",是适应语境(包括上下文)需要,把确定的意思用正问句式或反问句式表达出来。有的发出正问,自作答案;或只提问题,不作解答。有的发出反问,暗含本意。这种问语具有艺术性,能正确反映思维过程,能掀起说话或文章的波澜,能使群众集中注意力,能引起深刻活泼的思考,有的并能激起群众的感情。(《现代汉语修辞学》,第 143 页)

上例中的"能……"构成排比形式,排比内部又有"波澜"等比喻,还使用了"艺术性""思维"等其他学科术语。

(10)有人说:问语应属句法范畴。我们说,就问句语气本身说,是应属于语法,但就问句的具体运用,表达作用,以及交际效果方面说,就属于修辞范畴。从这个问题正可以看出语法和修辞的相关点与相异点。(《现代汉语修辞学》,第 143-144 页)

上例中的"有人说"和"我们说"形成某种对照。

使用元语言解说解释时,运用对照,辩证全面、公允。

二、"理据+":《修辞理据探索》的术语修辞

张炼强《修辞理据探索》由首都师范大学出版社 1994 年出版,该著作是系统探索修辞理据的重要代表作,"理据"是其核心术语,"修辞现象,纷繁复杂,但又都有其赖以存在并显现其修辞价值的客观依据。这些客观依据,就

是修辞理据"①。张炼强先生明确指出:"逻辑思维是修辞的最重要的理据。"②但同时,"修辞理据,其体现方式不一。逻辑思维、心理活动、审美观等等,都可以作为修辞理据。"③不妨说,该书建构了"理据+"学术话语等的修辞学体系。《修辞理据探索》成功地运用了一定量的术语,修辞学学术话语体系建构严谨而不失活力。

(一)术语的积极修辞

这里所说的"术语的积极修辞",主要是指在术语运用过程中形成的具体的、感性特征较为突出的话语建构模式。例如:

(1)如果不还它一个逻辑的本来面目,这种修辞现象的艺术面纱是揭不开的。④(《修辞理据探索》,第6页)

上例中的"修辞现象"这个术语与"艺术面纱"直接组合,"本来面目"与"逻辑"这个术语直接组合。类似地:

(2)"这忠厚老实人的恶毒"的修辞艺术的面纱,原来是由这样的逻辑理据构成的。(《修辞理据探索》,第7页)

(3)当然,我们也不是说,只要是科学语体,就绝不可能出现这种无理而妙的修辞现象,牛顿在其物理学著作中,就把他所发现的"引力"夸张地命名为"万有引力",这一事实,就是适例,并为恩格斯所指出。他说:"如果牛顿所夸张地命名为万有引力的吸引被当作物质的根本的性质,那末开初造成行星轨道的未经说明的切线力是从哪里来的呢?"⑤再如,1820年,丹麦物理学家奥斯特从实验中发现,在通电导体的周围存在着磁场,电流和磁场是联系在一起的。对此,恩格斯曾用富于无理而妙的特点的比喻说:"电磁是像

①②③ 张炼强:《修辞理据探索》,首都师范大学出版社,1994,第1页。

④ 本部分主要取例于张炼强:《修辞理据探索》,首都师范大学出版社,1994,出自该书的所有例句只给出书名和页码。

⑤ 恩格斯:《自然辩证法》第13页,人民出版社,2018。

热和光一样的一对双生子。"(《修辞理据探索》,第 28-29 页）

上例运用了多个自然科学领域的术语,既是对"科学语体"这个术语的解释说述,也是在说术语修辞的可行性与必要性。

(4)许多修辞现象,在不同的民族、不同的地域、不同的时代、不同的作者笔下,竟然不谋而合,不约而同,就不能不令人感到惊讶。我们不禁要问,这是偶然的巧合吗? 如果不是,又是为什么? 这种修辞现象,其理据到底是什么?(《修辞理据探索》,第 31 页）

上例用自问自答式的设问来解说"修辞现象"这个术语。

(5)上文说到,转换的概念在内涵上往往有一定的联系。这种联系往往通过词语的比喻用法体现出来。例如,在一篇题为《在科学与人民间架起桥梁——访桥梁科学家茅以升》(《人民日报》1988.1.6)的报道中有如下一段话:话题还是从"架桥"展开的。茅老说:"我是学桥梁的,大半辈子都和桥打交道。过去,架设连接江河两岸的桥梁,现在看来,更重要的还是架起科学与人民的桥梁,让千百万群众掌握科学技术。科学普及工作做好了,科学技术现代化才有基础。"前一个"桥梁"的概念义指"架在河面上,把两岸接通的建筑物",后一个"桥梁"的概念义指"比喻能起沟通作用的人或事物"(释义本《现代汉语词典》)。"桥梁"一词所表示的概念义的转移,是以后以"桥梁"的比喻用法为契机的。(《修辞理据探索》,第 118 页）

上例是以"桥梁"为例讲述"词语的比喻用法"。在表述内容上与张志公"桥梁性学科"的提法有某些契合。类似地:

(6)如果说博喻的修辞效果是四面围攻,八音交响,那么,单喻的修辞效果就是一点突破,全线震憾(撼)。①

上例用"四面围攻、八音交响"来形容"博喻的修辞效果",同时,"博喻"和"单喻"对照。用数学术语中的"点"和"线"来说述"单喻的修辞效果"。

---

① 张炼强:《钱钟书的修辞理论和实践》,《修辞论稿》,人民教育出版社,2000,第 200 页。

这里关于博喻的修辞效果的解说源自钱锺书的《管锥编》:"若夫诗中之博依繁喻,乃如四面围攻,八音交响,群轻折轴,累土为山,积渐而高,力久而入(cumulative,convergent)初非乍此倏彼、斗起歘绝、后先消长代兴者(dispersive,diversionary),作用盖区以别矣。"①

以积极的修辞方式解说术语,在张炼强先生的其他论著中也可见到,如上例。再如:

(7)因此,离开了语言单位,就无所谓语言单位的排列次序问题,"语"之不存,"序"将安在? 而有了语言单位,仍有它们的排列次序问题,"序"之不存,"语"将安置?②

上例中,"'语'之不存,'序'将安在?"既是仿拟或化用"皮之不存,毛将安傅"(《左传·僖公十四年》),同时后文的"'序'之不存,'语'将安置?"又是回环之式。

这里,还值得一提的是,张炼强先生在建构学术话语时,特别重视对象语言的蒐集,选取的对象语言里也有较为典型的术语修辞。例如:

(8)事实如此。事实就像宇宙,就像地球,华山和黄河,水和土,氢和氧,钛和铀。既不像想象那样温柔,也不像想象那样冷酷。③

上例术语的使用得体而积极有效。类似地:

(9)不幸的命运把李秀之和许灵均偶然地"排列组合"在一起了。(《牧马人》)

正如作者张炼强对上例的解说:"这是数学用语移用为普通用语。值得注意的是,这里转移的词语,还加了引号,提醒读者这是在用它的已经转移了的概念义,不再使用它的原概念义了:这和那些根本不加引号的词语的转

---

① 钱锺书:《管锥编》(第一册),中华书局,1986,第14页。
② 张炼强:《汉语语序的多面考察(上)》,《修辞论稿》,人民教育出版社,2000,第142页。
③ 王蒙:《春之声》,张炼强《修辞论稿》,人民教育出版社,2000,第334页。

名用法比较起来,运用转名修辞艺术的胆子是要小一些的。"①

此外,在理论上,张炼强也注意到了术语("科学词")的修辞用法及其语用修辞价值。"科学词作喻体材料,给比喻注进科学的血液,使人获得准确的形象。科学的重要特征是准确性,比喻的重要特征是形象性。科学词作喻体材料的比喻,准确性和形象性兼而有之。"②这是以比喻的方式说明术语作喻体材料的情形。类似的还有,"用科学词作喻体材料,因而使比喻洋溢着科学的气息,给人以现时代的新鲜感"③。其中,"科学的气息"也是十分形象可感的表达。再如,"这就提醒我们,不要忘记鲁迅是学过医的,有医学造诣。这些用医学科学词作喻体材料的比喻,可以看作是他从事医科学习的一种副产品"④。其中,"副产品"的说法也很生动。另如,"科学词闯进了比喻的领域,不止可以作喻体材料,还可以作本体材料"⑤。其中,"科学词闯进了比喻的领域"的"闯进"十分传神。在内容上,以上关于术语作为喻体的论述,与张弓在《现代汉语修辞学》中的用法有异曲同工之妙。

(二)术语的消极修辞

术语的消极修辞,主要体现为跨学科术语的有效运用,由于张炼强《修辞理据探索》的重要特色之一即"理据+"。跨学科理据的分析,几乎是"天然"地要用到其他学科的若干术语。例如:

(1)修辞理据,其体现方式不一。逻辑思维、心理活动、审美观等等,都可以作为修辞理据。(《修辞理据探索》,第1页)

(2)修辞学是一门独立的学科,是语言学的一个分支,可以归入应用语言学的范围。但是,应该看到,它不是纯语言学,它和民族、社会、时代以及

---

① 张炼强:《修辞理据探索》,首都师范大学出版社,1994,第120页。

② 张炼强:《对科学术语词做喻体材料的考察》,载《修辞论稿》,人民教育出版社,2000,第336页。

③ 同上书,第338页。

④ 同上书,第342页。

⑤ 同上书,第343页。

以民族、社会、时代为研究对象的其他学科如民俗学、社会学、历史学有关联,和逻辑学、心理学、美学、文艺学也有关联,和语言学中的语法学、词汇学、语音学的关联紧密,就更不用说了。①

(3)总之,用词是否准确、生动等种种修辞现象,都可以从概念的概括、概念的限定、概念的并列、概念的划分、概念的定义等逻辑思维形式中找到理据。(《修辞理据探索》,第56页)

(4)也就是说了"不方",不等于说了"圆"(还可以是说了"三角形"或"梯形"或"棱形"等)。不过,也可以说,等于说了包括"圆"在内的各种形状。如此说来,"不方"的言外之意是可以指包括"圆"在内的各种形状的,"不方"的言外之意就是"圆"或"三角形"或"梯形"等等形状了。(《修辞理据探索》,第279页)

(5)我们又说,不能否认在某种情况下有一定的模糊性,因为这种隐含判断,它所表达的"意"到底在"言外",而且有时在言外还只能找到这"意"的近似值(但这近似值又是可信的),比如秃尾巴句"把"字后面的处置办法到底是什么,我们只能确定其近似值,不能十分准确地说出省略了的是哪些词语。(《修辞理据探索》,第301页)

(6)从心理学上说,感觉是人脑对直接作用于感觉器官的客观事物的个别属性的反映。感觉主要有五类:视觉、听觉、嗅觉、味觉和躯体觉。知觉是客观事物直接作用于人的感官时,人脑产生的对事物整体的反映。感觉是知觉的基础。在我们的实际生活中,感觉和知觉是不可分的,所以我们把感觉和知觉简称为感知。感觉和知觉都是人脑对客观世界的反映,但是,这种反映,同时又受主观条件的制约,所以准确地说,感觉和知觉都是人脑对客观世界的主观反映。②

---

① 张炼强:《张志公先生对汉语修辞学的贡献》,《修辞论稿》,人民教育出版社,2000,第226页。
② 张炼强:《作家笔下奇异的感知和想象》,《修辞论稿》,人民教育出版社,2000,第77页。

上例是专门一个自然段关于感觉和知觉的陈述。

可以说,术语修辞是对现有的通过语言蕴藏的学术资源的深入挖掘、充分利用、积极开发。在开发利用语言资源时,民族性及其特色值得重视。"基于以上认识,我们必须承认如下观点是正确的,可以作为我们寻求修辞理据的重要参考:'若夫修辞之事,乃欲冀文辞之美,与治文法惟求达者殊科。族姓不同,则其所以求美之术自异。况在华夏,历古以尚文为治,而谓其修辞之术与欧洲为一源,不亦诬乎? 昧者顾取彼族之所为——袭之,彼之所有,则我必具,彼之所缺,则我不能独有,其贬己媚人,不已甚乎!'①'如果说,在语法学方面,由于我们的汉语有不同于西方语言的特点,照搬别人的东西是不可取的,那末,在修辞学方面,就不仅有语言特点的问题,还有多方面文化传统的特点包含于其中,照搬更不可取。'(张志公《〈修辞学发凡〉给我的教益》,《修辞学习》1982 年第 4 期)"②以上是张炼强先生援引杨树达先生、张志公先生对汉语特色的关注。此外,张炼强还引用了郭绍虞先生的说法予以强调:"如果在寻求修辞理据的同时,作修辞比较,则下述论点自然是用得着的了:'各种语言文字都可体现出各个民族文化之特点,可以彼此相比,以显其异,也可以相互研究,以观其同。'(郭绍虞《修辞剖析》,《修辞学研究》第 1 辑,华东师范大学出版社,1983)"③以上说法都富于真知灼见,都有其理据,也从不同角度揭示了中文(汉语)术语修辞及修辞理据的某些特色。

三、应用性学术话语建构:《修辞手法与广告语言》的术语修辞

倪宝元《修辞手法与广告语言》(浙江教育出版社,2001),是世纪之交修

---

① 杨树达:《汉文文言修辞学》,科学出版社,1954,《中国修辞学自序》,第 4 页。
② 张炼强:《修辞理据探索》,首都师范大学出版社,1994,第 50 页。
③ 同上书,第 51 页。

辞学应用性学术话语体系的代表。其语形允当、语义通变和谐、语境协调、语值凸显。

（一）语形允当

《修辞手法与广告语言》中的术语语形允当，主要表现在修辞格的运用和语气词的适当运用等方面。就辞格而言，术语有效运用于比喻、设问、引用、反复与排比等辞格中。

1. 比喻

例如：

（1）串对，顺承而下，有如流水，所以又称"流水对"。① （《修辞手法与广告语言》，第 238 页）

（2）顶真也叫顶针。重复出现的词语（或分句）像铆钉一样，把上下两个语言单位紧紧铆在一起。（《修辞手法与广告语言》，第 267 页）

（3）"人｜办｜杂志"和"杂志｜办｜人"只是"人"和"杂志"交换位置，"办"在中间不动，好像轴心一样，我们不妨叫它为"轴心词"。（《修辞手法与广告语言》，第 281 页）

（4）恰当地运用回环，使词语对称，循环往复，可以形成一种弧形的、折扇形的、圆形的语言结构形式。这种结构形式给人以美的享受。（《修辞手法与广告语言》，第 289 页）

（5）融入指的是把引语融入作者自己的话中，使两者融为一体，像加盐入水，难解难分的一种引用。（《修辞手法与广告语言》，第 322 页）

以上五例，均有效地使用了比喻。其中，例（1）至例（3），术语"流水对""顶针""轴心词"自身即典型的修辞造语。例（4）和例（5）关于术语"回环"

---

① 本部分主要取例于"倪宝元《修辞手法与广告语言》，浙江教育出版社，2001；倪宝元：《汉语修辞新篇章——从名家改笔中学习修辞》，商务印书馆，1992。出自以上两书的例句只给出书名和页码。

和"融入"的解说使用了形象的比喻辞格。

2. 设问

例如：

(1)星星怎能低语？星星低语谁听得？这也是融合比拟的夸张。（《修辞手法与广告语言》,第 449 页）

(2)你看,一个"恐怕",一个"也"再加上一个语气词"吧",不都在缓和语气,增强表达效果上起作用吗？（《修辞手法与广告语言》,第 500 页）

(3)这不是通俗易懂地为这标题做了解释吗？（《修辞手法与广告语言》,第 551 页）

学术著作中使用设问,似乎可以看作是倪宝元先生的个人言语风格之一。倪宝元《汉语修辞新篇章——从名家改笔中学习修辞》也常使用设问。例如：

(4)说的是"修辞",但文章修改不也是"一种努力"吗？这种努力的目的也是"使达意传情能够适切",所用的方法也是"调整语辞"。修辞"主要为着意和情",修改也"主要为着意和情"。（《汉语修辞新篇章——从名家改笔中学习修辞》,第 14 页）

(5)张志公对"修辞"下的定义是:"修辞就是在运用语言的时候,根据一定的目的精心地选择语言材料这样一个工作过程。"文章修改不也是运用书面语言的一个"过程"吗？不也是"根据一定的目的精心地选择语言材料"吗？（《汉语修辞新篇章——从名家改笔中学习修辞》,第 14 页）

(6)王安石改诗的过程不就是"根据一定的目的精心地选择语言材料"的过程吗？不就是修辞的过程吗？（《汉语修辞新篇章——从名家改笔中学习修辞》,第 16 页）

(7)我们似乎看到了黄庭坚捻着胡子精心炼字的情景:先用"抱",觉得不妥;改成"占",又觉得不妥;改成"在",也觉得不妥;改成"带",仍觉得不妥;改成"要",还是觉得不妥。最后改成"用",才算改定。这是精心选词,这是反复修改,你能说这不是"修辞"吗?(《汉语修辞新篇章——从名家改笔中学习修辞》,第 16 页)

3. 引用

例如:

(1)恰当地引用,可以"旧瓶装新酒",利用众所周知的、脍炙人口的语句(或略作改动)表达新的意思。(《修辞手法与广告语言》,第 325 页)

上例以引用的方式说解引用,耐人寻味。

(2)在严肃的政治斗争中,正义而暂时处于劣势的一方常用双关唱出高压下千万人的心声,使知情者发出会心的微笑,而被刺的一方则抓不住把柄,只好哑巴吃黄连,啼笑皆非。(《修辞手法与广告语言》,第 463 页)

需要特别注意的是,在学术语域里,旁征博引,引经据典,实际上并不罕见,但是引用日常熟语则较为特殊,易于彰显特色。

4. 反复与排比

例如:

(1)恰当地运用音法能使语句形成一定的节奏,产生和谐的音律,念着上口,听着悦耳,给人以美的感受。(《修辞手法与广告语言》,第 9 页)

(2)用精炼的语言表达深刻的哲理性很强的思想,易于传播,易于记忆,启人以联想,给人以教育。古今中外许多格言都是精警的范例。(《修辞手法与广告语言》,第 548 页)

(3)恰当地运用排比,让结构整齐匀称的语句成排涌现,增添语言的整齐美、节奏感、旋律美。(《修辞手法与广告语言》,第 257 页)

上例用排比的方式解说排比,耐人寻味。

(4)恰当地运用摹绘可以绘声绘色地将事物展现在读者面前,可以增强

语言的真实感和形象性,使读者仿佛身临其境,听到了声音,看到了色彩,感到了性状。(《修辞手法与广告语言》,570 页)

(5)作者曾风趣地说:"农人剧人皆大欢喜,惠哉,惠哉。"表达了作者选定了一个满意的词语时的喜悦。这是修改,这是精心选词,这就是修辞。(《汉语修辞新篇章——从名家改笔中学习修辞》,第 17 页)

(6)后经作者推敲,觉得"不复可见"(见《四三集》)不好,改为"再也看不见了"(见《叶圣陶选集》第二卷)。这种修改都是"调整语辞",都是"使达意传情能够适切的一种努力",都是修辞。(《汉语修辞新篇章——从名家改笔中学习修辞》,第 17 页)

5. 其他语形

除了辞格,《修辞手法与广告语言》中表达较为显豁语气的词语的运用也很允当。例如:

(1)更何况对偶往往跟自然句式(对偶、排比等都叫"整句",非整句叫"散句"。自然句式属"散句")配合运用呢!(《修辞手法与广告语言》,第 242 页)

(2)老泰山通过自己的想像,用夸张的说法赞赏自己磨好的剪子,你看,它可以剪天上的云霞,多快啊! 这一美好的夸张说法,自然会引起人们的丰富的联想。(《修辞手法与广告语言》,第 447-448 页)

以上两例中,"呢""啊"语气词的有效运用,有其突出的语用修辞效果。

(3)用拟人手法写"酒",写得多么精彩,谁见了都会爱不释手。(《修辞手法与广告语言》,第 397 页)

上例使用了副词"多么","表示程度很高。含夸张语气和强烈的感情色彩。"①学术语体中这种用法值得关注。

---

① 吕叔湘:《现代汉语八百词》(增订本),商务印书馆,1999,第 187 页。

(4)例 29 两个"奇问"表现诗人的"憨态痴情",烘托出桂林山水使人着迷,使人心醉;两个奇问酿造了浓郁的诗情画意。(《修辞手法与广告语言》,第 312 页)

上例属超常搭配,"酿造"与"诗情画意"超常规组合搭配。

以上各例都含有术语。或者是对术语的解释,或者是对术语的狭义地运用。在术语的广义运用中,语形凸显而又有修辞价值。

(二)语义和谐通变与语境协调

术语在一定的语境中,语义会发生一定的变化。例如:

(1)恰当地运用夸张可以刻画人物,突出特点,使人物漫画化。(《修辞手法与广告语言》,第 445 页)

上例中的"漫画"在"漫画化"中语义已有变化,与上文的对象语言"夸张"呼应,对象语言和元语言和谐协调。

(2)因为喻体作了中心语,所以有人称这种比喻为"反客为主"。(《修辞手法与广告语言》,第 350 页)

上例中的"喻体"反转为"主","主"与"客"相对,与"中心语"相呼应。

(3)这类句子说奇特也不奇特。(《修辞手法与广告语言》,第 541 页)

上例中"奇特"与"不奇特"并用,用来解说"句子"。语义在矛盾中相反相成。

(4)主观地、文学地、"感情用事"地用色彩词描绘无色的客观事物。(《修辞手法与广告语言》,第 564 页)

上例中"色彩词"与"无色"组合。

(5)表明神韵是艺术化语言的生命和灵魂,是语言审美的最高理想。(《修辞手法与广告语言》,第 61 页)

上例从辞格上看是拟人,把"艺术化语言"这个术语写活了。

(6)例 8 用"温柔"去修饰"残忍",初一看好像不合逻辑,再一想,倒是

觉得只有这样才能准确地表达这种复杂的思想感情。(《修辞手法与广告语言》,第543-544页)

上例中"初一看"和"再一想"引导的上下文,衔接连贯顺畅,自然连带出"逻辑""思想感情"等。类似地:

(7)例10"伟人"是伟大的人物,应该是"不平凡"的,这里用"平凡"修饰"伟人",初一看,有些"奇特",再一想很有道理:伟人是在道德、贡献、成就等方面比一般人突出,但伟人不特殊化,不摆架子,不是又跟老百姓一样"平凡"吗?(《修辞手法与广告语言》,第544页)

上例综合解说了"辩证性精警"这个较有特色的术语,最后以设问收尾。

(8)例22"富有"和"贫穷"互相对照,"先进"和"落后"相互对照,作者从不同的角度,不同的方面,不同的要求对温州做"一分为二"的评述,你能说不合理吗?(《修辞手法与广告语言》,第546页)

上例综合运用了反复、反问等辞格。包含术语"对照"的"互相对照"和"不同"分别隔离反复,最后也是以设问收尾。

(三)语值凸显

学术话语中的术语修辞具有一定的语用修辞价值,可以具有一定的形象性、生动性、互文性。

1. 形象性

形象性,即变抽象为具体。例如:

(1)本书的意义主要在让修辞手法和广告语言挂上钩。(《修辞手法与广告语言》,第7页)

上例把抽象的术语"修辞手法"和"广告语言"用具体的"挂上钩"组合联系起来。

(2)恰当地运用音法有利于布局谋篇,或组织"包袱",或构成情节。

(《修辞手法与广告语言》,第 12 页)

上例中的"包袱"自身是一个借喻,用"包袱"等描写"音法"的功用。类似地:

(3)恰当地运用同异,可以增加语言的幽默感、风趣性。相声就常运用同异构成"包袱"。(《修辞手法与广告语言》,第 125 页)

(4)恰当地运用飞白还可以构成情节,增添文笔的波澜。(《修辞手法与广告语言》,第 162 页)

上例中的"波澜"是形象可感的,用其描写"飞白"这个术语的功用。类似地:

(5)恰当地运用拟问,增添语言的波澜,使语言跌宕有致,或形成语流,造成不可辩驳的气势。(《修辞手法与广告语言》,第 306 页)

(6)恰当地运用排比可以把事物发展变化的轨迹显示出来,给人以"动态"的观感。(《修辞手法与广告语言》,第 260 页)

上例用"轨迹"描绘"排比"的功用。

2. 生动性

例如:

(1)例 37 也不是首尾对换型,但巧妙地把产品"平安感冒液"的"平安""感冒"一再出现,既辩证地表明了"平安""感冒"互不相容、"不共戴天"的矛盾,又生动地加强了产品的宣传。(《修辞手法与广告语言》,第 296 页)

上例用生动的形式解说"生动"。

(2)选用"黄燎燎"描绘山草,"青森森"描绘松针,使"一片青黄灿烂的景色"再现在你面前,使你不知不觉地进了这青黄灿烂的世界。(《修辞手法与广告语言》,第 571 页)

(3)"红喷喷"的脸,"墨黑黑"的短发,"白生生"的身体:你不觉得这一对女孩子可爱吗?(《修辞手法与广告语言》,第 577 页)

(4)你看,把泥塑菩萨刻画得多么细致生动,深刻有力。难怪毛泽东同志要把它借来为官僚主义者造像。给官僚主义者以辛辣的讽刺。(《修辞手法与广告语言》,第488页)

例(2)、例(3)和例(4)中第二人称形式的适当使用,生动而亲切,俨然学术对话,娓娓道来。

3. 互文性

例如:

(1)别解指的是有意对一些并不需要解说的词语做一番别开生面的解说,借"解"发挥,另生情趣的一种义法。(《修辞手法与广告语言》,第54页)

(2)借形指的是借用成语的"形体"而改变它的意义的一种成语活用。(《修辞手法与广告语言》,第189页)

(3)恰当地活用成语可以"旧瓶装新酒",改换"老形式",表达新意思。(《修辞手法与广告语言》,第192页)

(4)恰当地活用成语,可以加强语意,使表意的重心更加突出,起到强调的作用。(《修辞手法与广告语言》,第194页)

(5)恰当地运用异用,可以加强上下句之间的联系,使读者感到"移花接木"的情趣。(《修辞手法与广告语言》,第84页)

以上诸例,主要是对相关术语的解释解说,体现出对象语言和元语言的互文。

对象语言与元语言的有效互文,还可表现为精选的语例与精辟的分析解释的贴切配置。例如:

(6)小说是生活的一种反映,又是生活的一种虚拟和假设,生活的一种补充,生活的一种深化、净化、强化,是生活各因子的一种新的排列组合。(《修辞手法与广告语言》,121页)

（7）乙　现在是原子时代，人类都飞上天空去了。到宇宙空间去了。人家研究原子、核子、电子、离子……

甲　这我懂，原子、电子、饺子、包子……（《修辞手法与广告语言》，第125-126页）

（8）他明知道天不见得来诛他，地也不见得来灭他，现在连人参都"科学化地"含起电气来了，难道"天地"还不科学化么！（《修辞手法与广告语言》，第187页）

以上三例是作者选用的例句，是较为典型的对象语言，都含有多个术语，但在读者那里一般不会有"掉书袋"之嫌。

四、《言语风格学》的术语修辞摭谈

郑远汉《言语风格学》（修订本）1998年由湖北教育出版社出版，该书是国内关于言语风格研究的代表性论著。该著体系完备、语料翔实，"重要的是根据一定的理论认识，具体深入地分析有关的风格现象和言语交际。"①在具体深入分析有关现象时，作者有效地使用了一定量的术语，形成了特定术语修辞原则、机制、风格。

（一）原则：得体与辩证

郑远汉先生关于修辞及术语修辞原则的论述十分宏富，在《言语风格学》一书里，似乎可以概括为得体和辩证两个关键词。

郑远汉先生首先界定了"语体""风格"等核心术语。"笼统地说，语体和风格是同一概念，都可以译成英语的 style。就汉语的字面分析，'体'与'格'的意义也相通。"②郑远汉先生还实事求是地指出："本书在不需要加以区别的情况下，取这两个名称的一般意义，可以换用。由于我们讨论的问题

---

① 郑远汉:《言语风格学·再版前言》，载《言语风格学》（修订本），湖北教育出版社，1998，第2页。

② 郑远汉:《言语风格学》（修订本），湖北教育出版社，1998，第149页。

比较宽泛,不限于语言内部的功能变体,也讨论民族风格、时代风格、个人风格这些非共体性的风格范畴,为了加以区别,且照顾到学术界已形成的习惯称呼,便又专门用'语体'去称呼语言内部的功能变体。""对于语体、风格这两个名称,或通用或分指,主要是为了叙述和分析的方便。"①类似地,郑先生指出:"拉波夫称之为'语境语体',什维策尔则采用'语域'(register)这个术语,认为它跟'语体'不是同一概念,应加以区别。什维策尔说,'语域的概念跟社会交际系统的概念是紧密关联的',表现为'情境特征的对立',而'关系是情境的主要成分'。(什维策尔,卫志强:《现代社会语言学》,北京大学出版社,1987)我们认为,用'语体'或'语域'称呼,这并不十分重要,在许多美国学者写的社会语言学论著中,register(语域)这个术语相当于 style(语体),往往不加区别。我们仍称之为'语体'。"②这一方面说明郑远汉先生十分重视语体的功用,另一方面也表明郑先生充分注意到了术语的重要作用。"名词术语不一致,影响学术交流,妨碍对于实质的理解;何况其中的不一致往往反映了学者们的不同认识。随着风格研究的不断深入,有必要使术语尽可能得到统一。"③

　　语体对包括术语在内的语言规范化等具有一定的制约作用。"谈语言规范化问题,不能无视不同语体的客观存在,不能将书面语言或'科学语言'或'文学语言'的规范强加给口语或口语体,也不能将口语体的特征、口语体的规范加以扩大,让别的语体也予承认和接受。"④这就是说,要得体。

　　具体而言,郑远汉《言语风格学》系统论述了各体风格特征。科学体即郑先生着墨较多的一种语体。《言语风格学》明确了科学体的外延,解决了一些过去存疑的问题。"例如《中国共产党中央委员会关于建国以来党的若

---

① 郑远汉:《言语风格学》(修订本),湖北教育出版社,1998,第149页。
② 同上书,第384页。
③ 同上书,第406页。
④ 同上书,第206-207页。

干历史问题的决议》,是充分体现科学体风格的言语作品……例如毛泽东的《实践论》是体现科学体风格的言语作品……"①此外,"法令、公文等正式文件,科学论著、辞书释文等,适于用科学体语言写作,科学体的言语特点在这些典型作品中充分展现出来。前举《决议》以及《现代汉语词典》的释文,即其例。"②

就风格特征而言,"科学体主要使用普通话(文学语言)的基本词、一般词语,一般不用方言、土语,容纳文言词语、历史词语,新词、外来语也往往首先见于科学体,专业术语或专门词语在科学体是开放的,而排斥社会习惯语特别是黑话。"③但也有特殊情况。"例如一篇论述十分严密的学术论文,从总体看,充分体现了科学体的言语风格,却不意味着其中的每个句子或者每个段落都体现科学体的言语风格,文中可能引入几句颇具艺术感染力的诗,或者用了几句表义和结构不甚严密而使人觉得朴质、自然的日常谈话语言,不致改变文章作为科学体的总体风格,虽然这些言语单位是构成文章的有机部分,却不能说这几句诗或日常谈话语言也都具有了科学体语体特征。如果是铁板一块似的理解,那就是只承认一般性,否定了特殊性,只承认统一,否定了变化。这是不符合言语实际的。更何况,有些成篇的文章、成部的著作,从总体看也不止体现某一种语体风格……"④这就要具体问题具体分析,要在得体的原则下辩证地看待具体的言语特征。

(二)机制:渗透与变异

术语修辞的机制手段主要有渗透和变异等。渗透,主要是指术语的跨语域传播。重构,主要是指结构的调节性建构。变异,主要是指超常规使用

① 郑远汉:《言语风格学》(修订本),湖北教育出版社,1998,第269页。
② 同上书,第272页。
③ 同上书,第271页。
④ 同上书,第339页。

(含语词搭配等)。术语虚词机制于《言语风格学》学术话语实践上有所体现。例如：

(1)连带或共用的成分多了,为了显现直接成分和句法关系,往往让有的词语反复出现,或者同时构成"平行"或"对称"的结构。①【《言语风格学》(修订本),第39页】

上例使用了"平行""对称"等几何学术语,这是科技术语渗透到语言学学术话语中的情形。

(2)标准体是变异体的"参照系",分析变异体不可能不涉及作为参照系的标准体。【《言语风格学》(修订本),第224页】

上例有效使用了物理学术语"参照系"。

(3)词义的约略,最常见的情形是取词义的"近似值"。【《言语风格学》(修订本),第305页】

上例使用了数学术语"近似值"。

(4)由一定的语言成分组成话语传递信息,除了语言符号这个必要条件,同时得有"垂直"的联想结构参与,二者结合起来才能顺利完成所需信息的传递任务。【《言语风格学》(修订本),第392页】

上例使用了数学术语"垂直"。

(5)这是一种看法,即认为修辞学是风格学的渊源,至少"风格"和"风格学"的名称是从传统修辞学里"移植"过来的。【《言语风格学》(修订本),第24页】

上例使用了植物学术语"移植"。

(6)从受话人方面说,是直接通过声音刺激接受思想信息,而声音的刺激在记忆的"底盘"上的暂留是有限的,不像接受书面信息那样可以"通

---

① 本部分主要取例于郑远汉:《言语风格学》(修订本),湖北教育出版社,1998。出自该书的所有例句只标注书名和页码。

观",可以贮留。【《言语风格学》(修订本),第186页】

上例使用了工程技术领域的术语"底盘"。

以上不同学科术语的跨学科渗透,主要是一种消极修辞。此外,还有积极修辞意义上的变异。例如:

(7)前者,我们可以感到有近代白话的"味儿",宋元以来的话本、小说的"味儿";而后者不然,不是那样的"味儿",是当代的语言习惯和言语风格。这不同的"味儿"、不同的言语气氛、不同的言语风格,是可以分析的,是通过语言成分的不同选择、不同组织、不同表达综合地显现出来的。【《言语风格学》(修订本),第72页】

上例高频使用了"味儿"这个日常儿化语词,且先后与"近代白话""话本、小说""那样""不同"等直接组合,这种组合是一种超常搭配,是一种变异。

(8)大量的是熟悉外语的知识分子在翻译外语文献或作品中"传导"进来的,后来在非译文的汉语著述中使用开了,成了现代汉语句法的组成部分。【《言语风格学》(修订本),第178页】

上例中的物理学术语"传导"与"在翻译外语文献或作品中"直接组合,形成状中结构。显然,这种组合也是超常搭配,作者特意在"传导"上加了引号予以标记。类似地:

(9)下面逐句将有关部分摘录出来,可以用而没用的起"粘合"作用的词加括号酌情补入。【《言语风格学》(修订本),第203页】

(10)从成分的性质看,风格表现要受风格要素的"浸染",并依附于风格要素,从而形成一种风格的整体特征。【《言语风格学》(修订本),第8页】

(11)交际场合包含多方面的内容,它们既是言语进行的特定环境,就不可能不对言语表达进行"干预",从而形成不同的言语特点。【《言语风格学》(修订本),第13页】

(12)以上主要是就句法方面做的粗略统计;即使尚未进行全面性的考察,已可让人触摸到两位作者的作品言语风格上的差异,这种风格差异是具体的、实在的,有形可见,有量可查。【《言语风格学》(修订本),第 101 页】

上例中"触摸"的是"作品言语风格上的差异",通过变异,化抽象为具体。

(三)风格:严谨而不失灵活

郑远汉《言语风格学》主要的研究对象是风格,《言语风格学》自身术语使用的风格也值得探究。总体而言,《言语风格学》术语修辞体现出严谨而不失灵活的风格。例如:

(1)具体的语言成分、语法成分,在历史的长河中,是处在不断新生、消亡、改变中,这样的具体变化绝不可能像制定一项什么决议一样,由大家开会共同决定,不可能是这样的"约定俗成";从根本上说,必然是首先在个人的言语中出现(虽然不能都考察得出是哪个或哪些"个人"),然后逐渐为大家所认可,从而进入"语言"中来。【《言语风格学》(修订本),第 102-103 页】

上例"在历史的长河中"是比喻,"像制定一项什么决议一样,由大家开会共同决定"带有一定的叙事性。又如:

(2)术语修辞一般用于口语,主要作用在于煞句,使话语收束不致太陡、太硬,给听者以回旋的余地,在一定程度上也有加强语意的作用。【《言语风格学》(修订本),第 252 页】

上例是讲句末复现式的语用修辞价值。作者用日常语词"陡"来描述"话语收束",或许比用专业术语更便于读者理解和认同。

具体说来,《言语风格学》特别注重特定语词(含术语)的辨析。例如:

(3)口语体根植于并活跃在民众中……这是从使用对象这个方面看口语体的形成。这里"民众"是同"知识分子""读书人"相对而言,这是沿用旧说,其实称"民众"或称"劳动群众",知识分子或读书人不在其列,在现在看是不妥当的。沿用旧说,只是为了行文的方便,这里交代一句,不必在概念上纠缠。不要按政治范畴、阶级范畴去理解这里使用的"民众"这个概念。【《言语风格学》(修订本),第188页】

上例对"民众"的解释即"根植于并活跃在民众中"的群体,并没有"掉书袋"。又如:

(4)有人将科技词、学术专业用语也列为社会方言,如高名凯的《普通语言学》就把"扬弃""矛盾""形而上学""功利主义"等哲学术语,"比较方法""语族""语义学""辅音""元音"等语言学术语,都视为社会方言。这些名词术语都有严格的定义,大都要收入词典的,有明确的规范性,不宜列入"社会方言"。【《言语风格学》(修订本),第197页】

上例对"社会方言"的辨析,主要是以举例的方式来述说,便于读者接受。

除了词语的使用,《言语风格学》在语句的使用上也有其严谨而不失灵活的风格。例如:

(5)就说先秦、两汉吧,这个时期的作品,如《左传》《史记》等,是不是"足以验氓俗(民俗)之递改,知岁月之不同"呢?未必尽然。【《言语风格学》(修订本),第75页】

上例中语气词"吧"的适用(适当使用),颇具特色。一般而言,在学术话语中较少用"吧",这里用"吧"让人觉得作者似乎如数家珍、信手拈来、娓娓道来,具有一定的"谈话体"的风格特点,便于读者接近作者,从而接受其观点。上例还同时配置以设问,"吧"与"呢"同作语气词。

(6)文艺语体等四种语体缺乏严格的对立互补关系,例如"政论语体"是怎样的言语特点?它同科学语体之间是否有一系列足以相互区别的言语特征?政论文是一种文章类型,文章类型不等于风格类型;如果政论语体就是政论文风格,文章类型很多,像杂文、小品文等等是不是都算风格类型呢?

那样言语风格就难以有确定的值。【《言语风格学》(修订本),第 10 页】

（7）那为什么又要选取作品的人物语言呢？这主要是研究起来便当一些,作品见诸文字,人人可查。【《言语风格学》(修订本),第 130 页】

（8）构成的是状中结构,而不是定中结构,这样用合不合规范？"苦法"等是不是名词？……可不可以把"这样苦法""如何送法"之类看作口语中出现的一种有序变异呢？【《言语风格学》(修订本),第 243 页】

以上诸例均使用了问句。"在陈述句、疑问句、祈使句、感叹句这一句类范畴中,科学体主要的、大量的是使用陈述句,某些科学体言语作品里使用一定的不表疑问的疑问句(设问或反诘),祈使句、感叹句以及一般疑问句很少进入科学体。"【《言语风格学》(修订本),第 279 页】问句的使用,一方面使行文不至于因只有陈述句这种句类而呆滞,另一方面有助于启发读者思考。整体上严谨而又灵活。

张弓《现代汉语修辞学》是继陈望道《修辞学发凡》之后的一部十分重要的现代汉语修辞学通论性著作,涉及现代汉语修辞学的各个方面,张炼强《修辞理据探索》侧重于对现代汉语修辞的逻辑理据探讨,倪宝元《修辞手法与广告语言》则是现代汉语修辞学的某种应用,郑远汉《言语风格学》重在研究现代汉语语体风格。不难看出,这四部著作(话语体系)总体上建构了现代汉语修辞学的学术体系,其与重在构建理论体系、古今中外兼顾的陈望道《修辞学发凡》,王希杰《汉语修辞学》,以及重在探讨汉文文言修辞学的杨树达《中国修辞学》,重在研究汉语修辞学史的易蒲、李金苓《汉语修辞学史纲》,一起形成了体系较为完备的汉语修辞学学科体系。以上著作作为学术文本,都有特色鲜明的术语修辞,术语修辞是特色鲜明的汉语修辞学学术话语体系建构的重要机制。

《汉语修辞学史纲》的元话语分析

易蒲(宗廷虎)、李金苓《汉语修辞学史纲》①探赜索隐、采撷宏富、条贯统序,"是一部多角度的历史的创新的汉语修辞学史"②。宗廷虎先生"接二连三贡献我们学术界以巨著"③,《汉语修辞学史纲》"填补了一个空白"④。

《汉语修辞学史纲》是中国修辞学史研究的重要代表作,充分体现了汉语修辞学史的学术话语建构风格。"从《汉语修辞学史纲》到《修辞史和修辞学史阐释》,宗先生一贯坚持'史论结合',既注重修辞事实的发掘和梳理,又强调修辞理论的阐发和深化,这使他无论是修辞史的研究,还是修辞学史的研究,都真正做到了修辞理论与修辞实践相结合,避免了堆砌修辞事实和空谈理论等现象发生。"⑤"修辞理论与修辞实践相结合"的重要表现之一是元话语的恰当使用。

一、元话语及其某种修辞性

我们所说的元话语是和对象话语相对而言的,是解释说明对象话语的

---

① 易蒲、李金苓:《汉语修辞学史纲》,吉林教育出版社,1989。

② 周振甫:《评〈汉语修辞学史纲〉》,《复旦学报》(社会科学版)1992年第2期,第102页。

③④ 王希杰:《修辞学史家宗廷虎对修辞学的贡献》,《松辽学刊》(社会科学版)1991年第1期,第50页。

⑤ 冯广艺:《谈谈宗廷虎先生对汉语修辞学史和修辞史的研究》,《湖北师范学院学报》(哲学社会科学版)2014年第5期,第31页。

话语,元话语和对象话语之间的对应关系大致类似于元语言和对象语言之间的对应关系。修辞学史学术话语是较为典型的元话语。"修辞学史研究的是修辞思想、修辞评论以及修辞学的演变发展史……修辞学史研究在分析、评判各个朝代、各个历史阶段的修辞评论时,经常会发现这些修辞评论往往与文学批评、美学评论、心理学评论、逻辑学评论、语法评论等混杂或融合在一起,尤其是古代,经常与经解、文论、诗论、随笔、杂记、诗话、词话、曲话等评论混杂或融合在一起。"①由此可见中国修辞学史的丰富、渊博、深邃,亦可见作为元话语的汉语修辞学史学术话语值得研究。或者还可以说,修辞学史学术话语是元元话语:修辞学史是对修辞学说等的评议,而修辞学(这里尤指古代修辞学)在一定意义上是对具体修辞事实(言语事实)的分析解释,相对于具体的言语事实(对象话语)而言,修辞学学术话语则是"元话语"。如此说来,相对于修辞学学术话语而言,修辞学史学术话语则是"元元话语"。这里,暂不区分"元话语"和"元元话语",毕竟,"对象话语""元语"及"元话语""元元话语"都是相对的。

当今学界关于"话语"的界定仍见仁见智,我们主要依从郑远汉先生关于"话语"的论断。郑远汉先生指出:"话语的工具是语言,话语是使用语言的结果。"②"修辞活动又是在话语中进行的,离开话语就无所谓修辞。"③这表明,话语自身即蕴含有一定的修辞性。《汉语修辞学史纲》的元话语特色鲜明,"《史纲》的论析,使人有别开生面之感。"④别开生面的元话语颇具修辞性,形成了特定的修辞话语。

事实上,《汉语修辞学史纲》既有较为典型的修辞话语,也有非典型修辞

① 宗廷虎、李金苓:《中国修辞学通史》(近现代卷),吉林教育出版社,1998,第3-5页。

②③ 郑远汉:《论话语义同语言义的联系和区别》,《福建师范大学学报》(哲学社会科学版)2008年第4期,第60页。

④ 郑颐寿:《开拓汉语修辞学史研究的新局面——评介易蒲、李金苓〈汉语修辞学史纲〉》,《福建师大福清分校学报》1992年第2期,第54页。

话语。前者如：

（1）曹冕的《修辞学》上编《论文章之结构》，由字法、句法、段法、篇法组成修辞学体系。宋文翰的《国语文修辞法》则由篇的构成、句的修饰、词的选用与正文的经营一起组成修辞学体系。[①]（《汉语修辞学史纲》，第564页）

（2）如果说前一本书例比较多地借鉴了西洋修辞书的经验的话，后一本书则似乎更多地吸取了我国古代的传统。（《汉语修辞学史纲》，第564页）

以上两例，重在意义明确、伦次通顺、词句平匀、安排稳密。另如：

（3）总之，古、今、中、外；修辞史、文体论、修辞手法、风格等内容都有不同程度的论及，这些修辞学论著共同组成了我国现代修辞学的第一座大花园，各种奇花异葩争妍斗艳，竞放异彩，多方面填补了我国修辞学研究的空白，呈现初步繁荣景象。（《汉语修辞学史纲》，第556页）

上例使用了暗喻，以"第一座大花园"暗喻"这些修辞学论著"。

（4）这一体系可以追溯到20世纪初问世的来裕恂的《汉文典》。这是一部兼熔文章学、文法学、修辞学于一炉的著作。（《汉语修辞学史纲》，第563页）

上例以"熔炉"暗喻著作《汉文典》。

（5）作为百花齐放中的两朵花，我们认为都应该重视和扶植。三四十年代问世的别的修辞书，也有采用上述两本书体例的，可见它们存在着一定的影响。（《汉语修辞学史纲》，第565页）

上例以"两朵花"喻曹冕的《修辞学》和宋文翰的《国语文修辞法》。

（6）《文心雕龙》作为古代修辞学的奠基石，是当之无愧的。它对我国修辞理论的发展影响很大，在修辞学史上占有非常重要的地位。（《汉语修辞学史纲》，第122页）

[①]　本部分主要取例于易蒲、李金苓：《汉语修辞学史纲》，吉林教育出版社，1989。出自该书的所有例句只标注书名和页码。

上例以"奠基石"喻《文心雕龙》。

（7）总之，《修辞学发凡》在批判地继承中外修辞遗产的基础上，建立了我国第一个科学而完备的修辞学体系，使我国修辞学在当时登上了一个前所未有的高峰，从而成为修辞学史上的一座里程碑，它对我国以后的修辞学发展，产生了很大的影响。（《汉语修辞学史纲》，第 555 页）

上例以"高峰"和"里程碑"喻《修辞学发凡》。

（8）（《修辞学发凡》）作者积十余年辛勤探讨之功，以马列主义观点为指导，批判地继承了古代和汲取了外国的修辞理论的精华，并以汉语修辞现象为基础，建立了一个中国化的科学的修辞学体系。（《汉语修辞学史纲》，第 574 页）

上例中的"汲取""精华"也是比喻，是一种动喻。

以上诸例中的元话语是具有典型修辞性的元话语，均直接使用了修辞格，对修辞事象的评述具体可感、深入浅出、明白晓畅。

可以看出，《汉语修辞学史纲》是十分重视学术话语建构的，且特色鲜明。诚如作者在评述司空图的《二十四诗品》时特别讲到了其表达："司空图《二十四诗品》，通体采用了形象化的诗的语言来表达，并常常采用比喻的方式。这虽能描绘得生动、形象，宛如一幅幅图画，给人以丰富的想象与欣赏的余地，但作为对风格特点的总结，采用这种语言风格，应该说是一个缺陷。因为它妨碍了人们对意义的正确理解。加之作者玄学思想的贯串，书中术语的难懂，往往使人得到的只是模糊的玄虚的印象，而且各人的领会也有别。所以清代方东树《昭昧詹言》认为《二十四诗品》中的有些话'多不可解'。"①以上是对中国古代学术话语的重视，《汉语修辞学史纲》对学术话语中外来语词的翻译也很重视。作者指出："名不正的本身说明作者对修辞学的定义、范围等问题的认识是模糊的。这种情况还反映在一些修辞学的单

---

① 易蒲、李金苓：《汉语修辞学史纲》，吉林教育出版社，1989，第 228 页。

篇论文中。如陆殿扬发表在《东方杂志》上的我国现代最早的修辞学论文之一——《修辞学与语体文》,解释'修辞学的定义'时,强调修辞必须生出一种'需要的效应',让对方'感应'后,方能交流思想。'需要的效应'是从西方翻译过来的词组,由于没有很好地解释,讲得很玄,令人不易捉摸"①。以上是说外译需要科学的有效的解释。"当然此书(唐钺《修辞格》——引者注)也存在着一些生搬硬套外国辞格的现象,如让伴名和类名独立成辞格,就不尽合乎汉语的实际,对有些辞格所下的定义概括性不强,少数例证不足以说明观点等。"②这段话语是说术语应被科学有效地翻译。《汉语修辞学史纲》以上两段话语是从反面说明学术话语建构要符合修辞语用的原则。

二、宏观视角的元话语摭拾

元话语除了有典型修辞性和非典型修辞性之别外,根据元话语出现的文本语境,还可以分为连续型元话语和非连续型元话语。前者是在一个相对独立的语篇单位里连续出现无其他性质的话语(比如对象话语)的元话语;后者则是有其他性质的话语(比如对象话语等)隔开的元话语。非连续型元话语在一个完整语篇(例如一部学术著作)中的较为典型的形式是各级标题。《汉语修辞学史纲》的标题颇具特色,诚如郑子瑜《汉语修辞学史纲·序》所言:"《史纲》采用了以特定的项目为纲目的新路子……"③标题往往是整体的框架结构,是宏观格局。我们也就是在这个意义上称其为宏观视角的元话语。

我们主要考察在《汉语修辞学史纲》的《目录》上呈现的标题,重点关注标题的结构形式、标题自身表达的修辞性。

---

① 易蒲、李金苓:《汉语修辞学史纲》,吉林教育出版社,1989,第 557 页。

② 同上书,第 566 页。

③ 郑子瑜:《汉语修辞学史纲·序》,载易蒲、李金苓《汉语修辞学史纲》,吉林教育出版社,1989,第 3 页。

(一)标题的结构形式

标题的结构形式可以是词、短语,还可以是句子。例如:

(1)具体(第六章第一节内的二级纲目)

上例以词为标题。这种情形于《汉语修辞学史纲》中较为少见。本文"节"下面的标题有时也称"纲目"。之所以称其为"纲目",主要是因为:其一,《汉语修辞学史纲》成功地运用了系统论,全书体系严整,材料翔实,体系宏大,书内标题众多,且层级复杂,标题的提纲挈领功能十分突出;其二,称其为"纲目"至少在形式上可以与全书的总标题"汉语修辞学史纲"中的"纲"更好地呼应。

(2)转韵(第四章第六节内的二级纲目)

(3)用字四避说和用词四要求(第四章第五节内的二级纲目)

(4)句子长短和语序顺逆(第四章第五节内的二级纲目)

(5)"首尾周密"和"杂而不越"(第四章第五节内的二级纲目)

以上(2)至(5)四例均为短语形式。

有些标题带有以数字概括相应内容的缩略语。例如:

(6)陆机"音声迭代,五色相宜"说(第四章第四节内的二级纲目)

(7)沈约"四声八病"说(第四章第四节内的二级纲目)

(8)曹丕"四科八类"说(第四章第四节内的二级纲目)

(9)陆机"十类"说(第四章第四节内的二级纲目)

(10)皎然的辨体"一十九字"说(第五章第三节内的二级纲目)

(11)《诗中密旨》"诗有六病"说(第五章第四节内的二级纲目)

(12)《诗中密旨》"犯病八格"说(第五章第四节内的二级纲目)

(13)论鉴赏修辞——"六观"说(第四章第六节内的一级纲目)

以上例(6)至例(13)标题中的引文,均使用了数字概括的缩略形式。值得注意的是,这种数字缩略形式以二级纲目为主。

（14）儒家的修辞观受到重视并进一步发展（第三章第一节内的一级纲目）

（15）古文运动促使散文修辞论发展（第五章第一节内的一级纲目）

（16）唐诗发展促进诗论修辞的独立（第五章第二节内的一级纲目）

以上例（14）至例（16）的标题均为句子形式。

（17）在对汉赋形式主义文风的批评中，修辞思想得以发展（第三章第一节内的一级纲目）

（18）文学独立，带来修辞形式美研究的热潮（第四章第一节内的一级纲目）

（19）佛教传入，促进了声律美的研究（第四章第一节内的一级纲目）

（20）修辞理论、修辞规律的探讨，有深度、有创新（第六章第一节内的二级纲目）

（21）"清淡"蔚成风气，修辞受到注目（第四章第一节内的一级纲目）

以上例（17）至例（21）也以句子形式作为标题，在书面形式上由逗号分开整个句子。例（17）逗号前的成分作状语。例（18）（19）（20），逗号前的成分在语用上是话题，在语法上是句子的主语。例（21）则是简短的并列复句形式，在结构形式上呈并列关系，在语义内容上有一定的因果关联。

需要说明的是，这里的"句子形式"未必是真正语法意义上的句子，作为标题，它没有相应的句调，在书面形式上一般也不宜标句号。

（二）引用：标题自身的修辞性表达

《汉语修辞学史纲》各类标题自身往往通过"引用"，形成元话语和对象话语的互文。所谓互文，即引文与解说引文的语符之间的互相"依存"、紧密关联，形成一定的逻辑语义关系。标题纲目中的互文，可增强语篇的体系性，有助于话语体系建构。引语为词语、短语、句子形式等。这可以大别为两类：标题中的部分能指是引语；标题的全部能指皆为引用。

1. 标题不完全为引文

其中的引语主要是词语。这里所说的"词语"包括词和短语(含固定短语)。例如:

(1)诸子论"譬"(第二章第三节内的一级标题)

(2)墨子论"侔"(第二章第三节内的一级标题)

以上两例的引语均为词,都是单音节形式术语。

(3)论"互文"

(4)论"变文"

(5)论"省文"

(6)论"甚言"

以上例(3)至例(6)均为第五章第二节"文论修辞论"的第六个部分"论修辞手法——孔颖达的经解修辞"的二级标题。其引语均为双音节形式术语。

(7)庄子论"重言"(第二章第三节内的一级标题)

以上诸例中的引语均为术语,例(1)(2)(7)中,术语的提出者均在标题中予以标明。

也可见一个纲目中有两处直接引用的。例如:

(8)提倡"明言""露文"、言文合一(第三章第四节内的一级纲目)

(9)创立"五文"和"繁文"说(第三章第四节内的一级纲目)

(10)从破"虚妄之言"到释"增"(第三章第四节内的一级纲目)

还有在纲目中引文表达相对完整的命题的情形。例如:

(11)关于修辞的重要性——刘向的"辞不可不修"说(第三章第二节内的一级纲目)

上例(11)增加了一个副标题,副标题中的引语表达命题。又如:

(12)孟子论"言近而旨远"(第二章第三节内的一级纲目)

（13）老子论"正言若反"（第二章第三节内的一级纲目）

（14）反对"文辞相袭"，推崇创新（第三章第四节内的一级纲目）

（15）主张"外内表里，自相副称"（第三章第四节内的一级纲目）

（16）钟嵘"清浊通流，口吻调利"说（第四章第四节内的二级纲目）

（17）文天祥、王应麟"修辞立其诚"说（第六章第二节内的二级纲目）

（18）黄庭坚、叶梦得"读诗勿穿凿附会"说（第六章第四节内的二级纲目）

如果说引文（引语）为对象话语，则标题中的其他语符就是元话语，不难看出，对象话语和元话语在这里有效互文。以上诸例，"寓论于解说，意即熔观点和解说于一炉，将主观思索与客观解说有机结合。《史纲》作者完全摒弃说教式语言，也没有将观点思索与实际描写泾渭分明地分作两处。"①

2. 标题完全为引文

《汉语修辞学史纲》全书共有 8 例标题完全为引文，诸例均为二级纲目。列举如下：

（1）"错综句法"（第六章第四节的"五、论句法"的二级纲目）

（2）"影略句法"（第六章第四节的"五、论句法"的二级纲目）

（3）"四种琢句法"（第六章第四节的"五、论句法"的二级纲目）

（4）"为情而造文"（第四章第五节内的二级纲目）

（5）"变通适会"（第四章第五节内的二级纲目）

以上引文均较为简短。

（6）"先问后答格"——设问论（第六章第四节的"八、修辞手法论的创新"的二级纲目）

---

① 秦旭卿、唐朝阔、张晓勤：《汉语修辞学史研究的新篇章——简评易蒲、李金苓〈汉语修辞学史纲〉》，《古汉语研究》1991 年第 1 期，第 9 页。

（7）"戏用语讹"——飞白论（第六章第四节的"八、修辞手法论的创新"的二级纲目）

（8）"以实为虚"——转品论（第六章第四节的"八、修辞手法论的创新"的二级纲目）

以上例（6）至例（8）在严格意义上不完全为引文，因为它们附加了副标题，副标题对完全为引文的主标题进行解释性概括。

由于《汉语修辞学史纲》主要是关于学术史的研究，因此作者为了力避替古人立言，在一定量的标题中适当地引用了原文。值得特别注意的是，全书10个章题、48个节题都没有直接引用。所有202个节内一级纲目中，有33例直接引用，引用在本层级标题中占16.34%。如"'文体或辞体'论"（第九章第五节）、"'寻常词语艺术化'论"（第十章第六节）。所有363个节内二级纲目中，有136例直接引用，引用在本层级标题中占37.47%。由此可见，层级越低，标题中的引用占比越高。这具有一定的科学性，也符合标题的功能主旨，标题层级越低一般越可以更具体，其所涵括的外延越小，针对性越强。作为学术史著作，研究对象的相对具体形式常常是某一个论断，该论断即可表现为某一直接引语。

除了使用频次较高的引用，《汉语修辞学史纲》的标题中还偶见比喻等辞格。例如：

（9）社会变革、百家争鸣是修辞技巧发展的肥田沃土（第二章第一节内的一级纲目）

（10）修辞手法论的发展及文体论的萌芽（第三章第三节标题）

（11）修辞技巧的发展呼唤修辞理论的出现（第二章第一节内的一级纲目）

例（9）、例（10）均为比喻，例（11）为拟人。

此外，《汉语修辞学史纲》还特别注意纲目的语境配置。例如，第五章第五节中"史论修辞的著作——刘知己《史通》"的所有15个二级纲目均在形式上对应整齐。该节第一部分"论史体的修辞原则"共有三个二级标题:尚简要,反烦冗;重质朴,轻华丽;倡今语,去昔言。第二部分"论史体用词的标准"共有两个标题:用词准确;褒贬恰当。第三部分"对史体篇章修辞的要求"共有五个二级标题:前后伏应;有首有尾;有条不紊;言辞一致;题意相符。第四部分"论史体修辞手法"共有五个二级标题:反对俪辞;否定夸张;提倡用"晦";拟古神似;善用避讳。以上整节的节内所有标题均十分整齐,以四音节为主。非四音节者,即六音节形式,且三三基本相对。十分有特色!而且这一节所研讨的对象为刘知己的《史通》,《史通》自身也大量使用整齐的四六格式,堪称语境协和。

以上标题的凝练具有一定的特色,在一定意义上也是一种学术话语的创新。诚如王希杰先生的评论所言:"修辞学史的研究并不是一个简单的资料堆砌的技术工作,而是一种创造性的劳动。"①总体而言,《汉语修辞学史纲》自觉地运用系统论方法,"纲目清楚、重点突出是《史纲》体例特色之一"。②

三、微观视角的元话语例析

着眼于整体学术语篇,分布于整体语篇里的连续型元话语相对于离散型学术元话语而言,往往可以从微观视角分析之。或者说,微观视角的连续型元话语是一种黏着式元话语,是一种局部元话语。微观视角的元话语可以分为具有积极修辞性的元话语和具有消极修辞性的元话语两类。

(一)具有积极修辞性的微观视角元话语

这种情形的元话语于《汉语修辞学史纲》中较为常见,主要有比喻型、引

---

① 王希杰:《修辞学史家宗廷虎对修辞学的贡献》,《松辽学刊》(社会科学版)1991年第1期,第55页。

② 秦旭卿、唐朝阔、张晓勤:《汉语修辞学史研究的新篇章——简评易蒲、李金苓《〈汉语修辞学史纲〉》,《古汉语研究》1991年第1期,第7页。

用型、排比型等。

1. 比喻

一般用暗喻或借喻,很少用明喻。例如:

(1)而我国有着世所罕见的如此丰富的修辞理论宝库,如果能够对其加以"开发"并很好地继承,必将大大推动现代修辞学的发展。(《汉语修辞学史纲》,第 2 页)

上例中"理论宝库"的"开发"是整体的动喻,"整体宝库"又是一层比喻(暗喻)。

(2)创新和开拓,必须牢牢建筑在继承前人优秀遗产的基础上。只有"继往"才能"开来",唯有根深才能叶茂。(《汉语修辞学史纲》,第 2 页)

上例也用了比喻,本体"继往""开来"是动态的,"根深""叶茂"是静态的,前者是本体,后者是喻体,且动态的本体与静态的喻体整体上形成对照,两个本体并列后,与两个并列的喻体对照。饶有意味!

(3)商鞅、李斯均以游说成功而登上宰相的宝座。(《汉语修辞学史纲》,第 31 页)

上例用动态、形象的话语"登上宰相的宝座"喻指当上宰相。

(4)先秦和两汉都是修辞学的萌芽时期,修辞论的共同特点是零珠碎玉,而且多数夹杂在经书、诸子论著及对经书注疏的书、文中。(《汉语修辞学史纲》,第 6 页)

上例(4)也使用了比喻,其中,"萌芽"和"零珠碎玉"均为喻体。

(5)所概括的 38 个辞格,迄今还很富有生命力。这是我国辞格论发展史上的新高峰。(《汉语修辞学史纲》,第 16 页)

上例(5)把无生命的"辞格"赋予了"生命力",并用"新高峰"作喻体。

(6)后来《诗经》中的修辞现象更加多姿多彩了,它们由各种修辞手法组成,既有后代所指的消极修辞手法,也有积极修辞手法。由于语言运用艺术在社会生活中的作用日益重要,一些思想家、政治家、哲学家在阐述他们学术观点的同时,也对修辞现象的特点进行了总结,并努力探索它们的内在规律。这就是修辞理论的滥觞,也就是修辞学的萌芽。(《汉语修辞学史纲》,第 29 页)

上例(6)赋予了"修辞现象"以"彩",接着用"萌芽"比喻《诗经》时代的修辞学。

(7)魏晋南北朝是我国修辞学史长河中一个重要的阶段。(《汉语修辞学史纲》,第 118 页)

上例(7)把"修辞学史"比喻成"长河"。

(8)所有这些,对修辞形式美热潮的形成都有一定作用。(《汉语修辞学史纲》,第 120 页)

上例(8)以"热潮"比喻修辞形式的形成态势。

2. 引用

学术著作常常会用到"引用",《汉语修辞学史刚》也不例外。所不同的是,前文已述及,由于修辞学史研究学术话语实际具有"元元话语"的性质,所以其中的引用与一般的引用不尽相同,修辞学史研究学术话语所引用的话语通常自身即元话语。例如:

(1)而我国古代修辞理论也还注意到听读者理解和鉴赏的角度。这是一个很大的特色。它的特点是从如何读诗、读文、读小说、鉴赏戏曲等方面来立论的。如孟子的"不以文害辞,不以辞害志""以意逆之""知人论世"说,对后世就有很大影响。梁代刘勰的"六观"说则是鉴赏修辞的较为系统的理论。后来宋代朱熹、清代章学诚等也有这方面的精当观点。而清代金圣叹更是将修辞的鉴赏理论推到一个新的高度。修辞的交际过程离不开交际的双方:写说者和听读者。我国古代修辞论述已经同时注意到这个"双方",这是很了不起的。(《汉语修辞学史纲》,第 22-23 页)

上例（1）引用了"不以文害辞，不以辞害志""以意逆之""知人论世"等。

（2）庄子的理论对后世也有影响。刘勰在《文心雕龙》一书中曾专用《事类》篇来论述这一手法，并有所发展。他指出，"据事以类义，援古以证今"。除可以引用权威长者的言论外，还包括引证古代事例。宋代陈骙的《文则》也进一步总结具体规律，并称之为"援引"。（《汉语修辞学史纲》，第67页）

（3）刘勰的《文心雕龙·隐秀》篇所论的"隐"，唐代刘知几在《史通》中提出的"用晦"之法，以为"言近旨远"说的进一步发展。（《汉语修辞学史纲》，第71页）

（4）他认为赋、比、兴三种手法，须参酌交互而用，才能使"味之者无极，闻之者动心"。他反对专用比兴，因为"患在意深，意深则词踬"，也反对只用赋体，因为"患在意浮，意浮则文散"。（《汉语修辞学史纲》，第129页）

（5）与钟嵘之观点相类，批评用事过多，致"顿失清采"。（《汉语修辞学史纲》，第130页）

（6）所谓文外重旨，即除文辞表面的意义之外，还另有一番含义，亦即文有内外之意。它含义丰富，与孟子"言近而旨远"说有密切联系。也就是俗话常说的"言外之意""弦外之音""话里有话"，要靠读者细细去领会。（《汉语修辞学史纲》，第162页）

以上例（2）至例（6）均为部分引用，均用引号标记，引文嵌入元话语并与元话语互为句法成分，这与纲目中的引用相似。

（7）"二观置辞"。这就是说要观察作者是如何根据作品的主旨来安排章句文辞的。例如，是"原始要终，体必鳞次""跗萼相衔，首尾一体"，还是"辞失其朋""事乖其次"？是"要约写真"还是"淫丽而烦滥"？是"文不灭质，博不溺心"，还是"采滥辞诡""言隐荣华"？是"瘠字累句""肥字积文"，还是"参伍单复，磊落如珠"？等等。（《汉语修辞学史纲》，第174页）

（8）"三观通变"。这是说要观察前人对作品是如何继承的，自己有何创新。例如,是否继承了各种文体的写作特点?"文辞气力"是否推陈出新?是否"参古定法""酌于新声"? 是否"斟酌乎质文之间,而櫽括乎雅俗之际"? 等等。(《汉语修辞学史纲》,第 174 页)

以上例(7)、例(8)也是部分引用,且引用与问句套用,整体上又形成排比。

3. 排比

《汉语修辞学史纲》在作相关评述时,使用了排比。例如:

(1)《文心雕龙》这部体大精深的著作是时代的产物、历史经验的总结。……修辞思想之丰富、修辞范围之广阔、修辞观点之精当,都是空前的。(《汉语修辞学史纲》,第 122 页)

上例中"修辞思想之丰富、修辞范围之广阔、修辞观点之精当"可看作句法成分的排比。

(2)《文则》探讨文体风格的特点:既有对重点作品语言风格的剖析,又有对一般文体的概述;既有多种文体的介绍,又有一种文体的重点探索;既论及文体的起源,又关乎文体的分类……这样全面地论述文体,在宋代之前,还不多见。(《汉语修辞学史纲》,第 307 页)

上例(2)是三个并列复句的排比。

(二)具有消极修辞性的微观视角元话语

从其他学科领域借用术语,在我们看来,是具有消极修辞性的元话语。例如:

(1)根据系统论的观点,修辞和修辞学都可以各自被看成一个系统。修辞学史是研究修辞学的发展史,研究古今的修辞学思想或修辞理论的。修辞学史也是一个系统。研究它必须运用整体性、结构性、相关性等观念,对它的要素、结构、功能、环境、历史发展等方面的情况进行各别的和综合的考

察。(《汉语修辞学史纲》,第 4 页)

上例跨学科使用了"系统论""系统""整体性""结构性""相关性""要素""结构""功能""环境"等系列系统论术语。

(2)根据系统论的观点,修辞学史可以被看作一个有机的整体,是一个多层次的由各种要素按一定的方式组成的系统,它们的内部存在着一定的秩序。(《汉语修辞学史纲》,第 4 页)

(3)等我们把修辞学史当作一个有机整体来研究时,还必须同时运用历时性的观点,把它放在时间的流变过程中加以考察。(《汉语修辞学史纲》,第 5 页)

(4)从层次性的观点来看,修辞学本身不仅是一个有机整体的系统,而且是一个由不同层次逐级组合起来的复杂系统。(《汉语修辞学史纲》,第 10 页)

以上三例均使用了"有机"这个化学术语。

(5)要注意每一层次的要素都具有双重身份,对更高一级的系统来说,它们是要素;而对下一级的要素来说,它们又是一个个系统。以古代修辞学为例,我们不仅要研究作为第一层次的要素:文论、诗(词)论、戏曲、小说修辞论的发展,同时要把这四种要素视作四个子系统,分别研究它们的组成要素:修辞理论、字句篇章修辞论、辞格论及文体风格论等的发展。(《汉语修辞学史纲》,第 10 页)

上例使用了"子系统"等术语。

(6)汉语修辞学史系统不是一个孤立封闭的系统,而是存在于社会这一大系统中的一个开放系统。(《汉语修辞学史纲》,第 23 页)

上例使用了"开放系统"等术语。

以上六例均有效地使用了"系统"这个术语。该术语是在"系统论"意义上使用的。

(7)再如本世纪初,西方和日本的修辞学体系相继传入中国,对我国现代修辞学的正式建立和走向系统化、科学化,起了很大作用。西方的语言学、心理学、美学、文学原理及马克思列宁主义在中国的传播,也大大丰富了我国的修辞学研究。解放后,苏联的修辞学、语体学体系被介绍进来,促进了汉语修辞学的进一步完善。"十年动乱"后,国外的语用学、语义学、社会语言学、大众传播学及系统论、信息论、控制论等学说正在为修辞学研究者所吸收,我国修辞学的面貌正在发生进一步的变化。(《汉语修辞学史纲》,第 24 页)

上例多学科综合使用了"心理学""美学""文学原理""大众传播学""系统论""信息论""控制论"等术语。

以上语例均分布于《汉语修辞学史纲》正文,都相对独立存在,相互之间一般无明显的语义张力,这些都不同于《目录》。《目录》可以有多个层级,目录的内容既可以在正文里出现,又常作为副文本置于整体语篇之前,便于读者了解整体框架格局,也有一定的索引作用。

《汉语修辞学史纲》作为学术史方面的著作,元话语与元元话语科学衔接,有效互文,系统谨严,特色鲜明;作者易蒲(宗廷虎)、李金苓十分重视锤炼学术话语(元话语),其有效地具有修辞性的元话语自身也具有修辞学史意义。正如王希杰先生所言:"我很佩服宗廷虎。在 80 年代中,他是中年修辞学者中成果最多也最卓绝的一位。……正是在这 80 年代里,廷虎的修辞学史是比较实事求是的,这是难能可贵的。"①

原载于《四川文理学院学报》2023 年第 6 期

---

① 　王希杰:《修辞学史家宗廷虎对修辞学的贡献》,《松辽学刊》(社会科学版)1991 年第 1 期,第 52 页。

王本朝《最爱先生古道长》的元语言分析

  继《共和国时代的吴宓》[①]之后，王本朝教授新近出版了专著《最爱先生古道长:〈吴宓日记续编〉研究》(为行文方便,以下简称《最爱先生古道长》)。[②] 在一定意义上王本朝教授的《最爱先生古道长》比《吴宓日记续编》更"好看",之所以如此,特色鲜明的学术话语体系建构是一个十分重要的原因。"发挥我国哲学社会科学作用,要注意加强话语体系建设。"[③]《最爱先生古道长》即十分注重加强话语体系建设,是特色鲜明的学术话语体系建构的代表作。其特色至少体现在:以辩证的视角呈现客观公允的元语言;元语言和对象语言的有效互文;认知严密而不失审美雅致的副文本话语。

一、辩证: 客观公允的元语言

  元语言是与对象语言相对而言的,元语言和对象语言最早由美籍波兰裔逻辑学家塔尔斯基提出。"所谓对象语言,就是作为讨论对象的语言。"[④]"用来研究对象语言的语言,叫作元语言或语法语言。"[⑤]从宏观上看,《最爱先生古道长》中所援引的《吴宓日记续编》是对象语言,作者王本朝基于《吴

① 王本朝:《共和国时代的吴宓》,四川人民出版社,2014。
② 王本朝:《最爱先生古道长:〈吴宓日记续编〉研究》,九州出版社,2022。
③ 习近平:《在哲学社会科学工作座谈会上的讲话》,《人民日报》2016 年 5 月 19 日第 2 版。
④ 《普通逻辑》编写组:《普通逻辑》(增订本),上海人民出版社,1993,第 15 页。
⑤ 周礼全:《逻辑——正确思维和有效交际的理论》,人民出版社,1994,第 58 页。

宓日记续编》所建构的系列评论性话语是元语言,这些元语言是客观公允的。需要说明的是,在特定认知语境里,为尽量减少新术语的使用,我们在此沿用"元语言"和"对象语言",而不称其为"元话语"和"对象话语"。实际上,在我们看来,着眼于动态语用视角(而不是纯粹逻辑视角),名其为"元话语"和"对象话语"可能更合适。简言之,为减少新术语的使用,我们暂不严格区分"元语言"和"元话语"以及"对象语言"和"对象话语"。在《最爱先生古道长》里,客观公允的元语言至少有两层意义:其一,作者王本朝教授对吴宓言语行状的评议,客观公允、精准全面;其二,作者王本朝教授在讨论相关论题时对文言和白话的看法,客观公允、理性科学。

(一)关于吴宓言语行状的评议

该评议主要包括关于吴宓的综合评价、生活评述、学术评论等。

1. 关于吴宓的综合评价

作者王本朝教授精研文本,基于《吴宓日记续编》关于吴宓的全面综合评价是实事求是的、辩证的。作者首先指出:"不同时代处境、不同人生经验很容易固化或遮蔽认知,人很难超越所处时代去认识现实或评价历史。"①这无疑是历史主义的态度。从总体上说,"阅读吴宓日记,印象最深的是学习改造不间断,其次是文化坚守,再次是世俗琐事的纠缠,陷入一地鸡毛。吴宓为人诚实,考虑具体问题不免带个人情绪,待人接物却非常忠厚。"②不难看出,作者在评价时没有以偏概全。深入到吴宓的思想,"吴宓的思想趋于传统、保守,甚至有些刻板,但他的生活并不缺少情趣和意兴"③。对吴宓一生的主要贡献的概括是比较难的,但作者仍然用十分简练的元语言做了十

---

① 王本朝:《最爱先生古道长:〈吴宓日记续编〉研究》,九州出版社,2022,第 23 页。
② 同上书,第 25 页。
③ 同上书,第 38 页。

分公允的评价:"在我看来,吴宓一生贡献主要在四个方面:创办《学衡》,形成学派;从事教学,培养人才;开展学术研究,率先采取比较方法研究'红学'和诗学;再就是旧体诗写作。"①显然,既没有拔高,又没有贬低,全凭事实说话。

以上是宏观描述,微观而言,《最爱先生古道长》对吴宓的言语行状评述十分细致,真可谓丝丝入扣。作者写道:"吴宓性子急,易怒,说话急,还跺脚,晚年还时不时自言自语。他有一套自己的语言,如不说手电筒,说电炬;不说鸡蛋,说鸡卵;不说散步,说游步;不说边走边谈,说步谈。他喜欢安静,不喜欢小孩,怕吵闹。"②这段话语,对吴宓的言语行状描写得十分传神,惟妙惟肖,既生动又平实。

通过日记了解日记的"主人"无疑是可靠的、可信的。"日记之所以为信史,也是在于有性格、情感等完整界质的投射,令撰者之面貌更直观立体。读民国学人日记,我们多能感受到作者的气质各异,如顾颉刚的忧郁和敏感,吴宓的情感易于冲动等等。"③

2. 关于吴宓生活的评述

基于《吴宓日记续编》,作者关于吴宓生活的评价也是十分客观公允、深刻透彻的。从作者评价的元语言中可抽绎出如下系列关键词。

首先,雅与俗。作者描写道:"他的内心是一雅人,诗词相伴,但总被俗事纠缠,生活就变成了一地鸡毛。世时变易,只能顺时安命,乃至苟活偷生。"④

其次,古板与古雅。"吴宓的生活单调,但他乐在其中,因为他对生活本身要求就不高。实际上,他还比较古板,并不是一个十分有情趣的人,只是

---

① 王本朝:《最爱先生古道长:〈吴宓日记续编〉研究》,九州出版社,2022,第 63 页。

② 同上书,第 17 页。

③ 管琴:《"自觉对人终欠蔼温柔"》,《文汇报》2022 年 8 月 6 日第 7 版。

④ 王本朝:《最爱先生古道长:〈吴宓日记续编〉研究》,九州出版社,2022,第 3 页。

仍存古雅之风,爱美,爱诗,包括美景、美食、美人和美诗,向往大自然和诗意之美。"①

再次,率真而坦诚。"吴宓喜欢美而好学之女性,所谓'红颜知己'者也。当然,那个时代纯属吴宓个人之奢求。他率真而坦诚地说出内心的真实想法,一种不带邪念和欲望的欣赏,也让人十分敬佩。"②

最后,作者关于吴宓生活的评价着墨较多的是艺术欣赏与思想文化教育。"吴宓观看电影,可作为艺术行为。"③艺术行为与文学行为紧密相关。"文学行为是社会和个人活动的重要内容,但它并不完全是个人行为,有社会时代大背景;也不完全是艺术欣赏,而是思想文化教育事件。"④作为富于艺术气质的人文学者,"吴宓观看电影,不仅仅在'观看'行为本身,而是借助'观看'行为,转换生成观看者的思想、情感和心理。吴宓奉命观看电影,还发表了相关议论,从中也可看到他的思想立场和艺术趣味。"⑤作为学贯中西的人文学者,"1949 年以前,吴宓所看电影几乎都是西方译制片或原声电影,属于世界电影中的经典之作,在观看之后,并没有发表更多评论,反而在1949 年之后,他获'赠票'而'奉命'看电影,却对这些带有教育和宣传性质的电影时有评点,虽是只言片语,缺乏深度分析,但也有多重含义和意图。"⑥在吴宓那里,日常生活却常常并不寻常,王本朝教授十分敏锐地看到了这些,并用客观公允的元语言表达出来:"看电影本来应是日常生活,吴宓看电影却超出了日常生活体验,而与社会时代发生关联,与他的知识背景和思想情感也有联系。"⑦

3. 关于吴宓学术的评论

关于吴宓学术的评论,更是作者王本朝教授尤为关注的内容。作者往

---

① 王本朝:《最爱先生古道长:〈吴宓日记续编〉研究》,九州出版社,2022,第 4 页。
② 同上书,第 16 页。
③④⑤⑥⑦ 同上书,第 56 页。

往于众说纷纭中,坚持从《吴宓日记续编》的文本实际出发,作出令人信服的论述,忠实且贴合于对象语言,全面精准。从总体上说,"吴宓的学术成就到底怎样? 有人说他是'国学大师',显然是'过誉之辞'"①。作者的元语言显然是实事求是的。"吴宓不完全是书斋型的学问家,也不是沉思型的思想者,而是感悟型的批评家。他喜欢与人交谈,善口述但不著述,亦可称为述而不作。"②这里所概括的"沉思型的思想者""感悟型的批评家"以及"口述""著述"等关键词形成对照。"吴宓是有人格的学者,也有真才实学,至于是不是大学者,或者如今天人们所说的国学大师,则要看什么标准,与什么人放在一起,还有在什么范围(时间空间)里来作评判。"③具体而言,作者分1949 年前后,结合社会语境和吴宓自身性情、治学态度、学术旨趣等作出评价。"说他的'学术成就平常',如果指 1949 年后尚可,指以前则有些偏低。"④这种评述显然是合乎实际的。作者还进一步指出:"当环境变化和个人兴趣发生冲突,读书治学和述而不作却不失为明哲保身和安身立命的生存策略。如想到他后半生的处境,'读书且不能,遑言著作? 自适且不能,遑言益世? 牺牲一切,放弃百事,只办得全身苟活(免祸,以获善终)而已'(《吴宓日记续编》第 3 册,生活·读书·新知三联书店,2006,第 120页。——原作者注),我们就不能过高要求,更不应过多责备了。"⑤这里结合吴宓的自述来分析,十分真切,也显示了元语言和对象语言的理性对应。

以上是结合宏观时代语境而言的,具体而言,"在 1950—1978 年,社会大环境众所周知,学校小环境也是运动不断,吴宓的身份和声誉鹤立鸡群,他个人的时间和精力主要放在了读书、教学、交友和写诗上,哪有条件、时间

① 王本朝:《最爱先生古道长:〈吴宓日记续编〉研究》,九州出版社,2022,第 63 页。

② 同上书,第 66 页。

③ 同上书,第 82-83 页。

④ 同上书,第 64 页。

⑤ 同上书,第 65 页。

和愿望去著书立说？他的学术成果偏少，虽不无遗憾，但也完全正常。它主要由社会环境所决定，也与吴宓的性情有关"。①　拿具体的"参照系"进行比较，使评价更可信。作者指出："陈寅恪的学术成就世所公认，也一直是吴宓的崇拜对象，相对陈寅恪学术研究的博大精深，吴宓的确有些浅陋偏狭，他有独特的生命体验和个人气质，也有学术的真诚和鲜活。"②"实际上，他对学术研究一直持有谦虚而严苛的态度。"③作者的元语言无疑是十分深刻细致的，深入到了研究对象的主体深处。"他喜爱关注社会历史文化的宏大问题，如'文化''道德''人生'和'诗律'之内涵和意义等，不作专家之学和精深之问。这或是性格使然，或由旧学浮泛。"④作者抓住的关键词"'文化''道德''人生'和'诗律'"可谓切中肯綮。作者还指出："他想做通家之学，但缺乏自治，关心俗务，沉于感情，哪有时间和心力，去专攻一家？当然，他也有自己的理由，如认为：今世思想学问事业过于繁杂，人各治专门之学，其结果，人之才性日益偏狭，而人与人之间，分别部居，划成町畦，各不相通。"⑤之所以如此，可能的原因是"'治专门之学，操专门之业者，误认为其中片段之道理及假定之学说为全部永久之真理，以其一偏之见武断一切，于是科学家与科学家争，科学家又与宗教家、义学家、艺术家各各互争。争益乱，争益盲，于是真理益晦，理智益汨，而无复心性之可言矣。是故欲救今世之弊，惟当尊崇理智，保持心性。'"（吴宓《韦拉里论理智之危机·译者按语》，《学衡》第62期，1928年6月——原作者注）⑥这里作者王本朝教授用吴宓自己的话（对象语言）权代元语言，更具说服力。

此外，作者还结合更具内涵的关键词"昌明国粹，融化新知"对吴宓的学术状貌做了科学的实事求是的诠释："这些道理，说起来都是切中时弊，可谓

①　王本朝：《最爱先生古道长：〈吴宓日记续编〉研究》，九州出版社，2022，第67-68页。
②④⑤　同上书，第66页。
③　同上书，第65页。
⑥　同上书，第66-67页。

洞中肯綮之见,但要解决问题,则不是说说而已。正如《学衡》所主张的'昌明国粹,融化新知'一样,理论上很完美,实践起来却极其不容易,因为'国粹'和'新知'多数时候是矛盾对立、互相排斥的。本来,两种事物可以融合,盐可溶于水,如果换成油就不行了。所以,'学衡派'的主张很光亮,也很有道理,若实践起来,可真不容易。"①作者又结合具体实际,回到具体现实语境中来:"吴宓痴迷读书,钟情典籍,将学术研究融入日常生活,包括课堂教学、个人读书和与人谈话。读书是他的日常生活,并且,他的学术活动、日常生活、教书育人和安身立命相互统一,不可分离。日常生活疲惫不堪,教学工作则戴着镣铐跳舞,安身立命身处风雨飘摇,学术活动则述而不作。"②如此看来,吴宓的"述而不作"几乎是必然的了。

最后,作者辨析了另外两组关键词:"'习惯''计划''任务''序列'"和"'个人兴趣''文献史料''怀疑思维''钻研精神'"。"有关'习惯''计划''任务'和'序列',实是读书之法,也是做事的方法,但它们只能算治学起步,还谈不上真正的治学,治学还需要有'个人兴趣''文献史料''怀疑思维'和'钻研精神',等等。"③这两组关键词分别概括了读书治学的两个不同层级。

以上关键词的抽绎、诠释颇见作者王本朝教授扎实的学术根柢。

(二)文言与白话:关于语言文字的专题评论

关于汉语(文言和白话)汉字的评价,在一定意义上是更为典型的元语言。在《最爱先生古道长》里,作者王本朝教授对白话文和文言文有分述,更有关于二者关系的真知灼见。

首先,关于"白话文"的看法。王本朝指出:"在白话文已成国民语言的时代,语言是一种意识形态,他的痛心疾首和固执己见,虽不失为一种风骨

---

① 王本朝:《最爱先生古道长:〈吴宓日记续编〉研究》,九州出版社,2022,第67页。

② 同上书,第67页。

③ 同上书,第82页。

和精神,也超出了语言本身,却有某种堂吉诃德的意味。"①一方面,将语言符号和语符使用者结合起来,是语用学的题中应有之要义,不难看出,作者甚解其中味。另一方面,"吴宓日记也显示了白话文的表达魅力。"②这种看法也是全面的,实事求是的。

其次,关于"文言文"的看法。"吴宓坚持文言写作,延续了文言的简约、精确传统,也继承了传统文化的价值诉求。相对而言,日记还是比较私人化的文体,它并不以发表为写作目的,如果作为广泛而自由表达的社会性文体,文言文在现代社会就显露出弱点来了,特别在说理的透彻明晰以及接受的大众性上,文言方式就有不充分、不自由的限度。"③作者以上结合文体关于文言文的认识是科学的。就社会语境而言,"文言文虽有历史合法性,却与社会现实日益疏离,自然需要改革。从意义表达的雅俗更替到书写方式的繁简转化,不仅仅是交流工具的变化,也是文化意义的转换,语言及其表达与社会现实相关,也渗透着人的生命体验和想象,不同个体有不同的感受和思考"。④无疑,作者从社会语境观照文言文,也是科学的,本色当行的。结合语用主体(吴宓)来看,"吴宓以文言说理,就有些局促、简单和重复,缺乏严谨的逻辑性、明晰的分析力以及从容的文字表达。表面上洋洋洒洒,骨子里却前后重复。多判断少分析,多比譬少事实。语句与语句、段落与段落之间,横看成岭侧成峰,单独看还是连贯的,通篇却有些颠倒重复"。⑤进一步从一定意义上说,"说理文,重在概念精确,思维连贯,事实具体,表达清晰,最忌讳的是材料缺乏,道理空洞,思维混乱"。⑥显然,以上评述着眼于语言功能,以具体文体为观测点,是颇具语用学价值的科学论断。

最后,作者还从语用价值上考察了吴宓的文言叙事。"再来看吴宓的文

---

① ④　王本朝:《最爱先生古道长:〈吴宓日记续编〉研究》,九州出版社,2022,第 240 页。

②　同上书,第 263 页。

③　同上书,第 257-258 页。

⑤ ⑥　同上书,第 254 页。

言叙事。记事和白描是吴宓最为精彩的文字,简洁、干净,生动有趣。"①叙事与说理有别。"吴宓用语之简,非同一般。在语言修辞上,完全不输桐城派方苞、姚鼐的游记,最能体现吴宓的文言特点,用词简洁、精确而贴切,特别是其动词和形容词。"②从修辞和语法角度分析对象语言文本,是科学有效的文本细读法。

综合起来看,"文言文有特定的语境和场合,也有特定的文章义法。随着社会的快速发展,文言文的社会环境也变得逼仄起来,其文化意蕴和文章义法也消融于白话的表达之中。"③这些关于文言和白话的见解超越了一般语用学的看法。"文言和白话都是汉语的表达方式,在语言的叙事、抒情和说理上各具特色,各有所长。白话的世俗化与大众化不应成为自我崇拜的宣言,文言的雅致和精练也不该作为放不下身段的资本。"④文言和白话在作者那里早已超越了文体和语体自身。再回到吴宓那里,"他反对白话代替文言,坚持文言书写和教学,对文言情有独钟。他将语言文字等同于文化符号,认为语言文字拥有独特的文化意义。吴宓并不反对白话文,也不是不能书写白话文,只是他对文言的坚守自有传统心结"。⑤这大概就是"最爱先生古道长"的"古道"的重要内涵之一。

作者关于文言和白话功能的认识还在深入:"随着现代社会的变迁、传统士农工商结构的解体,语言方式自然也会发生变化,以满足社会的思想交流和情感表达的需求。白话文取代文言并不完全是胡适、陈独秀和鲁迅等五四一代思想者人为设计的产物,而是由社会情势的推动和助力,自然也不是林纾和吴宓等所能阻扰的。那么,吴宓的坚守和愤激固然值得尊敬,但也

---

① 王本朝:《最爱先生古道长:〈吴宓日记续编〉研究》,九州出版社,2022,第254页。
② 同上书,第255页。
③ 同上书,第257页。
④⑤ 同上书,第240页。

不无喜剧性和荒诞意味。"①这些见解无疑具有社会语言学、文化语言学意义。"如把政治还给政治,学术还给学术,水清石显,事情就简单多了。文言白话的优劣及写作问题,到了今天依然没有解决,已成了一个世纪性难题。"②在作者王本朝教授看来,其实这个"世纪性难题"是可以解决的。"实际上,白话文在取得正宗地位之后,文言文并没有消失,依然广泛地应用于上至国家下至百姓的社会生活之中,特别在书信、日记、碑记、铭文、方志、典籍整理等场合及文体都盛行文言文。"③以上是对事实的客观陈述。"能在文言与白话之间穿插自如,体用无间,如梁启超'新民体'采用文白杂糅,尽显畅达,也不失古雅;又如鲁迅借用文言词汇,转接白话句法,灵活而巧妙地使用关联词,形成简捷、繁复、生动而干净的表达方式,在文白之间实现自由转换、融合与创造。"④也就是说,文言和白话各尽其能、各得其所。"文言白话并不矛盾,也无高下之分,只有使用得熟练与否、接受得明白与否的差异,只是在不同时代有不同作者和读者,自然就有不同的选择。"⑤以上看法是公允的、科学的。

二、元语言与对象语言有效互文

《最爱先生古道长》全书的主要研究对象是《吴宓日记续编》,无疑,《吴宓日记续编》是对象语言。《吴宓日记续编》在语言表达上或文言或白话,时琐碎,时笼统,或佶屈聱牙,或明白晓畅,由于作为对象语言的《吴宓日记续编》的这些特殊性,元语言与对象语言的互文的确殊非易事!

(一)文本细读

作者的评述建立在对日记原文精细研读的基础之上。如"以上引文和

① 王本朝:《最爱先生古道长:〈吴宓日记续编〉研究》,九州出版社,2022,第240-241页。
② 同上书,第251页。
③④ 同上书,第257页。
⑤ 同上书,第264页。

概述,涉及吴宓对汉字特点、功能及治学方法的看法,他提出汉字为中国文化及学术之根本,具有不同于西方文字的象形特征及图画性,拥有自己的用法和文法,且已形成独特的书写传统。由此,中国的学术和教育都从文字开始,'莫不自文字中出也'。"①在细读文本后的评述文字里也适时地透出作者的灵动。如"吴宓的回复有些孩子气,带个人情绪,所说并不完全符合事实,如领导也不知道思想改造程度,没有完成时,只有进行时,思想改造是长期的,用今天的话是永远在路上,吴宓将面临更为严苛的要求"。②

文本的细读,可以细到具体的词的适用(适当使用)。如"吴宓由此想到系领导的称呼变化,'始则曰雨僧先生,继则曰吴宓先生,今乃曰吴宓同志矣'(《吴宓日记续编》第 2 册,第 229 页——原作者注)。虽是'大势所趋',也让无力内心受到伤害"。③ 另外,文本的细读,还可以是一些图表或准图表。"这就是吴宓教学工作中的填表。今天也一样,都在作表格教授。"④填表是具体的,《吴宓日记续编》作为对象语言,有时也是具体而琐碎的。"只是这些具体而琐碎的日记为我们今天提供了一份丰富而完整的教学档案,让后人见证了那个时代的教学活动,两相对照,有变和不变,有今胜于昨的欣喜,也有今夕是何夕的感慨。"⑤

(二)元语言的雅致表达

作者王本朝教授基于对象语言建构的学术话语体系,并不是板滞晦涩、佶屈聱牙的,而是雅致明丽的,整体上可看作《最爱先生古道长》文本话语的十分有益的补充或某种意义上的"拗救",我们也就从这些意义上说作者做到了元语言和对象语言的有效互文。例如,"做这样的内容引申或表达不

① 王本朝:《最爱先生古道长:〈吴宓日记续编〉研究》,九州出版社,2022,第 84 页。

② 同上书,第 20-21 页。

③ 同上书,第 308 页。

④ 同上书,第 313 页。

⑤ 同上书,第 317 页。

满,虽不乏隐喻,但也有麻烦和风险"。① 其中"隐喻"自身在这里即可解读为一个隐喻。又如,"手表并非神灵附体,人确有些走火入魔"。② 其中不乏风趣幽默。再如,"今天的高校教师,为科研所累,不愿意从事教学,与吴宓有天壤之别"。③ 其中有适度的夸张。另如,"学生不愿学,老师怎敢教?"④ "诗词也好,哲学也罢,听者如何懂得? 不过是为了混两顿饭吃。"⑤这里所说的"听者"是指重庆钢铁公司工人陈道荣,用了反诘辞格。还如,"说实话,他的理想非常丰满,但现实却很骨感。"⑥"日记有吴宓的'知'和'情',有他的'思'和'念',日记是他的'朋友'和'亲人',是他的另一个'自我'。"⑦用了对照和隐喻、拟人等手法。又例如,"是吴宓成就了日记,同时日记也拯救了吴宓。"⑧"在日记里,他和自我对话,相拥取暖,任其倾诉,由其宣泄,随他唠叨,或是自言自语。一般的日记多记事,吴宓日记则将'记事''抒情'和'论理'相混杂,如同重庆煮火锅,将好多东西都煮在锅里面,天上飞的,地上跑的,水里游的,一应俱全。"⑨以上使用了对照、拟人、排比、比喻等手法,脍炙人口。

作者还指出,吴宓日记具有文献学意义。"从文献学而言,日记是文献世界的富矿,如钱锺书在《复堂日记·序》里所说:'简册之文,莫或先乎日记,左右史记言动尚已。及学者为之,见彼不舍,安此日富。'(钱锺书:《复堂日记·序》,《复堂日记》,河北教育出版社,2001,第 1 页。——原作者注)

---

① 王本朝:《最爱先生古道长:〈吴宓日记续编〉研究》,九州出版社,2022,第 311 页。
② 同上书,第 18 页。
③ 同上书,第 299-300 页。
④ 同上书,第 302 页。
⑤ 同上书,第 304 页。
⑥ 同上书,第 302 页。
⑦ 同上书,第 374 页。
⑧ 同上书,第 365 页。
⑨ 同上书,第 374-375 页。

这值得人们认真研究对待。"①具体而言,"在这里,他在日记的历史价值外,提到了文学价值,日记具有丰富的文学价值,显然值得高度重视。其所记录的日常生活及其思想感受,无所不包的写作体例,简赅而精到的笔法,都有鲜明而独特的文学性"。② 显然,这里所说的文献学意义,主要是说日记的人文资源属性,是可以充分利用的文献资源宝库,对其阐发利用,合适的元语言是不可或缺的条件,对象语言和元语言也就这样有效互文起来了。

《最爱先生古道长》中雅致恰切的元语言的语用价值,耐人寻味。诚如钱锺书《释文盲》开头的一段话所言:"在非文学书中找到有文章意味的妙句,正像整理旧衣服,忽然在夹袋里发现了用剩的钞票和角子;虽然是分内的东西,却有意外的喜悦。"③

三、认知严密而不失审美雅致的副文本话语

《最爱先生古道长》特色鲜明的话语体系还体现为认知严密而不失审美雅致的副文本话语建构。这里所说的副文本话语包括目录、纲目、注释、后记等。

《最爱先生古道长》全书分为四辑,共十五章。在目录和相应的正文里,所有的纲目都用四音节形式概括,十分严整,特色鲜明。一级纲目(辑)分别为"日常生活""生存境遇""文化坚守""教说读写",其中前三个为偏正短语,最后一个为并列短语,饶有意味的是"文化坚守"还可以置换为"坚守文化",但作者并没有这样用,而是用偏正结构代替动宾结构,表达重点在"坚守",意味深长。

二级纲目,即每一章的题目,都用一个正标题和一个副标题"互文"而成:"顺时安命:雅俗之间""观看电影:思想教育""读书治学:述而不作""礼

---

① 王本朝:《最爱先生古道长:〈吴宓日记续编〉研究》,九州出版社,2022,第364页。
② 同上书,第369页。
③ 钱锺书:《写在人生边上 人生边上的边上 石语》,生活·读书·新知三联书店,2002,第47页。

遇甚优:统战对象""骡马曳车:感同身受""欺侮批斗:斯文扫地""梁平日记:病理档案""佛缘情深:在家出家""感时忧国:向死而生""文言执拗:意味深长""诗歌偶像:与诗为伴""教学活动:小脚女人""学习改造:疲劳奔命""恭守静默:开口即错""日记书写:历史之镜"。整个目录体系体大思精,在整体上形成铺排,形式整齐且极富语义张力。此外,正文内的三级纲目亦匠心独运,别出心裁,如第一辑第一章:"世之雅事:风景美食""雅人之俗:日常琐屑""周旋俗事:一地鸡毛"。从这些三级标题亦可见出作何建构的元语言辩证雅致,新意迭出。

　　除了目录和纲目体系,正文内的注释也体现出作者王本朝教授的严谨缜密,同时亦可看出其对作为对象语言的《吴宓日记续编》的精准阅读和利用。如第一辑《日常生活》的第二章《观看电影:思想教育》,作注共84条。[①]这一部分共25个出版页,平均每页3.5条注。每条注均注明了页码。有些注既注明了页码,还说明了引用的语境。例如:"该书内容比较散乱,有关吴宓的谈话更像写作者的个人表述,叙述时只有自然环境,如'一个细雨濛濛的秋野',无具体的时间地点,也就少了些现场感和历史感。"[②]

　　最后,全书的《后记》也极具审美性。例如:"吴宓日记记录了社会风景,但不可当风景看。"[③]这是《后记》的开篇,巧妙地运用了隐喻。类似地还有,"写作此书,我想取小视角观察大时代,从一个小切口进去,能够看到比较清晰的历史规律。"[④]"吴宓的人生犹如陷入泥淖的骡马,踣地受笞,行动迟慢,也像嘉陵江上的纤夫,嘴硬,背沉,心在抖。"[⑤]

　　"我不想为他立传,不想在螺蛳壳里做道场,也缺乏庖丁解牛的耐心,也不愿意将其逸闻趣事作为茶余饭后的消遣,虽有'了解之同情',但仍担心缺

---

① 王本朝:《最爱先生古道长:〈吴宓日记续编〉研究》,九州出版社,2022,第38-62页。
② 同上书,第67页。
③ 同上书,第386页。
④⑤ 同上书,第387页。

乏评价这样一个人和这样一个时代的能力。"①以上语例均使用了积极修辞手法,细密、精当、传神。

还有兼用多种修辞手法的元语言。如"全书以《吴宓日记续编》为中心,从生活细节切入,讨论吴宓1949年后生活的俗和雅、心里的苦和痛、思想的执和变,以及生命的轻和重,从读书、教书、交友、学习、思想、生活等角度进入吴宓的生活世界、思想情感和生命形态,分析他所行之'古风',所持之'古道',特别是在社会时代变迁磨碴中,他所经受的生存处境以及所承担的精神困苦。"②"在写作时,凡叙其事,述其理,引其言,多让材料说话,少论或不论,则是有意为之。"③便是兼用了对照、排比、拟人等修辞手法。

以上讨论表明,《最爱先生古道长》显示了作者王本朝教授的深厚学养,其对语言文字高度重视,并有卓越的语言实践。作者在分析、诠释、阐述对象语言《最爱先生古道长》时建构了特色鲜明的元语言(话语),细密、严整而又灵动、雅致,有意义、有意思、有深度、有温度。

原载于《红岩·重庆评论》2023 年第 2 期

---

① 王本朝:《最爱先生古道长:〈吴宓日记续编〉研究》,九州出版社,2022,第387-388 页。
② 同上书,第 387 页。
③ 同上书,第 388 页。

李心释《黑语言》的诗性元语言

　　研读李心释教授的新著《黑语言》，令人耳目一新。全书由"语言与世界""语言与诗""语言与艺术"三大部分构成。"这是一部诗学随笔类的书，'学术'有刻板的一面，'随笔'有率性的一面，两面看似难以结合，实则可自然融通。"①作者娓娓道来，开宗明义。

　　李心释教授原名李子荣，早在 2006 年李子荣教授就已出版了《作为方法论原则的元语言理论》。笔者认为，《黑语言》是作为方法论原则的元语言理论的生动的、有效的高端实践，从一定意义上说，《黑语言》是独抒思想的诗性元语言。"当语言成为人们的认识对象时，便可称之为作为对象的语言，但这还不是'对象语言'，作为我们认识对象的语言外延要比'对象语言'大。人类认识语言，还要用语言来描述认识过程与成果，随即这种用来描述的语言也自动成为人类认识的对象。显然，这是两种不同层次、不同内涵的语言，被描述的语言和用来描述的语言可构成一个二元对立的范畴，我们把前者称为'对象语言'，后者即'元语言'。"②李心释教授对元语言的思考从未停歇过，《黑语言》自身也不乏关于元语言的真知灼见："若使符号创造出新的意义，必得抑制符号原有的所指部分。元语言是一个适当的途径。通常把元语言定义为解释语言/符号的语言，无论被解释的语言/符号与解

---

① 李心释：《黑语言·自序》，载《黑语言》，长江文艺出版社，2021，第 1 页。

② 李子荣：《作为方法论原则的元语言理论》，黑龙江人民出版社，2006，第 4 页。

释是否属于同一类别。"①

作为独抒思想的诗性元语言,《黑语言》能指形式简明灵动、所指内涵丰富圆融、话题视点深邃独到、表达旨趣幽雅恬淡、话语风格清新自然。

一、能指形式简明灵动

《黑语言》一改大家常见的学术专著的写法,全书没有使用"开中药铺"式的各级纲目,在思想内容的展开上,在能指形式的配置上,则是由一篇篇"豆腐块"独具匠心地"烹制"而成。全书能指形式简明灵动。"本书构成如是,一颗颗大小不一的石子,囤在一起,可摆出各种不同的样式,都算是世界的投影吧。"②这些"囤在一起"的"大小不一的石子",可谓别开生面。这里需要说明的是,为尊重被评述著作的作者,为尽量充分、完整地传达被评述的著作(《黑语言》)的自身特色和言语风格,本文以较大篇幅引用被评论著作的原文,并均注明出处。

其实学术写作也是写作。"所以写作者不能不学会'倾听'语言。"③写作者的写作应该是富于生命气息的,是灵动的,而不是机械的。"最大的作用还在写作者,他与词语的亲密关系随着他用生命的气息吹进词语而产生……"④当然,艺术写作也更应是灵动的。"最好是把语言当羽毛,而不是什么砖块,就像日本杂技师志田美代子表演的,羽毛之轻也能产生致命的平衡力。"⑤这是李心释教授用诗歌般的元语言描述"语言"。

事实上,《黑语言》中简明灵动的元语言可以说比比皆是。例如,"立学先立心,有心则有人,有人则有疑,有疑则有学"。⑥ 这一表述使用顶真,头尾

---

① 李心释:《黑语言》,长江文艺出版社,2021,第159页。
② 李心释:《黑语言·自序》,载《黑语言》,长江文艺出版社,2021,第3页。
③④ 李心释:《黑语言》,长江文艺出版社,2021,第165页。
⑤ 同上书,第269页。
⑥ 同上书,第83页。

蝉联,上递下接,言简意赅。又如,"文科学生的读书常态应是与书交心,每有所得,喃喃自语,如晤前人。无此体验,算不得读书人"。① 也是简洁明了,没有长篇大论。再如,"脚下的石头、缙云山、太阳、月亮,这些眼前之物岂不更久远? 远得根本就不需要时间的加冕。如果哪一天突然觉得月亮本在历史中,月光之下的屋宇不应该是眼前这个样子的,那是他有了给月亮加蜜的能力"。② 意趣盎然,灵动诗性的语言之感染力自不待言。

二、所指内涵丰富圆融

《黑语言》能指形式简明灵动,而所指内涵则丰富圆融。其内涵至少涉及哲学、文学、音乐、美术、符号学、语言学、修辞学等人文学科的多个领域。尤其值得注意的是,在作者笔下,这些领域并不是泾渭分明的,并无人为的畛域,有的只是作者的问题意识和思想火花。

全书所指内涵丰富圆融,与作者宏阔的视域密不可分。作者的视域之一是"人文世界"。"人文世界的标准意义来自符号的体系,不同体系的符号产生不同的标准。"③在此视域下,"行动的哲学意义是,让人成为个体,与其他人区分开来"。④就小说而言,"最初的小说,只讲述行动,如薄迦丘、笛福等讲了许多著名的冒险故事"。⑤进一步说,"后来的小说笔触向内收,探寻起人的内心世界,英国作家塞缪尔·理查森(1689—1761)在 18 世纪中叶发现了这一小说的新形式……艺术家都仇恨时间,心理上的永恒给了他们最好的慰藉"。⑥"人的内心世界"是"人文世界"的重要内涵。

人文世界的创造,或可曰是对意义的发现与追寻。"任何创造首先是对差异的表达,尤其是诗歌艺术,诗人与语言在相互寻找,发现、创造一切细微

---

① 李心释:《黑语言》,长江文艺出版社,2021,第 83 页。
② 同上书,第 242 页。
③④⑤ 同上书,第 147 页。
⑥ 同上书,第 147-148 页。

的差异,也是差异在推动他们找到独特的意义和意义的表达。"①差异生成意义,差异形成风格。"卡夫卡开了先河,昆德拉是忠实的追随者,但两人的风格不同,前者是梦幻式,后者融入了许多历史的现实的内容。"②就人文世界的诗而言,"从语言到人,好诗出自冷峻的理性与深沉的感情之相加"。③ 具体可精确到古典诗与现代诗,"古典诗与现代诗的表意分野在表达与创造之别,阐释分野则在意象与语象之分,两种区分处于不同层面,不能对应起来。表达中也有'创造',那是修辞,仍在表达范畴"。④ 诗与想象力的关联尤为紧密,"想象力并不玄乎,它离不开语言,是语言的可能性,仍在语言的组合与聚合框架中运行,只是违反了现实的语法与语义逻辑"。⑤ 作为特定的艺术形式,诗歌的语言功能有其特殊之处:诗歌也在一定意义上表达信息,但诗歌的主要功能不是这个,诗歌主要是实现语言的诗学功能与情感功能(学术文章则主要实现元语言功能),诗歌阅读具有较为强烈的超功利性。

就人文世界的绘画而言,"抽象绘画展示了一条从理性通达不可能事物之途径,甚至是从理性走向信仰"。⑥ 就人文世界的音乐而言,"诗歌语言与音乐之间并无截然分明的界限"。⑦ 美的形式是符号,人文世界的底盘是符号。"但语言是最精巧、最严密的符号系统,世界的体系主要靠语言支撑起来。"⑧语言符号必须有活力。符号与理性从来都像是相伴相生的。"承认理性只是人的一部分特征,那么,理性的合法性必须从人的完整性那里取得。"⑨相应地,"科学与艺术并不对立,一种学术具有非学术特征时反而更有

---

① 李心释:《黑语言》,长江文艺出版社,2021,第 172 页。
② 同上书,第 148 页。
③ 同上书,第 171 页。
④ 同上书,第 241 页。
⑤ 同上书,第 240-241 页。
⑥ 同上书,第 256 页。
⑦ 同上书,第 241 页。
⑧ 同上书,第 8 页。
⑨ 同上书,第 120 页。

生命力"。①

　　修辞学是艺术地进入人文世界的"通行证",也在某种意义上使人文世界的丰富和圆融有了可能。因此,修辞学十分重要。"修辞学的训练应使人拥有一种融会贯通的能力,对于人文学者,此一能力无比重要。"②作者在此特别强调了修辞学对于人文世界的特殊及重要意义,同时也似乎可借此旁证修辞学的跨学科属性。

三、话题视点深邃独到

　　《黑语言》话题视点深邃独到,处处渗透出浓厚的问题意识。《黑语言》中的话题视点与作者独到的语用学观点相契合。如作者所言,"言外之意不是说不清,恰恰是说得清的延伸"。③语言学不仅要研究言外之意,还研究对语词的理解,语用学视域中的语词是"活"的,是有生命的。"为什么我们会说语言中的每一个词语都是有生命的呢?因为它们都处于聚合体中,一种联想关系中,我们甚至可以说其联想的边界无法看到,就像生命的潜力无法估量一样。"④这显然不同于语法学。"语法研究只局限于组合轴上几个语言单位之间的函数关系,是带有偏见的,难道潜在的、不可见的就必须对之保持沉默吗?这违反人的本性。"⑤

　　语用学还研究语境。《黑语言》是把语境置于人文世界考量的。"对诗语生命的感受必须基于对语境的敏感。语境如鱼之水,人之空气,一个词就活在其中。"⑥言语是活的,《黑语言》作者的语用学是有生命的,是倾注了作者心血的生存方式,是极广义之语用学。"我想我过去以至将来的探索都会

---

① 李心释:《黑语言》,长江文艺出版社,2021,第 121 页。

② 同上书,第 246 页。

③ 同上书,第 1 页。

④⑤　同上书,第 151 页。

⑥　同上书,第 153 页。

在以下两方面进行:一是我与语言在表达之初命定的紧张关系中和解的方式,二是我如何更加有效地参与语言在语境中的创造活动。"①这就是作者问题意识的某种集中呈现。

在问题意识的驱动下,《黑语言》的作者坦言:"我的语用学意在探索意义的创造。"②作者的语用学的一个核心概念是"凝视"。"真正同时与元语言、意义的创造结缘的是艺术家,包括使用语言和非语言符号进行艺术创造的任何人,他们不是通过理性的元语言动作达到意义的创造目的,而是通过对能指的'凝视'。"③凝视有其巨大的功能,"对语言符号能指形式的凝视是产生诗歌的主要途径"。④明确了凝视的重要功能,便可以解惑:"当代大众读不懂当代诗的现象,大多与诗无关,只因为他们像听日常语言一样去读诗歌了,并不经过一个对能指凝视的过程,与诗歌意义差之千里。"⑤以上论述解决了具体问题。凝视其实是一种细节,也是对细节的关注过程,"没有了细节,就没有了人类未来的艺术与哲学"。⑥

修辞学需要"凝视",需要关注细节,需要对人文世界细致入微的观察、凝视。正因为如此,"修辞与美学、文学、哲学、语言学、新闻学、历史学、艺术学等都相关,实为人文社会学科的综合训练场"。⑦ 就性质来说,"对于修辞而言,它是朝向特定意图与效果的活动,可以是语言的,也可以是非语言的,在追求美的地方,就一定存在修辞活动。"⑧就功能而言,"没有语言的创造,也就意味着没有文学的创造"。⑨综合起来看,"严格意义上的表达修辞学是相当狭隘的,修辞学不只研究语言的表达,更研究语言在其他功能状态中的

---

① 李心释:《黑语言》,长江文艺出版社,2021,第153页。
② 同上书,第159页。
③④ 同上书,第160页。
⑤ 同上书,第161页。
⑥ 同上书,第164页。
⑦⑧⑨ 同上书,第245页。

呈现"。①

四、表达旨趣幽雅恬淡

《黑语言》是超功利化写作的典范,其表达旨趣幽雅恬淡。正如作者所坦陈的:"说是没用,心里却有点骄矜,这世道能坚持'没用',也不容易,零思碎想,随手记下,从'备忘录'写到'碎片集',竟积攒起数十万字,对于我自己,以及同道、学友,还是意义重大的。可以说,它开辟了一块比较隐秘的精神领地,一些语词、一些目光、一些对话,在这里发酵,应该能不断转化出更多、更大的思想来。"②似乎可以说《黑语言》的作者是一种佛性写作,包括写《黑语言》和写诗。"写诗对我而言就是修行。"③

前文已述及,《黑语言》全书分为三个部分,从每个部分的写作初衷亦可看出作者表达旨趣的幽雅恬淡。在第一个部分,"'语言与世界',取的是大语言视角,说'语言',即在说'符号'。这部分涉及语言与自我、真实、自由、社会、教育等颇具诡异特点的关系。我本想在此探析,原始命名中的世界本是诗,今之不为诗的真相在哪里。但让思考是其所是吧,读者会发现许多不合拍的片段像专门来捣乱似的"。④ 在浓厚的问题意识背后,作者率性可爱的表达旨趣跃然纸上。

在全书的第二大部分,"'语言与诗',基本上以'语言若是诗'的假设展开,因为我无法拒绝诗歌用语言写就的事实,大谈特谈越过语言的诗歌观念,于我是自欺欺人。我为当代诗歌语言而写的研究专著的灵感,可能大都已在这里的字里行间闪现,这正是我所珍惜的初生的东西的丰富性,它一般难以穷尽,不断生发出新的启示,也许下一本书,我又会从这里启程,更期待

---

① 李心释:《黑语言》,长江文艺出版社,2021,第246页。
② 李心释:《黑语言·自序》,载《黑语言》,长江文艺出版社,2021,第1页。
③ 李心释:《黑语言》,长江文艺出版社,2021,第217页。
④ 李心释:《黑语言·自序》,载《黑语言》,长江文艺出版社,2021,第2页。

有人与我同行"。① "我所珍惜的初生的东西的丰富性"弥足珍贵！这里仍然强调语言的重要性,并且以语言为媒介,在恬淡自然中会有悄无声息的"丰富"。

全书的最后一部分,"'语言与艺术',准确地说是诗与艺术,两者意义的运行法则有所不同。若非面向语言的可能性,创造就无从谈起。传统是方法,也是成规,艺术的言说一样要在悖论中开道。价值需要转换得知,异域不一定不相知,内外互置,有阳光下的洞明。这个角度的思考是孤寂的,估计难以获得理解与共鸣"。② 在某种意义上,恰恰因为幽雅恬淡的表达旨趣,相信作者很快会有"吾道不孤"的那一天。

五、话语风格清新自然

我们认为,着眼于语层,《黑语言》是独抒性灵思想的睿智的诗性元语言,其话语风格清新自然。

《黑语言》摒弃了高头讲章式的学术论著的形式,不受表达形式条条框框的束缚,问题在哪个语境里提出,就讨论到哪里,随心所欲而不逾矩。此外,《黑语言》在元语言里运用了大量的生动形式、积极修辞方式。例如,"一只公鸡不断扑向镜子里的另一只公鸡,直至筋疲力尽而倒下,可见,他者不过是自己的影子,盯住他者必无视自己"。③ 明喻的适用(适当使用)清新自然。又如,"观念还是柏拉图洞穴里的影子,而语言像洞穴外的自然物。然而洞穴里的人借此影子而生存,观念自古有与影子相当的地位与作用"。④ 除了明喻,还有隐喻的适用,例如,"以语言指物,以语言陈述观念与事理,则都在制造谎言。比如由心生发的喜欢,捂住嘴巴,还会从眼睛里跑出来,可

---

① 李心释:《黑语言·自序》,载《黑语言》,长江文艺出版社,2021,第 2 页。

② 同上,第 2-3 页。

③④ 李心释:《黑语言》,长江文艺出版社,2021,第 2 页。

见揭穿谎言不能再靠堕落后的语言,得靠其他原发性的符号"。① 再如,"每一句话、每一个字都在等待回应,语言是投向别人心灵水潭的石子。石子自诞生时就注定要投出去,没有投出的不是石子,因此写作者的心里没有读者是不可能的,却不是一般的读者"。② 比喻之外,还有拟人等手法的综合运用,例如,"春天到了,踏脚处均是青绿的野草。在野草面前,我有说出'野草'的惭愧,野草不群,我以之为野草,我岂非野草? 可我自以为能区别于人群。当我认识了马兰,我很认真地对马兰说对不起,认识了阿拉伯婆婆纳,我抚摸着阿拉伯婆婆纳说对不起,认识了点地梅,让相机代我说出对点地梅的歉意……近日'疯'吃荠荠菜、鸭脚板、鱼腥草、刺老芽、清明草,不管有毒没毒,热情里有无尽的亏欠感,我在世上被它们围绕着,托着,踩在这些踩不死的身躯上,我的脚实实在在地在打颤。我似乎就可以傻傻地活着了,对一目了然的牛筋草也能看上几个小时而不厌,我清晰记得又干又硬又热的路面上,一株牛筋草就是一簇,刚好可以拖住一只小赤脚"。③ 这种较为纯粹的诗性语言,清新自然而不失庄周式的智慧。

《黑语言》清新自然的话语风格,一方面通过自身的生动形式体现出来,如上所述;另一方面,还通过对日常生活经验的描述性的话语体现出来,例如,"逻辑与语言的习惯及人对存在的认识密切相关。昨夜梦中出现一句子:'水既在盆中,水又在盆外。'像是禅宗的一句偈语。"④又如,"午间躺在床上,在世上最浅的睡意中,我有了一个空间:它四面透风,通音,通色彩,闯进一个小孩儿的屎哭,车轮声的浪头又淹过它,知了模拟了前一个过程,楼下的说话声和鸟鸣像活动的图画,被我忽视的背景突然至于前景……无论

① 李心释:《黑语言》,长江文艺出版社,2021,第 146 页。
② 同上书,第 158-159 页。
③ 同上书,第 146 页。
④ 同上书,第 2 页。

怎样,都是发生在我这午间的空间里,牢不可破"。① 学术,抑或生活?看来,是学术生活化,生活融入了学术,《黑语言》的作者已将学术变成了自身的生存和生活方式。正如作者所言,"写多了,我对语言的敬畏之心激增。智性认识的积累并未减弱写作中获得的启示,语言之生命,既外在于我也内在于我。这绝非隐喻的表达,这是诗的现实,也是我的心理现实。诗不在语言之外,语言也不在诗外,诗外的语言是死去的语言"。②

李心释的《黑语言》自始至终重视对元语言的探究,"所以我们说,元语言既是一种知识,又是个操作的概念;既是一种功能,又是一种结构特征;既可视为一种不同于自然语言并在层级上高于自然语言的人工语言,又可以是自然语言本身的部分;既是一种语言现象,又是一种心理和认知现象"。③《黑语言》还正确地指出:"元语言的螺旋上升运转不会停止,它向无限开放,向无开放。元语言作为一个提供意义的机制,最终提供了一个无意义的机制。"④《黑语言》告诉人们,元语言可以是诗性的,"对现象的归纳与描述是最初的元语言,但离对象太近,血肉相连,难以剥离,如同描写性的语言学文章,描述的元语言与语言现象亦步亦趋,例外的情况层出不穷"。⑤如此看来,元语言和对象语言的界限未必是泾渭分明的。

原题《独抒思想的诗性元语言——简评李心释〈黑语言〉》,载于《湖北理工学院学报(人文社会科学版)》2021 年第 6 期

---

① 李心释:《黑语言》,长江文艺出版社,2021,第 3 页。

② 同上书,第 152 页。

③ 李子荣:《作为方法论原则的元语言理论》,黑龙江人民出版社,2006,第 224 页。

④⑤ 李心释:《黑语言》,长江文艺出版社,2021,第 5 页。

《中华人民共和国国家通用语言文字法》的修订建议举隅

　　《中华人民共和国国家通用语言文字法》(以下简称《通用语言文字法》)是我国历史上第一部关于语言文字方面的专门法律,于2001年1月1日正式施行。伴随着新世纪的步伐,这部法律有效地促进了我国语言文字的规范化和标准化及健康发展,在社会生活中发挥了积极作用,有效地促进了各民族各地区经济、文化交流。随着社会、经济、文化日新月异的发展,科学研究的不断进步及语言文字工作的不断深入开展,《通用语言文字法》可以进行适当修订。笔者恰于近期有幸接到了教育部《关于征求〈中华人民共和国国家通用语言文字法(修订草案)(征求意见稿)〉意见的通知》,并尽己所能提交了若干不成熟的建议。这里举隅式地谈谈笔者对该法第十八条的修改建议。需要说明的是,基于节省篇幅等方面因素的考虑,本文在全面考察的基础上重点讨论现行法律条文,不援引修订草案征求意见稿。此外,我们重点关注该法第十八条。

　　现行《通用语言文字法》第十八条原文为"国家通用语言文字以《汉语拼音方案》作为拼写和注音工具。《汉语拼音方案》是中国人名、地名和中文文献罗马字母拼写法的统一规范,并用于汉字不便或不能使用的领域。初等教育应当进行汉语拼音教学。"该条共3款,一句一款。

　　法律文本是典型的书面语。在书面语中,标点符号是值得重视的。我们以为,第十八条第二款中的"《汉语拼音方案》"可不用书名号(该法全篇其他各处的汉语拼音方案是否需要外加书名号可以再讨论)。关于"汉语拼音方案"是否外加书名号,几部代表性的现代汉语教材有一定分歧。黄伯荣、李炜的《现代汉语》(第二版)上册(北京大学出版社,2016)第 19 页中的"汉语拼音方案"均加了书名号,而在第 72—75 页专节讲汉语拼音方案时都没有加书名号。北京大学中文系现代汉语教研室编的《现代汉语》(商务印书馆,1993)第 17 页、第 135—136 页所有"汉语拼音方案"都没有加书名号。胡裕树主编的《现代汉语》(重订本)(上海世纪出版股份有限公司、上海教育出版社,1995)第 33—37 页所有"汉语拼音方案"也都没有加书名号。黄伯荣、廖序东主编的《现代汉语》(增订四版)上册(高等教育出版社,2007)第 22—23 页,有 4 处未加书名号,即作为文内一级标题、在"汉语拼音方案有下列用途""又经国务院成立的汉语拼音方案审订委员会反复审议和多次修订""汉语拼音方案是在过去各种记音法的基础上发展起来的"等表述中未加书名号;余则均加有书名号,在此种情形下,"汉语拼音方案"分别与"制订""公布""工具""用来""掌握"等搭配。

此外,汉语拼音方案的主要制订者之一周有光先生,在汉语拼音方案创立之初公开发表的涉及汉语拼音方案的文章应该可以作为重要参考。周有光先生的《汉语拼音方案的争论问题及其圆满解决》(《中国语文》1958 年第 4 期)、《汉语拼音方案的应用问题》(上)(《文字改革》,1959 年第 18 期)和《汉语拼音方案的应用问题》(下)(《文字改革》,1959 年第 19 期)等系列论文中的"汉语拼音方案"没有加书名号。另须说明的是,在周有光先生写作以上系列论文时,新式书名号已经被广泛使用了,周有光先生的上述文章内即使用有一定量的书名号,使用于其他需要标注书名号的情形,而未加于"汉语拼音方案"。

书名号,表示著作名称。据杨林成、陈光磊的《标点百诊》,"书名号是标示各种作品名称的。有人建议将书名号径直称为'作品号'或'著作号',这是很有道理的"。① 应该说,汉语拼音方案不是典型的著作文献,根据《通用语言文字法》,汉语拼音方案是国家通用语言文字的拼写和注音工具,既为工具(这里的"工具"显然并非一般所说的"工具书")加书名号不太合适。此外,多年来,汉语拼音方案已有专名化倾向了,从这个意义上说亦可不用书名号。最后,结合语境,加书名号之后也不宜与其后的"规范"等成分搭配。

第十八条第一款"国家通用语言文字以《汉语拼音方案》作为拼写和注音工具"中的"《汉语拼音方案》"宜改为"汉语拼音"。因为方案是关于汉语拼音的设计和规定,或者可以说,汉语拼音方案是"汉语拼音"这种工具的"使用说明书",而不是工具本身。

第十八条第二款《汉语拼音方案》是中国人名、地名和中文文献罗马字母拼写法的统一规范,并用于汉字不便或不能使用的领域"中的"或不能"可删。通过语境可知,这里所说的"不能"应该不是"禁止"的意义,而是对特定功能的否定——这层意义"不便"已蕴含,似不必再用更为"斩钉截铁"的"不能",且"不能"指向的是外延较为宽广的"领域"。毕竟,汉语拼音只是"拼写和注音工具"。

第十八条最后一款"初等教育应当进行汉语拼音教学",这一款在逻辑上是一个规范命题。"应当"是规范模态词,一般而言,在逻辑上和法律上"应当"与"必须"基本同义。该命题或可改为"汉语拼音教学应当纳入初等教育"。如此改动后在逻辑上似乎更清晰一些,改动后可明确表示汉语拼音教学是初等教育的一个重要部分,而不是全部。"初等教育"的外延比"汉语拼音方案教学"的外延宽泛得多,在"初等教育应当进行汉语拼音教学"这个命题中,"初等教育"是周延的;"汉语拼音教学"则不周延。"汉语拼音方案"前置改作主项后是周延的。这里周延"汉语拼音教学"比周延"初等教

---

① 杨林成、陈光磊:《标点百诊》,上海教育出版社,2020,第72页。

育"似更合适。事实上,原文似乎可以有这样的理解:数学、体育、音乐等初等教育的其他学科也应当进行汉语拼音教学,而这在理论和实践上都有困难,应该也不是立法原意。这里需要说明的是,"周延"常常用来描述传统逻辑里性质命题中主项或谓项的外延得到了全部反映,这里借用来说述模态逻辑的"规范命题",是有某种依据的融通:正如"规范三段论"把性质命题和规范命题"混搭"融通起来,放到一起。"规范三段论就是在三段论中引入规范词的三段论。其大前提是规范命题,小前提是性质命题,结论是规范命题。"①

如果把"汉语拼音方案"看作一个术语,则可顺便说说《通用语言文字法》关于术语的一项条款。该法第二十五条主要规范外语译名审定。该条原文是:"外国人名、地名等专有名词和科学技术术语译成国家通用语言文字,由国务院语言文字工作部门或者其他有关部门组织审定。"其中"其他有关部门"前似可加"全国科学技术名词审定委员会等"。我们知道,全国科学技术名词审定委员会是经国务院授权,代表国家审定、公布科技名词的权威性机构,其有资质承担该项重要的专门的工作。在法律中明确,有助于国家语委(国务院语言文字工作部门)与全国科学技术名词审定委员会工作的有效衔接,有助于相关事项的协调与事业发展。

原载于《语言文字周报》2021 年 12 月 16 日

---

① 《普通逻辑》编写组:《普通逻辑》(增订本),上海人民出版社,1993,第 243 页。

"对外汉语教学"专业名称变更及其他

　　"对外汉语教学"专业名称在不太长（38 年）的时间内，二易其名，先后改为"汉语国际教育""国际中文教育"。名称的变更折射人们对该专业的认识渐趋成熟。同时，也反映了该专业发展的某些瓶颈问题。比如，培养目标定位、学生毕业要求、课程设置、实践实训及师生和社会各界专业认同等。

　　对外汉语教学专业的源头或可追溯至 1950 年。"我国把对外国人的汉语教学作为一项专门的事业，是在中华人民共和国成立之后，从 1950 年开始的。"①此后，这项事业不断朝着专业化方向发展。"1984 年 12 月，中国教育部长正式宣布，对外汉语教学已发展成一门独立学科；1985 年，北京语言学院、华东师范大学等四所高校正式设立对外汉语本科专业。到 2005 年，设有这一专业的院校已发展到 70 多所；1989 年起，一些高校在相关专业设立了对外汉语教学方向，开始培养这一学科的硕士生；1999 年起，北京语言文化大学、上海师大、华东师大等开始培养这一方向的博士生。"②对外汉语教学专业的发展，和其他绝大多数专业类似，经历了由本科、硕士再到博士的发展过程。

　　无疑，对外汉语教学专业的设立和发展是有重要意义的。"对外汉语教学专业的成立，填补了我国师范学科领域的一项空白，不但使对外汉语师资

---

① 吕必松：《我国对外汉语教学事业的发展》，《语言教学与研究》1989 年第 4 期，第 6 页。

② 潘文国：《对外汉语教学·对外汉语专业·对外汉语学科》，载《第八届国际汉语教学讨论会论文选》编辑委员会《第八届国际汉语教学讨论会论文选》，高等教育出版社，2007，第 5 页。

有了自己的培养摇篮,而且使中文和外文从'共处','相加'变成了有关专业知识的有机'化合',从而保证了教师的基本素质。这是我国对外汉语教学事业的一大进步。"①似乎可以说,从这个专业诞生之初、这个专业名称确定之始,其某种边缘交叉性(或曰综合性)就如影随形,并伴随着该专业价值功能的发挥。

对外汉语教学专业的"边界",吕必松先生划得很清晰:"对外汉语教学是一种第二语言或外语教学。作为一种第二语言教学,它有别于我国汉族学生的语文教学,而跟其他第二语言教学有一些共同的特点和共同的规律;作为一种外语教学,它有别于对我国少数民族学生的汉语教学,而跟其他外语教学有一些共同的特点和共同的规律;对外汉语教学教的是汉语,汉语的特点又决定了对外汉语教学有别其他外语教学。"②以上描述和概括十分精准。应该说,在对外汉语教学专业问世之初,名实相称,内涵和外延清晰明了,且适应了改革开放初期的社会时代语境。比如,一般认为,对于"对外汉语教学"专业,教师不仅需要本身具备扎实的汉语基础知识,也应当对一些外交政策等有一定的了解。

2012 年,"对外汉语教学"按教育部专业目录更名为"汉语国际教育"。汉语国际教育专业立足于汉语教学和中国文化教学,即在此前"汉语教学"的基础上增加了"中国文化教学"等重要内容。这表明,汉语国际教育还以传播中华优秀文化等为重要使命。这一更名,与时俱进,注重语言文字教学和研究的科学性与时代性。毕竟,语言文字是文化的重要载体,且语言文字自身既是文化资源,又是教育资源。

2019 年 12 月,"孔子学院大会"更名为"国际中文教育大会","国际中文教育"这一概念自此诞生,国际中文教育的学科属性得到进一步明确。

---

① 李润新:《巩固、完善、发展对外汉语教学专业》,《世界汉语教学》1991 年第 2 期,第 111 页。
② 吕必松:《我国对外汉语教学事业的发展》,《语言教学与研究》1989 年第 4 期,第 16-17 页。

2022 年,教育部发布了《研究生教育学科专业目录》,正式将"汉语国际教育"更名为"国际中文教育",且独立设置国际中文教育博士专业学位。

总的来看,"对外汉语教学"专业名称的变更适应并生成了特定时代的社会语境,同时语符自身的运用也相对更合适、有效。我们不妨先跳过"汉语国际教育",可以直接拿"对外汉语教学"与"国际中文教育"进行比较。

以"国际"取代"对外",这个大概主要是凸显办学场域的不同。讲"对外"应该主要是指在国内举办的教育,讲"国际"则不一定必须是在国内举办的教育,或者在国外也可以办汉语教育。

再看"汉语"和"中文"的区别。"汉语"可用来表示专业,作为一种专业名称;而"中文",可作为一种学科。尽管在有些国家"学科"和"专业"不作严格区分,都是 discipline 的汉译,但是在我们汉语语境里,"学科"和"专业"还是有所区分,也应该是可以区分的。此外,中文,通常指"中国的语言文字"或"中国语言文学"的简称。据《现代汉语词典》,"中文"有两个义项,分别指"中国的语言文字,特指汉族的语言文字""中国语言文学,特指汉语言文学"。① 而汉语,是指"汉族的语言,是我国的主要语言"②。显然,"中文"逻辑上包含"汉语"。因为学科专业名称的受众不仅是专业人士,还会有社会公众,故中型语文工具书《现代汉语词典》的解释是具有重要参考意义的。这里的"中文"究竟是指"中国语言文学"还是"中国语言文字"? 这个问题似乎类似于"语文"究竟是指"语言文字",还是指"语言文学""语言文章""语言文化""语言文献"。我们认为,说到底,"中文"还是指"中国语言文字",因为"中国语言文字"是"中国语言文学",甚至"中国语言文化"等的基础。但如果是指学科专业,在同样一个体系(学科专业目录体系)里,"国际

① 中国社会科学院语言研究所词典编辑室编:《现代汉语词典》(第 7 版),商务印书馆,2016,第 1697 页。
② 同上书,第 513 页。

中文教育"里的"中文"宜指"中国语言文学"。

至少在理论上,作为学科专业名称,"国际中文教育"中的"中文"和"中国语言文学"的简称"中文",应符合普通逻辑上的同一律。作为学科专业,大家知道,"中文"是一门相对成熟的学科,是一种综合性学科,人们讲到学科专业的综合性,往往是指学科领域的综合性,或曰跨学科性,比如,关于中文学科的综合性,通常是指中文和文史哲之间的交叉融合等。而我们这里所说的综合性,主要有两层意思:其一,过程与结果的统一。中文专业重视过程,至少过程与结果一样重要,这个专业关注产出,但同时更重要的是关注训练过程、培养过程,这就包括了思维训练、审美情操的陶冶、语感的养成等。从这个意义上就可以理解:为什么中文专业不以培养作家或者说不主要以培养作家为己任;为什么这个专业不会被 ChatGPT 取代,等等。其二,思辨性与技能性的统一。这就使中文与历史、哲学等区别开来。如此,"国际中文教育"也是一门综合性较强的专业。明确了这层性质,对于该专业课程设置是有重要意义的,即无论是本科还是研究生层次的课程,都应加大实践实训类课程的比重,以凸显其过程性、技能性。

"教育"与"教学"的对应关系大致类似于"中文"与"汉语"的逻辑关系。据《现代汉语词典》,教学是指"教师把知识、技能传授给学生的过程"[①];教育是指"按一定要求去培养人的工作,主要指学校培养人的工作……"[②]不难看出,"教育"的内涵比"教学"丰富。

"汉语国际教育"形式上是一个主谓结构,"汉语"其实是主题或话题,即关于汉语的国际教育。从这个意义上说,它又是一个偏正结构。"国际中文教育"则于结构类型而言相对更易于确定,即定中型偏正结构。"汉语国际教育"中,"国际"与中心语"教育"直接组合,二者的关系更直接、更紧密;

---

① 中国社会科学院语言研究所词典编辑室编:《现代汉语词典》(第 7 版),商务印书馆,2016,第 659 页。
② 同上书,第 660 页。

"国际中文教育"中,"中文"与中心语"教育"直接组合,二者的关系更紧密。从这个意义上,似乎可以说,"国际中文教育"这个名称里,"中文"得到了应有的凸显。

我们还可以用变换分析法当中的删除法来看"国际中文教育"这个固定短语中"中文"和"教育"这两个词的"分量"孰轻孰重。如果我们删除"教育",那就是"国际中文"。而作为一个专业,"国际中文"和"国际中文教育"似无甚本质的区别。过去有一段时间,汉语言文学和汉语言文学(教育)是放在一起的同属一个专业的两个专业方向,这类似于我们现在汉语言文学专业和汉语言文学(师范)专业。而如果我们删除"中文",则"国际教育"专业和"国际中文教育"专业大相径庭,判若两个"专业"了。从这个意义上说,"中文"在这个专业名称里更重要,更应该得到凸显。事实上,目前在全国设有国际中文教育专业的学校,有的把它放到文学院,有的把它放到国际学院(或国际文化交流学院或国际教育学院——名称不一)等院系,有的把它放到外国语学院。有的本科生、硕士生和博士生,分属不同的学院(其中的一个依据大概是三者专业代码不呈一个统一序列)。这些都给人才培养和学科建设带来了一定的困扰。同时,社会上比如说人力资源管理部门,对于汉语国际教育本科专业的认可也存在一定的问题,人们有时"顾名思义"地把它归到教育类,而不是中文类。这给相关专业的毕业生的求职就业也造成了一定的困扰。

鉴于此,我们宜加大"国际中文教育"专业的宣传力度,让更多的师生,尤其是社会公众准确地了解该专业。我们在推介该专业时,不妨结合它的名称,尤其是名称的"前世今生",包括它的社会时代语境和自身语符特征,全面、精准地理解该专业。

原载于《语言文字周报》2023 年 7 月 25 日

附　录

完善术语修辞　推动科学传播

　　术语,这里主要指中文科技术语,也称"科学技术名词",包括自然科学、工程技术和人文社会科学等领域的术语。科技术语是经过锤炼加工的专门词语,是口头和书面上在科学技术领域使用的规范化的专门词语。术语修辞,简单地说,是术语的有效生成或适用(适当适用)。概括地说,术语修辞,包括消极术语修辞和积极术语修辞。消极术语修辞,是指术语的合常规适用,也指术语的一般生成(常规造语)。积极术语修辞,是指术语的超常规适用,亦指术语的临时生成或其他形式与方式的修辞造语。广义地理解,术语的有效建构、调整、规范、使用及其传播(communication)都属于术语修辞,术语修辞是利用语言文字的一切可能性有效生成、建构、调整、传播术语。科学传播,简言之即科学知识的传播,科学应该得到效率高、范围广的传播,且传播过程中双向互动和内容形式多样。

　　据《中国语言文字事业发展报告》,2018 年"全国科学技术名词审定委员会全年审定公布 10 种 33308 条规范科技名词,比上年增长 40.25%",其中预公布 17503 条,正式公布 15805 条。另有学者统计,每年新增的社会语言词汇,有 80% 来源于科技领域。显然,科技领域的术语如果不能及时得以规范,势必会影响社会语言的健康发展,影响其科学有效的传播。这些都是术语修辞与科学传播关联起来的重要动因。或者可以进一步概括地说,信息化、规范化、有效性是我们认识术语修辞和科学传播的三个关键词。

一、信息化：术语修辞和科学传播的契合

《国家语言文字工作委员会关于进一步做好语言文字信息化工作的若干意见》指出：语言文字是人类最重要的交际工具和信息载体，是覆盖国家信息化各领域的基础性资源。该《意见》表明，语言文字是信息传递最重要最便捷的工具，术语更是传递信息的不可替代的一种基本单元。科学传播的必要载体是术语，科学传播的实质是认知性信息的传递。术语修辞和科学传播可在信息化条件下形成互动机制。术语修辞和科学传播契合于信息化，并共同服务于信息化。

国家语言文字工作委员会 2018 年 7 月 6 日印发《信息化条件下语言文字规范标准体系建设规划》，以推动语言文字规范标准体系建设全面适应信息化时代发展要求。该《规划》指出："面对新形势新挑战，语言文字规范标准体系建设需要进一步增强适用性、提升针对性、完善工作机制，不断适应国家发展需求。"科学传播也需要适用性和针对性，即在什么范围传播、通过什么渠道传播、传播给谁、用什么方式传播等。说到底，这些是信息的传播，和术语修辞类似，都必然涉及信息的处理问题。

二、规范化：术语修辞与科学传播的互动

科技术语规范标准体系建设比较复杂，涉及多领域多主体。如上所述，充分调研术语修辞的规律，可增强语言文字规范标准体系建设的适用性和针对性。深入研究术语修辞与科学传播的互动（相互作用）机制，有助于完善科技术语规范标准体系建设的工作机制，不断适应国家发展需求，进而完善信息化条件下国家语言文字规范标准体系建设。术语修辞是在术语规范化前提下的术语的适当使用，科学传播的基本单元在某种意义上也是规范化了的科技术语。

规范化是一种调整适用过程。术语修辞和科学传播都具有一定的过程

性,且可互动。二者充分互动有助于科技术语规范标准体系建设。一方面,术语修辞使科学知识"乐于"为广大民众所接受成为可能,修辞使术语更好地走进大众。"固以其所知喻其所不知而使人知之。"(刘向《说苑·善说》)从而达到了科学传播目的。另一方面,科学传播又是术语修辞的重要动因和内容。此外,术语修辞与科学传播的互动在一定程度上亦可强化信息化条件。

科技术语规范标准体系是语言文字规范标准体系的一个重要子系统。研究术语修辞有助于增强科技术语规范标准体系建设的适用性。研究科学传播有助于提升科技术语规范标准体系建设的针对性。

三、有效性: 术语修辞与科学传播的旨归

可利用信息化条件,构建术语修辞模型。同时,利用信息化条件,通过大数据,调查统计通过多种术语修辞方式所取得的科学传播效果。此即我们所说的有效术语修辞与科学传播互动模式。

基于科学传播的术语修辞有其语用价值,正如术语修辞语境下的科学传播应有其积极效果。有效的术语修辞和科学传播,有利于提升语言服务水平。术语修辞与科学传播互动模式可直接服务于科学技术(第一生产力)。术语是传播科技知识的重要载体,也是科学技术的结晶。进入新时代,加强科学素质提升、科学普及工作对科技创新尤为重要。科学技术需要交流、能够共享、可以沟通的一个充要条件是科技术语的存在。加快推进中国跻身世界科技强国,需要大力加强信息化条件下的科技术语适用研究。

术语修辞与科学传播的互动模式,也有利于提升国家和公民的语言能力,构建中国特色学术话语体系。术语常常需要专门学习,且富于表达力,术语的学习和适用本身即是公民语言能力的某种体现。研究信息化条件下的术语修辞与科学传播,还有助于提高服务国家战略需求能力。此外,我们所说的术语修辞,主要是指中文术语修辞,研究中文科技术语修辞有助于中

国特色学术话语体系建设。从一定意义上说,术语的规范工作也事关科技领域的国际话语权。中国有国际话语权的科技领域,可提早布局科技名词术语的规范化工作,抢占制高点。

最后,需要说明的是,建立在术语修辞语境下的术语规范标准体系更有适用性和针对性。术语修辞绝不能有悖于术语规范,在某种意义上,术语修辞和科学传播是"第一性"的,术语规范标准体系建设是"第二性"的。更有适用性和针对性的术语规范标准体系建设,有助于科学传播策略的形成。为此,我们提出科学传播的STS(科学技术与社会)语境策略、术语最优化策略等。

原载于《中国社会科学报》2020 年 3 月 27 日

语文:作为一个核心术语

术语是知识表征的最基本单元,也是学科体系的最小基石。或可简言之,术语是学术话语的基本单位。学术讨论的媒介和结果都离不开学术话语。正因为如此,我们在讨论语文是什么时,不妨把"语文"作为一个术语来看待。如此,似更有助于我们把"语文是什么"这个宏观的问题落实到微观层面。此外,作为一个核心术语,我们可以由"语文"衍生出术语群,比如"语文学科""语文学科核心素养""语文学习""语文教师"等,并由此关联和发散出很多论题,而这又恰与语文的某些属性相契合。"语文"涉及很多方面,包括术语所表达的概念的内涵和外延等。我们将"语文"作为一个术语来讨论,可能更有助于语文学科体系和话语体系建设,同时也有利于我们对语文作面面观。

在我们看来,说到底语文是语言文字。这种说法可能会遭到一些误解,请注意,我们在这儿强调的是"说到底"。从表面上看,对于语文固然可以有很多种理解,比如语言文字、语言文章、语言文学、语言文化、语言文献等。学界对语文究竟是什么,争论也比较多。我们觉得产生争论的主要原因就是大家不在一个"频道"上争论,也就是说论者可能只是强调了语文的某一个侧面。出现这种情况,实属正常,语文的博大精深使然。语文的一个很重要的特质,就是宽口径,你可以从不同的角度去观察、考量它。或者着意于学科属性,或者着眼于学科外延;或者讨论其功能价值,或者探究其素养培养过程(教育教学教法等),不一而足。毕竟语文确实涉及面广,包罗万象。

事实上,我们认为,说语文是语言文学、语言文章、语言文献、语言文化等都没有错;只是这些都以语言文字为基础,都在一定意义上是语言文字有效地、得体地运用的结果。或者可以说,语文是个层级体系,底层是语言文字,其上是语言文学、语言文化等。

此外,因为语言文字"得天独厚"的信息沟通功用,所以我们以为语文"桥梁性学科"性质十分突出。

既然语文说到底是语言文字,那么语文的主要内涵其实就包括了"听—说—读—写",这四个要素两两形成互动。其中从语文教和学的角度看,"读"是枢纽。读,有种种读法,我们可以笼统地称为"阅读"。关于阅读,我们曾有一个对比,中小学语文阅读是一篇一篇地读,大学汉语言文学专业本科生是一部一部地读,中国语言文学类专业硕士研究生是一套一套地读,中国语言文学类博士研究生是一页一页地读。就是说在中小学里面,语文课文是由一篇篇的各类文献(篇幅短的可能就是完整的一篇,篇幅长的可能就是节选)汇编而成;而在大学本科阶段,则应该主要读析出中小学这些篇课文的完整文献,要一部一部地读;在大学硕士研究生阶段,则应该是一套一套地读,比如《鲁迅全集》《陈望道全集》等;在大学博士研究生阶段,则应该是一页一页地读了,就是说要一页一页地理解透彻。相对而言,博士学位较其他层级的学位更为重要,一般而言博士学位论文的引文均注明页码即与此理相契。大致说来,中小学可以说是"识文断字",大学本科可以说是"咬文嚼字",大学研究生阶段则是"说文解字"。

阅读大概也是最能显性体现语文价值的一个维度,这就涉及语文价值的评判问题。判定一件事情有没有价值,可能最客观公允的评判标准,大概就是看通常情况下做完这一件事情需要花费多少时间。或者可以说,理工科的时间主要用在实验室里,类似的汉语言文学专业(语文)研习者的时间主要可能"消耗"在图书馆里面。就大学本科而言,如果平均10天读一部经典文献,每年简单地(除去节假日)按300天计算,则每年可以读30部(本)

书,4 年下来也就读 120 部(本),应该说这个阅读量不算大。其他学科要来替代或者是淘汰中国语言文学学科(汉语言文学专业),那么他也应该至少花阅读 120 部书的时间——4 年,而要学好中国语言文学学科,可能还需要花更多的时间,时间是必要条件。

我们说语文是语言文字,其实还蕴含了一个很重要的要件——语言文字的主体(使用者);或者说,语文说到底是语言文字,并不是简单的语文工具论。诚如赵元任先生所言:"语言是人跟人互通信息、用发音器官发出来的、成系统的行为的方式。"①吕叔湘先生曾经指出,语言文字不仅仅只是语言文字本身,还要涉及语言文字的主体。吕叔湘先生在《中国文法要略》开篇即谈道:"语言是什么? 就是我们嘴里说的话。说话是我们日常生活中极普通的事情,跟走路一样的普通……原来说话和走路不同,不是一种个人的行为,是一种社会的行为。"②尽管有关语言的界定在当下学界还见仁见智,"但在一个问题上各家几乎没有例外,即所有的语言学家,所有的工具书编纂家和其他学者,都特别强调语言是人所特有的,是人区别于其他动物的最根本特征"③。所以,语文除了语言文字,那当然还有人。这里所说的"人",包括语文学习者、教育者(教师)、传播者及其他语言文字使用者。就语文学习者而言,可以包括母语为汉语的中小学生,还可包括非母语为汉语的中小学生,一定条件下甚至还可以包括特殊的"人"(机器人)。简单而粗略地说,语文就是人和文。需要注意的是,"人"和"文"不在同一个层面上。大致说来,"文"所包括的语言文字、语言文学、语言文献、语言文章、语言文化也不宜看作一个层面上的东西。语言文字是基础,在最底层,其他诸如语言文学、语言文献、语言文章、语

---

① 赵元任:《语言问题》,商务印书馆,1980,第 3 页。

② 吕叔湘:《中国文法要略》,商务印书馆,1982,第 1 页。

③ 潘文国:《语言的定义》,《华东师范大学学报》(哲学社会科学版)2001 年第 1 期,第 105 页。

言文化都与语言文字有直接接触的部分,都"建筑"在语言文字这个基础之上,不难发现亦不难理解,语言文字可拓展延伸的空间最大。如果把语文界定为语言文章或语言文学或语言文献或语言文化等,可能是缩小了语文的外延。

此外,作为一个术语,"语文"所表达的概念的外延除了学校语文,还应该包括社会语文。一方面,社会语文的主体就是我们在前面所提到的其他语言文字使用者,包括普通老百姓,也包括科学家、文学家等特殊的知识分子群体。在当下信息时代,社会语文尤其重要。我们以为,学校语文水平的提升主要是靠教育,而社会语文水平的提升,则主要诉诸社会各领域的综合影响和广大语文工作者的引领。应该说,我们当前信息时代,在通常情况下,接触和使用语言文字的时间比过去长、机会比以前多,比如传播(诉诸读写等)微信等主要通过语言文字承载的信息,虽呈"碎片化"但总量还不小,如此则社会上的这种语文就有怎么规范的问题和有效、得体运用的问题。另一方面,有效的、得体的、规范的社会语文,也可以通过一定的程序进入中小学语文的视野,或者作为课文或是课外的助读材料。显然在事实上我们所说的这种社会语文和学校语文是相关联的,二者并不一定是泾渭分明的。这样一来,即便我们单单着眼于学校语文,也不应该忽略社会语文对学校语文的影响。

就语文学习而言,明确语文学科核心素养很重要。据《教育部关于印发普通高中课程方案和语文等学科课程标准(2017 年版 2020 年修订)的通知》(教育部教材〔2020〕3 号文件),"语文学科核心素养"包括"语言建构与运用""思维发展与提升""审美鉴赏与创造""文化传承与理解"四个方面。以上核心素养主要针对高中语文。就整个中小学语文而言,我们认为语文学科的核心素养是语言及其建构与运用,注意我们这里加了表示并列关系的"及其",这就是包括语言文字的本体和运用,要把二者结合起来。另外,关于后三种素养,我们觉得不一定是核心素养,这后三种素养跟语言及其建构与运用是紧密相关的,同时跟其他学科(比如数学、美术、历史等)有较大的交集,因此可以看作重要素养,不一定是核心素养;既然是核心素养,我们想它一定是相对比较根本的,至少也是某相应学科特色鲜明的素养,即与其他学科的交集越少越好,且在表述上应尽量简明。关于"思维发展与提升""审美鉴赏与创造""文化传承与理解"等与其说是核心素养,还不如说是语文学科的重要价值。

"学"与"教"须臾不可分离,众所周知,语文教师主要承担"教"语文的任务。就语文教师的职业特色而言,我们认为语文教师是最容易失业且最不容易失业的职业。表面上看起来这是一个自相矛盾的命题,其实就是这个矛盾凸显了语文教师的职业特质。一方面,语文教师似乎专业性并不强,很多人认为只要认识字看了几本书就可以来教语文。比如每年的高考一考完,大家就会对语文试卷尤其是作文进行点评,社会大众仿佛都有能力来进行点评,从这个角度看,语文教师好像是最容易失业的一份职业;但是另一方面,语文教师又是最不容易失业的,君不见,同一个语篇,甲老师和乙老师的分析和解读可以不一样,似乎也应该不一样,这与数理化以及其他学科明显不一样。因此,语文教师要有专业和职业自信,这个通过我们对语文教师的职业认知,以及接下来我们会讲到的有关语文学科地位的认识,就可以进一步看到。前面我们讲到阅读的时候,说到在阅读这个环节上尤其能够体现出语文学科的价值,我们通常讲由《三国演义》推不出《红楼梦》,由《红楼梦》刘姥姥的人物形象推不出《西游记》如来佛祖的形象,我们必须一个字一个字地去读原著,投机取巧不得。这都需要以"时间"这样一个很客观的维度去完成去评判。既然如此,概言之,语文学科和语文教学的特质需要凸显的是"过程性"。这样,就需要我们语文教师多进行对话式教学,做学生的"陪读",多启发学生,在时间中"学",在过程中"教"。

以上讨论似已表明,语文学科的地位很重要。关于语文学科的地位,我们以前曾有一个比方,语文在整个学科体系中的地位大致就相当于跑步类项目在整个奥林匹克运动项目当中的地位,表面看起来它似乎没有跳水、体操等项目的含金量高,但没有跑步类项目的奥运会绝对是不可想象的。另外,要跑得足够快亦殊非易事。我曾经在《做学术研究先学好语文》①这篇文章里边有所涉及,这里不再赘述。此外,还可以进一步说,语文与人类活动休戚相关,如果我们把人类活动分为生存、生产和生活,则语文直接与生存、生活相关,语文直接或间接与生产相联系。因为有了语言文字的某种沟通机制的纽带作用,人类才会有"类"的存在样态,才可以历时生存下去;因为有了以语言文字为基础的文学艺术,公众才可能有更完美高雅的生活;因为语言文字,人们才会更好地学习、传承和创新科学技术,生产才可能得以发展。

最后,虽然语文的面非常宽,但还是可以认知的。也许可以换一个角度看,如果我们对语文"是"什么不太好把握,那么我们倒可以说语文"不是"什么,譬如语文不是历史、不是政治、不是地理,语文当然也不是数学、不是物理、不是化学。我们还有一个比较偷懒的界定,就是在中小学,除我们所开设的其他所有科目之外的都应该属于语文的"地盘"。此外,还应该明确,虽然语文说到底是语言文字,但是语文不是传统小学,不是文字音韵训诂之学,语文和"小学"最主要的区别是:语文除了关注语言文字本体,它还要关注语言文字的运用;语文除了包括书面语,还包含口语。

"语文"有可能、有必要被当作一个核心术语来看待,如此将有益于把宏观的问题微观精细化解决,有助于认知相应相关术语群。探究"语文"及相关术语群,可以更清楚地辨析"语文"的内涵和外延,并将有助于语文学科体系建设和语文话语体系建构的现代化与规范化,有利于助推语文教育事业的发展。

原载于《语文教学与研究》2022 年第 1 期

---

① 张春泉:《做学术研究先学好语文》,《人民日报》2009 年 12 月 25 日第 7 版(理论)。

"语言文字+"：浸润式现代汉语课程思政举隅

　　在人文学科领域,现代汉语等语言类的课程,比较接近自然科学类的课程,工具理性相对多一点,价值理性相对少一点。一般看来,这类课程进行课程思政建设相对来说"资源"要少一些。

　　其实在我们看来也不尽然,现代汉语课当然也一样可进行课程思政建设,学界已有论者进行了有意义的探索,目前代表性的论文有周芸、陈晓梅的《课程思政建设背景下高校"现代汉语"课程教学体系设计》①,安俊丽、李乃东的《思政教育融入"现代汉语"课程的探索与实践路径》②,谭本龙、王洁、陈菊的《现代汉语课程思政研究》③,冯凯云的《在现代汉语中开展课程思政的探索》④。在这些文献中,周芸、陈晓梅的《课程思政建设背景下高校"现代汉语"课程教学体系设计》主要着眼于宏观层面讨论了如下三个方面的内容:课程思政建设与高校专业课程教学改革;课程思政建设背景下高校"现代汉语"课程的定位;基于教学体系设计的高校"现代汉语"课程思政建

---

① 周芸、陈晓梅:《课程思政建设背景下高校"现代汉语"课程教学体系设计》,《云南师范大学学报》(对外汉语教学与研究版)2021 年第 2 期。

② 安俊丽、李乃东:《思政教育融入"现代汉语"课程的探索与实践路径》,《盐城师范学院学报》(人文社会科学版)2021 年第 2 期。

③ 谭本龙、王洁、陈菊:《现代汉语课程思政研究》,《贵州工程应用技术学院学报》2020 年第 6 期。

④ 冯凯云:《在现代汉语中开展课程思政的探索》,《汉字文化》2021 年第 17 期。

设。谭本龙、王洁、陈菊的《现代汉语课程思政研究》亦主要着眼于宏观视角,重点分析了现代汉语课程思政的研究现状、现代汉语课程思政的优势、现代汉语课程思政框架形式的遵循、现代汉语课程思政内容的构建,未及深入展开论述。冯凯云的《在现代汉语中开展课程思政的探索》也主要从宏观上呼吁须增强课程思政意识,树立教书育人的明确目标;提了两个方面的要求:一是把握课程思政实施路径,梳理课程教学内容;二是找到思政元素的最佳结合点。这些呼吁和要求如何落实,还有待于进一步研讨。安俊丽、李乃东的《思政教育融入"现代汉语"课程的探索与实践路径》从"现代汉语"课程育人方面存在的问题入手,讨论了"现代汉语"课程的思政育人元素、"现代汉语"课程思政实践路径、"现代汉语"课程思政建设保障机制,具有一定的可操作性。在我们看来,可以进行"语言文字+"这种浸润式的课程思政,一种润物细无声式的课程思政建设,其除了传授语言文字本体知识,还可充分结合语言文字的种种外部功能,科学设计完备教学目标,有效利用"本色当行"的贴切的教学方式充分培育这门课程的价值理性,促进学生全面成才。

一、教学目的:像做词类划分一样力求完备

我们知道,词类划分是现代汉语课程本体中很重要、很基础的一项内容。词类划分问题也是学界聚讼甚多的问题,需要引导学生全方位、多角度、深层次研习。划分词类首先要有分类的标准(依据),需要学生有清晰严密的逻辑思维,还需要学生较为充分地认识汉语特色。因为汉语的形态不丰富,所以不可以简单地套用袭用印欧语系词类划分的标准。此外,词类划分至少在理论上应该面对的是汉语所有的词语,即词类这个母项与划分出来的子项(具体的词类)的外延之和应为逻辑全同关系。简言之,做词类划分力求完备,这与现代汉语课程思政的教学目的高度契合。

就教学目的而言,培养学生系统全面地掌握现代汉语基础知识,形成认知语言文字的内部结构和外部功能的基本能力,并在此基础上深入了解现

代汉语所蕴含的一系列主体因素及其价值理性,是我们的主要教学目的。一般而言,教学目的之明确化要求是相对比较容易做到的,但往往容易因循守旧,只是着眼于一般的课程教学,忽略课程思政。我们在设计教学目的时力求完备,真就像做词类划分一样,希望能够做到全覆盖。在我们看来,语言及记录语言的文字不只是工具,语言还和使用语言的人紧密相关,直接相关。诚如赵元任先生所言:"语言是人跟人互通信息、用发音器官发出来的、成系统的行为的方式。"①又如吕叔湘先生在《中国文法要略》开篇所指出的:"语言是什么? 就是我们嘴里说的话。说话是我们日常生活中极普通的事情,跟走路一样的普通……原来说话和走路不同,不是一种个人的行为,是一种社会的行为。"②尽管有关语言的界定在当下学界还见仁见智,"但在一个问题上各家几乎没有例外,即所有的语言学家,所有的工具书编纂家和其他学者,都特别强调语言是人所特有的,是人区别于其他动物的最根本特征"。③ 可以说,没有使用语言的主体因素(人)就没有语言,当然没有语言也没有真正意义上的人。语言文字的主体因素就为"现代汉语"这门专业核心课的课程思政提供了一定的前提。切实有效地理解语言文字的主体因素,也是现代汉语这门课程的重要培养目标。人是有主体性的,受教育的人是发展中的主体。由中学迈进大学即是一种重要发展。中学与大学有必要在课程设计上有科学严密的衔接。

我们十分注重现代汉语课程教学目的与高中语文核心素养的衔接。一般来说,现代汉语课程会在大学本科一年级开设,这样在时间上作为大一课程的现代汉语宜与高中语文无缝衔接。就内容而言,高中语文核心素养更是现代汉语课程的重要基础,据《教育部关于印发普通高中课程方案和语文

---

① 赵元任:《语言问题》,商务印书馆,1980,第 3 页。
② 吕叔湘:《中国文法要略》,商务印书馆,1982,第 1 页。
③ 潘文国:《语言的定义》,《华东师范大学学报》(哲学社会科学版)2001 年第 1 期,第 105 页。

等学科课程标准(2017 年版 2020 年修订)的通知》(教育部教材〔2020〕3 号文件),"语文学科核心素养"包括"语言建构与运用""思维发展与提升""审美鉴赏与创造""文化传承与理解"四个方面。同时,现代汉语课程是高中语文课程的进一步提升。据此,我们在设计教学目的时就有必要加强"语言建构与运用""思维发展与提升""审美鉴赏与创造""文化传承与理解"四个方面的现代汉语课程教学。事实上,如前所述,现代汉语课程有助于语言建构与运用,也有助于思维发展与提升、审美鉴赏与创造、文化传承与理解。不宜把现代汉语课程的教学目标简单局限于语言建构与运用之一隅,从这个意义上至少有"语言文字+思维+审美+文化"等。

躇此目的,我们参考教材,但不照本宣科,主要是启发学生获取新知、养成习惯、解决问题、提高认识。每一节课学生至少掌握一个关键词,解决一个问题。我们要求学生不能为"百度"等搜索引擎所引领,而应该在自己的专业课程范围内引领"百度"等。我们可以重点讲"百度"等搜索引擎上查不到或不易查清楚的东西,同时剖析教材的重难点,着重讲教师自己的一些思考和一些独到的发现。

二、教学内容:像做隐喻辨析一样凸显关联

就教学内容而言,我们十分注重在教育教学的内容里面挖掘课程的思政资源,而不仅仅只是一些具体知识点的讲述,就要像做隐喻辨析一样,求关联,引申开去,力求我们的教学内容能够尽量自然地关联出核心价值观,力求不生硬,不穿凿附会,这也是我们所说的"浸润式"的题中应有之要义。刘勰的《文心雕龙·比兴》有言:"物虽胡越,合则肝胆。"或者可以说,现代汉语的一些静态的具体知识跟一些价值理性表面上看起来是"胡"和"越"的距离,但是通过教师的有效关联,它们也可以像肝胆一样相照相合。也就是说,现代汉语的具体知识这些尤显工具理性的东西与课程思政的内容可以尽量贴切地关联起来,价值理性尽量与语言文字本体及其外部功能相

契合。

几乎每一堂课,每一个知识点,我们都可以作出相应的尝试。当然,我们也不宜一刀切,不可面面俱到,而应该实事求是,有些内容可以作为较典型的课程思政资源,这些内容就应该给予特别关注。比如,讲到人类语言总体情况的时候,我们强调任何一种自然语言都无所谓先进和落后,都是平等的,这也是一种科学精神。每一种语言都各有特色,同时要充分了解我们母语的特色,培养实事求是的科学精神。事实上,现代汉语在语音、词汇、语法、修辞,包括记录汉语的汉字等诸多方面都有特色。从一定意义上讲,这些特色是我们进行课程思政教育开发的资源库,也是我们所说的"语言文字+"的重要前提之一。

再比如,我们在讲到现代汉语的地位的时候,我们特别强调现代汉语是联合国的工作语言之一,汉语和英语、法语、俄语、阿拉伯语、西班牙语一样都是联合国的工作语言,讲清楚这些有助于提升学生的文化自信。此外,现代汉语语言学是先行学科,对于国计民生有重要意义,学好研究好现代汉语有助于推动新闻传播、法学法律、社会文化、文学艺术等领域的发展。讲清楚这些不仅有助于学生了解现代汉语语言学的学科发展动态,同时有助于他们了解这门学问的学术性质,更重要的是有助于激发学生苦练本领、服务社会、报效国家的热望。

我们在讲语音的时候会提到,现代汉语元音占优势,乐音的成分比较多,汉语有声调,这些既是现代汉语语音的重要特色,也会在功能上有助于现代汉语的艺术化。讲清楚这些,会在一定程度上强化学生对祖国语言文字的热爱。此外,让学生用国际音标标注他(她)自己喜爱的一首古诗,或者用英语翻译一首格律诗,也会收到理想的效果。毕竟,"诗歌的句法和格律最能表示一种语言的特点,用欧洲语言翻译汉语旧体诗词,多高妙的译手也难做到原诗那样简练,或者使原来的格律再现。"①我们在讲注音方法的时候会讲到反切法,我们会特别提及中华民族注意吸收外来文化,反切就是典型的例子。反切是用两个汉字给一个汉字注音,尽管也有局限,但比直音法要精细得多,而这种注音方法却是受到梵语的影响而形成的。这说明,我们中华民族自古就注重与异域文明的接触,并从其他文明当中吸收精华,注重"洋为中用",注重文化互融互鉴。此外,我们在讲音变时,会请学生在课堂上喊"立正""稍息""向前看齐""向右看齐"等口令,学生常常兴味盎然。

我们在讲到汉字时,特别提出汉字是人类持续使用时间最长的文字,汉字是汉民族传统文化的重要载体,对传承文化,对维护国家统一,对加强民族凝聚力等都具有不可替代的作用。此外,汉字作为汉字文化圈的重要标记,曾经很长一段时间在日本、越南、韩国使用。尤其是随着中文信息处理技术的发展,汉字的信息化使汉字焕发了新的活力。我们还常常嘱咐学生写写甲骨文、金文、篆文。所有这些一定有助于增强学生的文化自信,有助于学生更加热爱祖国的语言文字,进而更加热爱我们的国家,由正常情况下使用的汉语汉字的特色,厚植学生的家国情怀。

在讲到词汇的时候,我们会提到词汇里边的俗语、歇后语、谚语、成语等,这些语汇资源体量大、历时传承性强、文化含量高,都充分地承载和体现了中华民族的智慧。此外,各类词典辞书对推动文化的发展、传承文明、传播知识起了不可替代的作用。我国古代就非常重视辞书工具书的编纂和文化工程建设,比如《释名》《说文解字》《方言》《尔雅》等,这些都有助于提升师生的文化自信和民族自豪感。我们还会在课堂上进行成语接龙等活动,借此培养学生的语感,在丰富学生的语汇量的同时,强化学生的团队精神。

在讲语法的时候,我们会特别地强调,汉语的形态不丰富并不表明汉语

---

① 吕叔湘:《语言和语言学》,载王振昆等编《语言学资料选编》(上册),中央广播电视大学出版社,1983,第35页。

落后于其他语言。前文已述及,我们此时会及时地积极引导学生明白汉语有汉语的特色。我们还告知学生成体系的汉语语法学著作问世相对比较晚,所以我们现在更应该奋发有为,只争朝夕,完善有中国特色的现代汉语语法学,激发一部分有学术潜力的学生努力攀登科学文化高峰。此外,我们还常常在课堂上让学生不做准备,看谁一口气能说出更多雅致的同素异序词(类似地,在讲词汇这一章时,我们也会在课堂上让学生展开类似的比赛,看谁"不假思索"说出的歇后语、惯用语更多),这一方面训练了学生的应急反应能力,另一方面也有助于培养学生的语感,提高学生的审美情趣。

在讲到修辞的时候,我们可以通过对辞格、辞趣等积极修辞的分析,陶冶学生的情操,提升学生的审美情趣和审美能力。在讲到消极修辞的时候,可以借此提升学生的理性思维能力,增强某种意义上的规范意识。特别是我们讲到中国古代即有的"修辞立其诚"的原则,虽然出自《易经·乾卦·文言》中的这个"修辞"和我们现代意义上的修辞,不可等量齐观,但毕竟二者有着很大的交集,还是可以给我们今天的学生修身以巨大的启发。我们还常常组织学生就大家感兴趣的论题进行课堂辩论,这一方面深化了学生对相关论题的认识,加强了学生对修辞理论知识的有效运用,另一方面通过两个团队的辩论(言语博弈)进一步提升了学生的思维水平,增强了学生的团队意识。

三、教学方式: 像做义素分析一样彰显特色

就教学方式而言,我们十分注重启发式教学、辩论式教学、语境体验代入式教学、案例式教学等,务求有自己的特色,力争像做义素分析寻求语义特色(特征)一样——义素分析很重要的一点就是去寻求相近的词语之间的区别性语义特征。整体而言,我们从事现代汉语教学也在不断地寻求教学方法上的创新,孜孜以求符合现代汉语实际的创新。

启发式教学。启发式教学本身并不新,古已有之。《论语》有言:不愤不

启,不悱不发。但启发式教学如何和现代汉语这门课程结合起来,还是值得探讨的一种教学方式。毕竟现代汉语比较重视实证,所谓"例不十法不立,例外不十法不破",但也可以"大胆假设,小心求证"。我们会经常引导学生去思考问题,比如课堂上常常会让学生猜出教师起了一个头(或者说了一两个词或短语)的后续的语句,让学生接下来,这也是某种意义上的"接着讲"。当然,我们让学生猜的东西一般都具有一定的"可猜性"。这一方面有助于学生思维的发展与提升,另一方面也有助于课堂的良性互动和学生的"语言文字+"的锻炼,培养学生的科学探索精神。比如,教师会让学生猜我国第一部宪法制定的时候,有没有语言学家参与,作为语言顾问组;如果有,是哪些语言学家,等等。启发式教学有助于学生在现有的已掌握的语言文字知识点的基础上,拓展到语言文字应用的多个方面、多个领域。

辩论式教学。大家知道同样是互动,辩论式教学比启发式教学互动的强度要大很多。显然,前文已述及,辩论式教学有助于提升学生的批判性思维品质。我们有时针对特定的问题提出两个互相否定的命题,分成正方和反方,让学生进行辩论。如果学生的意见都一致,那教师就是学生的共同论敌。如中小学生要不要学国际音标,字母词是不是词,汉语能不能走拼音化的道路,等等。辩论的论题一定要激发学生的兴趣,也可以关注当下的有关实际,让学生有话说得出,有理讲得清。我们每次辩论结束后都要请学生做综述——没做辩手也不能袖手旁观。这些无疑也会增强学生的团队合作精神。

语境体验代入式教学。以上启发式教学和辩论式教学强调的是主体与主体的互动,这里所说的语境体验代入式教学,则主要关注主体和客体(如上下文语境、社会情景语境等)的互动。例如,我们在讲解有关回文诗的时候,先让学生解析材料,熟悉文本,然后再进行"语言文字+"活动,充分体验了解汉语言文字的特色和魅力。诚如吕叔湘先生所言:"像回文诗、对联、某些类型的谜语,如果不是在汉语的基础上,也断然不会产生的。"①又如,我们在讲歧义分析的时候,会联系到一些"标题党"的不当用法,并让学生自己去找一些相关的例子,作出修正。再如,在讲绪论的时候,我们让学生用自己的方言介绍家乡,从而让学生真切地感受和体会到各地方言的魅力,在一定程度上认识到方言是我们文化的基因、语言的活化石;同时也让学生真切地体会到,如果不使用共同语交流,而只用方言交流显然是有局限的、有困难的,并可能由此产生交际隔阂与偏差。这样看来,共同语和方言都各有其用处,这一方面让学生对语言的功能有比较全面的认识,另一方面也培养了学生的辩证思维。

还如,我们在课堂上行之有效的读书接龙活动。我们这里所说的"读书"是狭义的读书,即朗声读教科书。教师可随机指定学生读教材里头的拓展内容,学生不用准备,"朗读者"是随机的,朗读的起始语句也是随机的,我们告诉学生,把自己想象成电视台的主播,读的过程当中不能出任何错误,包括漏读、增读、停顿不当等。如果有问题学生要立即停下来,教师再随机找其他的同学接着读,接读者不能接错地方。实践证明这种活动还是有效果的,是有意义且有意思的。学生有兴趣参与,学生在朗读过程当中,既进一步熟悉了教材的内容,又增强了团队协作意识和能力,同时还培养了学生的社会服务意识(想象自己为主播)。

另如,我们还可以让学生对比不同版本的教材。应该说经过多年的发展,现代汉语教材已经是比较成熟了,也形成了一定的体系,表现之一就是同一种教材有了不同的版本。比如,现在全国范围的使用量比较大、影响也比较大的黄伯荣、廖序东主编的《现代汉语》教材,黄伯荣、李炜主编的《现代汉语》教材,胡裕树主编的《现代汉语》教材。我们可以让学生使用最新版的

---

① 吕叔湘:《语言和语言学》,载王振昆等编《语言学资料选编》(上册),中央广播电视大学出版社,1983,第35页。

教材,但同时对比前面的历时的版本。如就某些核心概念术语,教师读该教材过去某一个版本的(最好是读与学生手头上最近的那一版的,这样可比性可能更强)相关的表述(术语的名称、界定等),学生结合教师所读的旧版的和自己看到的新版的教材,进行对比,找出异同,然后在教师的引导下分析为什么会有这些不同,其优劣得失在哪里,新版的教材为什么要这么改,等等。这既让学生熟悉和进一步掌握了相关的知识点,同时又培养了学生精益求精、细致严谨的科学精神。而这种科学精神对于人文学科专业的学生来说弥足珍贵!

案例式教学。相对于语境体验代入式教学,案例式教学可以相对更深入一些,可以把某一个专题研习得更透彻。例如,我们在讲虚词"的"的时候,我们让学生自己先写一篇小论文《说"的"》,写的时候,先不要看朱德熙先生的论文《说"的"》[①];写完了之后再和朱德熙先生的《说"的"》进行比较;然后修改自己的论文,改完之后再与朱德熙先生的另一篇论文《关于〈说"的"〉》进行比较,(朱德熙《关于〈说"的"〉》是对其《说"的"》的说明和进一步完善)[②];比较以后再继续修改自己的论文;最后再进行全面的总结与反思。"的"是十分常见的一个虚词,大家并不陌生,但是要把大家都司空见惯的习焉不察的语言现象观察细致、研究透彻、表述清楚殊非易事,这至少可以培养学生细致观察现象,尤其是观察平常现象并持续作出深入研究的能力和科学探索精神,还可以促动学生向大师学习的动能,帮助学生正确地"追星"。

再如,我们在讲语法这一章时,还会涉及关于语法学史的内容,我们会以马建忠的《马氏文通》为个案,讲到近代以来仁人志士为发展科学文化所作出的不懈努力和杰出贡献,以激励学生在新时代更加奋发有为。又如,我

---

① 朱德熙:《说"的"》,载《朱德熙文集》(第二卷),商务印书馆,1999,第95-130页。
② 朱德熙:《关于〈说"的"〉》,载《朱德熙文集》(第二卷),商务印书馆,1999,第131-151页。

们在讲修辞这一部分时,以陈望道《修辞学发凡》为个案,探讨《修辞学发凡》的重要意义,然后我们还会进一步讲到作者陈望道。我们会告诉学生,陈望道是《共产党宣言》第一个中译本全译本的译者,会给大家讲陈望道翻译《共产党宣言》时,真理的味道很甜的故事。

　　有时我们还会适时地引入社会热点问题,引导学生参与讨论。比如一些专名的读音问题,如安徽六安的"六"的读音,字母词的优劣得失,等等。我们有时还会引导学生写作《我理想的〈现代汉语词典〉》等小论文;引导学生优化教材内容,如韵母表的优化设计等。让学生在动手动脑的过程当中充分体会到"语言文字+"的成就感,提高他们学习现代汉语这门看起来很枯燥的课程的兴趣;同时在一定程度上培养学生"为天地立心,为生民立命,为往圣继绝学,为万世开太平"的胸襟和抱负。

　　需要特别说明的是,以上教学方法我们把它们分列开来说明是为了表述的方便,其实很多时候是这些方法的综合应用。例如,我们关于赵元任的《施氏食狮史》的材料感知与分析即属此情形。我们知道,赵元任的这则材料很特别,全篇(含标题)的所有 98 个音节的声母和韵母是相同的,只是声调不同。[①] 我们先让若干学生看着材料来朗读,让其他的学生来听,并且问其他学生听不听得明白,只是靠听同学的朗读来感知该材料的学生往往都说听不明白(当然这些学生都事先没有接触过这个材料,如有事先接触过该材料的学生则这个实验的前期讨论他们不参与不发言)。随后,教师让一个学生把该材料抄写在黑板上,或者教师自己打开 PPT 让学生来看,学生马上就恍然大悟,这个材料的大意就了然于心了,这与刚才的不知所云形成了鲜明对比。这既是语境体验代入,又是案例教学。结合学生这种特殊的语境和体验,教师进一步启发学生思考为什么会这样——听不明白却一看便知,这个活动说明了什么?进而教师再补充一些语境信息,引导学生进一步思

---

① 赵元任:《语言问题》,商务印书馆,1980,第 149 页。

考(抑或猜测),赵元任先生写这篇奇文的用意。这显然又是一种启发式教学。总的来看,这个活动有助于学生在教师的引导下积极思考问题,深化对汉语汉字特点的认识,也有助于提升学生对语言文字革新运动意义的认识,从而了解语言文字建构与社会发展的某些关联,激发学生不囿于象牙塔而主动关心社会,个人成才适应社会需要,进而厚植家国情怀。

总之,"语言文字+"浸润式现代汉语课程思政,是可行的也是必要的,其内涵是丰富的,也是开放的。"语言文字"加载的是价值理性,是情商,是主体精神理念(含家国情怀、文化自信、文化互融互鉴、科学精神、团队意识、真诚、审美情趣、探索精神等)。这里所"+"的内容可以同时进行,并行不悖,自然贴切,得体有效。"+"的主体是师生,尤其需要教师用心钻研、倾情投入、悉心引导,同时尽情享受。所有这些即是所谓的"浸润式"。"语言文字+"浸润式现代汉语课程思政建设,必将有助于"现代汉语"这门中国语言文学类学科专业核心课程的发展,也必将有助于学生的全面成长成才。

原载于《当代教育理论与实践》2023 年第 1 期

后 记

多年来,笔者在诸位师友的指导和支持下,主要围绕但不限于以下几个方面做了一些工作。其一,特定认知语境的修辞现象和语用理据研究。尤重修辞学、语用学、语法学、逻辑学、心理学及其他相关学科的跨领域整合,共时和历时兼顾。如春秋战国时期、中古时期、近现代的某些专人专书专题探究。在新世纪笔者开展了一定规模的问卷调查、一定规格的访谈等系列学术调查实证工作。出版了《论接受心理与修辞表达》①《叙事对话与语用逻辑》②《话语建构理据的多维探究》③《文学话语的设问辞格:历时视角的个案分析》④等专著,初步形成了广义对话修辞论。其二,基于广义的对话修辞论的话语分析。这里所说的话语分析包括文本解读,"文本是由句子组成的话语单位。它可以是一首短诗,也可以是一次长篇演说,或者是一部著作"。⑤运用实证方法,着眼于表达与接受的有效互动(对话),元话语和对象话语的语层互文,理据、动因、过程、效果相统一,我们考察了颇具特色亟须关注的文学文本、学术文本、法律文本等系列文本(语篇),新分析(含观察、描写、解释)了某些话语现象、话语机制、话语模式。出版了《文学话语的语

---

① 张春泉:《论接受心理与修辞表达》,中国社会科学出版社,2007。

② 张春泉:《叙事对话与语用逻辑》,中国社会科学出版社,2011。

③ 张春泉:《话语建构理据的多维探究》,西南师范大学出版社,2018。

④⑤ 张春泉:《文学话语的设问辞格:历时视角的个案分析》,西南师范大学出版社,2021。

音修辞:历时视角》①《学术话语系统的个案分析》②等。其三,术语修辞学研究。笔者界定了术语修辞,系统研究了术语的认知语义,出版了《术语的认知语义研究》③和《中国特色学术话语的术语修辞》,初步探讨了术语修辞的动因、理据、机制、层级、特征、效果等,进行了术语传播、术语翻译、术语溯源、术语解释、术语辨正等方面的个案分析。

近年来,继广义对话修辞论和话语修辞研究之后,笔者在各位师友的关爱下,主要致力于术语修辞方面的探索。"术语修辞"的界定见本书前言及笔者其他相关文献。此前讨论过文学语域的术语修辞,也陆续有些习作问世,比如,《认知与审美交响的术语修辞:钱锺书〈围城〉中的科技术语管窥》④《钱锺书〈围城〉中科技术语的语用价值》⑤等。除了文学语域的术语修辞,笔者还关注了学术语域的术语修辞。这里不揣浅陋,将笔者研讨中国特色学术话语的术语修辞的部分论文结集,形成本书,旨在把这些习作相对集中一下,便于读者检阅,也可以整理一下自己的理路,改正一些明显的错误(肯定还会有这样或那样的错误和疏漏,敬请读者诸君一并宽容和指教)。本文集收文的原则一如笔者此前出版的其他文集,可参见拙著《学术话语系统的个案分析》的前言⑥。

本文集所收的大部分文章曾在期刊上发表过,感谢《当代修辞学》《江淮论坛》《学术交流》《长江学术》《中国语言学》《区域文化与文学研究集刊》《中国社会科学报》《语言文字周报》《语文教学与研究》《当代教育理论与实

---

① 张春泉、陈光磊:《文学话语的语音修辞:历时视角》,西南师范大学出版社,2018。

② 张春泉:《学术话语系统的个案分析》,西南师范大学出版社,2018。

③ 张春泉:《术语的认知语义研究》,武汉大学出版社,2017。

④ 张春泉:《认知与审美交响的术语修辞:钱锺书〈围城〉中的科技术语管窥》,《西南大学学报》(社会科学版)2020 年第 1 期。

⑤ 张春泉:《钱锺书〈围城〉中科技术语的语用价值》,《北华大学学报》(社会科学版)2018 年第 6 期。

⑥ 张春泉:《学术话语系统的个案分析·前言》,载《学术话语系统的个案分析》,西南师范大学出版社,2018,第 2-3 页。

践》《西南大学学报》《河南大学学报》《宁夏大学学报》《湖北师范大学学报》《北华大学学报》《四川文理学院学报》等刊物编辑和审稿专家的不弃。本次结集在内容上一般未做大的修改;在形式上为了全书尽量统一整齐,做了一些调整。

此外,还有一些论文此前尚未正式发表。如《基于科学传播的术语修辞:王国维、梁启超、陈寅恪、赵元任的术语修辞举隅》《现代汉语修辞学学术话语的术语修辞例析:以张弓、张炼强、倪宝元、郑远汉的代表性著作为例》等。

本文集的相关研究得到了全国科技名词委 2021 年度科研项目"术语修辞与中国特色哲学社会科学话语体系建设"(项目编号:WT2021030)、西南大学"文学中国"项目的支持。谨此一并致谢。

感谢西南大学文学院院长王本朝教授一直以来的关爱。感谢重庆大学出版社张慧梓女士的大力支持。

做一个职业读书人,成为一个博雅的人文知识分子,做有本体的应用语言学研究、有理据的语用学研究、有实证的修辞学研究、有思辨的术语学研究,是笔者的不懈追求。长路漫漫,我将一如既往地努力跋涉,以回报关心我的各位亲人、师友。